Good-Bye Deutschland

Mit der Green Card nach Amerika

Von Christoph & Simone Pütz

"Good-Bye Deutschland – Mit der Green Card nach Amerika"

Herzlich willkommen in unserem Buch. "Good-Bye Deutschland – Mit der Green Card nach Amerika".

Am 1. April 2019 jährte sich unsere Auswanderung in die USA zum einundzwanzigsten Mal. Als wir Deutschland 1998 verließen, wurde dort noch in D-Mark bezahlt und das Internet wurde über ein 14400 Baud Modem und der Telefonleitung erreicht.

Damals war es für uns sehr schwer abzuschätzen wie sich unser Leben in Amerika entwickeln würde. Wir starteten ja bei null. Die meisten unserer Freunde und Verwandten erwarteten, dass wir nach spätestens 3 Monaten zurückkommen würden, aber ich schätze mal wir haben da einige Erwartungen „enttäuschen" müssen. Im Nachhinein kann ich sagen das ich nicht ein einziges Mal Sorge hatte es hier nicht zu schaffen. Für mich gab (und gibt) es nur eine Richtung und die war (ist) „Vorwärts".

Heute leben wir unsere eigene Version des American Dream und fühlen uns hier immer noch wie zuhause.

Im Jahr 2001 wagten wir ein Experiment: Wir veröffentlichten ein Buch. Eigentlich war es ja erstmal für uns selbst und für unsere Verwandten gedacht. Eine Lektüre, in der wir einfach festhalten wollten, was uns bisher so widerfahren war, und damit man einfach mal was für später hat. Wir hatten ursprünglich das Medium Video benutzt, aber damals war es sehr schwer und aufwendig eigene Videoaufnahmen zu regelmäßigen Video Episoden zu schneiden. Dazu gab es die Unterschiede der TV System in Deutschland (PAL) und den USA (NTSC) und wir hatten damals einen teuren VHS Videorecorder gekauft, der Videos konvertieren konnte, aber es alles nicht so das Richtige. YouTube und Vlogging gab es noch nicht und kleine, handliche Digital Kameras existierten nicht. Da war es schon ein ganz klein wenig leichter ein Buch zu veröffentlichen.

Es passieren so viele Dinge und die Zeit vergeht so schnell, dass man einfach viele Dinge vergisst. So ein Buch ist einfach ein guter Weg, um einen Rückblick zu erlauben.

Das Buch war nicht nur ein Experiment, sondern auch ein finanzielles Risiko, denn die damals hohen Anlaufkosten und eine Veröffentlichung ohne begleitenden Verlag – da war einfach der Ausgang des Ganzen ungewiss. Damals gab es noch nicht die Möglichkeiten ein Buch selber zu veröffentlichen wie es sie heute gibt.

Im Jahr 2005 veröffentlichten wir ein Update zum ursprünglichen Buch und danach folgten noch zwei weitere, kleinere Updates. Dieses 2019 Update was Ihr jetzt gerade lest, ist ein wenig grösser und wir hoffen das es Euch gefällt.

Wir wollen hier erst mal allen Lesern und Käufern der Bücher danken! Wir sind sicherlich keine professionellen Autoren, und dennoch haben sich unsere Bücher irgendwie zum Geheimtipp entwickelt.

Vor einigen Jahren entwickelte Amazon ein E-Book Lesegerät, den Kindle. In 2012 veröffentlichte ich (Christoph) mein erstes englisch-sprachiges Kindle Buch hier in den USA und ein paar weitere folgten).

Die Kindle Plattform ist genial da es einem erlaubt preiswert und ohne Verlag Bücher zu veröffentlichen. Und so bietet es sich an unser Buch „Good-Bye Deutschland" auch noch einmal aufzubereiten und dann auf dem Kindle zu veröffentlichen – praktisch für die Ewigkeit (ha ha).

Wichtiger Hinweis – dieses E-Book beinhaltet fast alle originalen Text Teile der beiden ersten Bücher. Allerdings habe ich viele Texte und Kapitel neu bearbeitet, um eine riesige Menge an neuen Inhalten einzufügen. Einige Kapitel sind verschoben worden, um besser in das Konzept unserer Geschichte zu passen.

PS: Die bekannte Fernseh-Serie „Goodbye Deutschland"
gab es erst ein paar Jahre nachdem unser Buch
veröffentlicht worden war und der Titel längst ein
bekannter Begriff unter USA Auswanderern war. Just
sayin' 😉

Viel Spaß beim Lesen.

Christoph & Simone Puetz

Inhaltsverzeichnis

"Good-Bye Deutschland – Mit der Green Card nach Amerika" 2

Inhaltsverzeichnis 6

Chronologie einer Auswanderung nach Colorado 10

Vorgeschichte: 11

Gewonnen! 21

Sollen wir Auswandern? 28

Die Auswanderung beginnt 34

Ausgewandert 51

Arbeit! 66

Die Tögels 74

MCSE 76

Besuch aus Deutschland 82

Weihnachten in Amerika 88

Alles Quark 92

Super Bowl 1999 95

Der deutsche Fiskus 96

Das eigene Haus 98

Hit and Run 101

Littleton – Columbine High School 105

Zurück nach Deutschland 108

Job Hunting.. 111

Die neuen Jobs... 120

Time to say "Good-Bye!" 122

Aspen 126

Weihnachten – die Zweite... 128

Microsoft Certified Systems Engineer 131

Die Kündigung.. 133

Das neue Auto 136

Krispy Kreme.. 140

11. September 2001 - Terror 148

Halloween 2001.. 161

Gewonnen 163

Christmas Time 165

Wir machen uns selbstständig...................................... 180

Jobs 186

Besuch aus Deutschland 190

Aldi & Motorrad.. 193

I am on fire - Der Mini-Van brennt 195

Der Keller-Ausbau 198

Weihnachten 2002 203

Let's go Big... 206

Got snow?... 209

US Citizenship 215

Pickup Trucks sind Cool 227

Job Trouble 230

Bärenhunger 241

Der neue Job.. 244

Net Services USA LLC – And now? 248

Oh No – Aspen 251

Jobsuche für Simone.. 254

Die unendliche Geschichte vom „Garagenmann" 256

Jahr 2004: Gibt es noch etwas Neues?....................... 265

Good-Bye Aspen & Hallo Shelby.................................... 274

Politik Stinkt.. 276

    Die neue Herausforderung 324

Arbeiten in Kalifornien ist anders................................ 331

Warum eigentlich Denver?... 333

Wie findet man Arbeit in einem anderen US Bundesstaat
.... 337

Auswandern.. 346

Amerika - Land der unbegrenzten Möglichkeiten........ 354

DT Advanced Incorporated... 360

Wir sind auf Youtube.. 363

Was würden wir anders machen … 365

Good-Bye Auswanderer Forum 378

Planung für den Ruhestand in den USA....................... 382

Wie geht es weiter?.. 389

Auswanderer Coaching... 392

The End … 396

Danke... 399

Impressum 400

Chronologie einer Auswanderung nach Colorado

1. April 1998 – 21.45 Uhr / Denver, Colorado

Ein eiskalter Wind pfiff uns um die Ohren als wir aus dem Bus stiegen. Die Temperaturen waren irgendwo bei minus 15 Grad Celsius. Es war dunkel, aber zum Glück schneite es nicht. - Wo war nur unser Mini-Van? Ich hatte mir doch die Nummer der Parkreihe notiert, als ich den Wagen hier vor sechs Wochen abgestellt hatte, aber wir konnten das Auto nicht finden. Hoffentlich war es nicht gestohlen worden. Zehn Minuten nervenaufreibenden Suchens, bis wir den Wagen endlich gefunden hatten. Puh! Jetzt erst einmal die Lenkradsperre entfernt, die fehlenden elektrischen Sicherungen im Dunkeln wieder in den Sicherungskasten des Fahrzeugs eingesetzt. Nun der große Moment: Würde sich der Wagen anstandslos starten lassen? Am Schlüssel gedreht – der Motor sprang direkt an. Wir luden die vier Koffer und unser Handgepäck in den hinteren Teil des Mini-Vans und fuhren los. Hallo Denver! Wir waren tatsächlich ausgewandert!

Aber halt! Was genau war bis dahin passiert? Wie sind wir überhaupt auf diesen Parkplatz gekommen? Fragen über Fragen – also jetzt mal ganz von vorne!

Vorgeschichte:

Seit meiner Jugend war ich (Christoph) von Amerika fasziniert. Ich sammelte Zeitungsausschnitte über das Leben in den USA. Ich schaute jede Dokumentation im Fernsehen und nahm viele auf VHS auf. Vor allem die Serie „Bilder aus Amerika" (ZDF / Hanns Joachim Friedrichs und Dieter Kronzucker) hattes es mir angetan.

Es dauerte allerdings beinahe 21 Lebensjahre, bis ich 1988 das erste Mal über den großen Teich flog. Aus geplanten sechs Wochen Urlaub in Kanada wurden dann mal eben zehn Wochen USA und Kanada. Zweimal wurde der Rückflug verschoben und der geplante Abreisetermin lief dann auf Stand-by-Basis. Während dieses Trips durchquerte ich viermal den gesamten Kontinent. Es war ein richtiges Abenteuer. In Toronto hatte ich für $99 ein Greyhound Bus Ticket gekauft mit dem Ziel es nach Vancouver in British Columbia zu schaffen. Mein Busticket war fast einen Meter lang, denn zumindest damals konnte man mit dem Greyhound Bus überall Zwischenstopps einlegen. Jeder geplante Stopp bekam einen eigenen Abschnitt auf dem Ticket und so wuchs das Ticket auf besagte Länge. Freunde hatten mir verschiedene Ziele als Zwischenstopp empfohlen und zu dem hatte ich natürlich auch eigene Stationen auf meiner „Bucket List" (Calgary, West Edmonton Mall, Banff, Lake Louise, Vancouver, Vancouver Island). Ich hatte einen großen Backpacker Rucksack, ein kleines Zelt und einen Sommer-Schlafsack dabei und wollte aus Kostengründen so viel wie möglich zelten. Kanadische Tageszeitungen waren damals so dick und schwer, so dass sie wunderbare Kopfstützen im Greyhound Bus hergaben. Da Kanada kein kleines Land ist, waren die Busfahrten sehr lang und es ging mehrfach durch die Nacht. Die Greyhound Busse hielten auch in vielen kleinen Ortschaften abseits des Trans-Canada Highway an. Langsam arbeitete ich mich mit dem Bus nach Westen vor. Bei meinem ersten Aufenthalt in Calgary ging ich einfach in den höchsten Wolkenkratzer, fuhr ganz nach Oben und fragte dort einfach bei einer Firma in deren Büro ob ich Bilder der Rocky Mountains machen dürfte (ich durfte). Es ergab sich eine tolle Unterhaltung mit der Sekretärin, die mich in das Büro ließ. Kanadier sind freundliche Menschen. In Banff schlief ich nachts in einem öffentlichen Park, weil ich Geld sparen wollte und wurde völlig von den kanadischen Moskitos zerstochen. Das „International Hostel" war leider völlig ausgebucht gewesen und so blieb mir nur der Park. Mein nächster Stopp war der berühmte Lake Louise – einem vom Gletscher gespeisten See hoch oben in den Rockies. In Lake

Louise zeltete ich einfach mitten in der Wildnis. An wilde Bären dachte ich dabei überhaupt nicht. In Vancouver schaute ich mir im Kino bei der Spätvorstellung „Die Hard" (Bruce Willis) an und schlief dann die Nacht auf einem Lüftungsschacht eines Wolkenkratzers, weil dort angenehm warme Luft rauskam. Während der Fahrt mit der Fähre von Vancouver nach Victoria sah ich Orcas im Ozean. Auf dem ersten Rückweg von Westen nach Osten stoppte ich wieder in Calgary und lernte dort durch das Youth Hostel neue Freunde kennen. Dazu kam dann noch der Kontakt zu einem kanadischen Mädchen, Lee. Irgendwie stellte sich dann heraus das Lee ihren Vater seit vielen Jahren nicht mehr gesehen hatte und wir kamen auf die verrückte Idee mit ihrem Auto (ein 1977 Chevy) nach Newfoundland (Neufundland) zu fahren. Wir, das waren noch ein anderer Deutscher, ein Franzose, Lee und ich.

Und so startete dieses Abenteuer. Ein Roadtrip durch Kanada nach Osten. In Montreal setzten wir Michael, den anderen Deutschen am Flughafen ab – er musste zurück nach Deutschland. Nun fuhren wir weiter nach St. John's in Neufundland. Da Neufundland eine Insel ist, mussten wir natürlich eine Fähre benutzen. Wir erreichten die Westseite Neufundlands und wollten dann mit dem Auto die Insel durchqueren. In Gander auf Neufundland hatten wir nachts um 2 Uhr einen platten Reifen und schliefen dann auf einem Hügel mitten in der Stadt, bis wir morgens eine Werkstatt fanden, die den Reifen flicken konnte. Wir schafften es dann tatsächlich Lee und ihren Vater wieder zu vereinen. Wir wurden in sein Haus in Burn Cove eingeladen. Ihr Vater nahm uns zum Fischen mit auf den Atlantik. Danach fuhren wir über Boston, New York City, Chicago und Seattle nach Vancouver. In New York City „trafen" wir auf einen „Ausserirdischen" (der Typ war so stoned das er glaubte er käme von einem anderen Stern). Er erzählte uns eine faszinierende Story über seine Mission bei der UN (Vereinte Nationen) vorzusprechen, um inter-galaktischen Frieden zu sichern. Weil ich nicht aufpasste, lief ich gegen einen Laternenpfahl. In Chicago traffen wir eine Australierin (Michelle)im Youth Hostel und freundeten uns an. Michelle würde uns von dort an weiter begleiten. In Vancouver setzten wir Terry, den Franzosen am Flughafen für seine Heimreise ab. Michelle, Lee und ich fuhren dann weiter nach Calgary. Dort kam dann die Zeit für mich Lebewohl zusagen. Ich machte mich auf den Rückweg nach Toronto – natürlich mit dem Greyhound Bus.

Damit war es praktisch um mich geschehen – die Auswanderung nach Amerika (USA oder Kanada – es war mir eigentlich damals egal – Hauptsache Nord-

Amerika) und ein Leben im Land der unbegrenzten Möglichkeiten war ab sofort mein ganz großes Ziel.

Der nächste Schritt in diese Richtung war eine fast 6-monatige Reise mit einem Freund durch die USA und Kanada (mit einem in USA gekauften gebrauchten Ford Aerostar Mini-Van). Aber erst musste ich mich durch 15 Monate Bundeswehr (damals gab es ja noch die Wehrpflicht in Deutschland) arbeiten. Am 1. Oktober 1988 trat ich meinen Wehrdienst bei 4/32 als Panzergrenadier in Nienburg an. Nach 6 Wochen Grundausbildung wurde ich zum Panzerfahrer (Marder) ausgebildet. Die Bundeswehrzeit war großer Mist. Die damaligen Unter-Offiziere waren unter-qualifiziert und waren nur beim Bund, weil sie es in der freien Wirtschaft nicht geschafft hatten. Die meisten Rekruten besoffen sich jeden Abend. Ich hatte aber ein Ziel vor Augen und beschäftigte mich daher auf andere Weise und versuchte so viel wie möglich von meinem bescheidenen Wehrsold zu sparen. Ich schob viele extra Schichten und Wochenend-Dienste, um extra Geld zu verdienen. Am Ende meiner 15 Monate hatte ich über 2200 DM angespart. Nach der Bundeswehr arbeitete ich mehrere Monate bei der Müllabfuhr in einer Recycling Anlage am Fließband und sortierte Müll für 10 Stunden jeden Tag. Es war ein rauer Job, aber die Bezahlung war gut und am Ende hatte ich genügend

Geld zusammen, um mit meinem Kumpel Stefan durch Nord-Amerika zu reisen.

Im April 1990 ging es los. Wir starteten bei Stefan's Verwandten in Philadelphia. Wir kauften besagten gebrauchten Mini-Van und einiges mehr an Ausrüstung. Von dort fuhren wir über Boston nach Neufundland, um Lee zu treffen. Der Atlantik war noch ziemlich zugefroren als wir an der Küste ankamen und die Fahrt mit der Fähre war dramatisch schön (und kalt). Wir fuhren quer durch Neufundland bis nach Burnt Cove wo Lee zu der Zeit bei ihrem Vater wohnte und verbrachten eine knappe Woche dort oben. Wir würden sie ein paar Monate später in Calgary wiedertreffen. Neufundland ist noch echte Natur und war faszinierend schön, allerdings sind die Winter kalt und lang.

Von Neufundland fuhren wir wieder nach Süden und arbeiteten uns die Küste runter nach Florida. In Daytona Beach konnten wir den Strand mit dem Auto befahren und blieben prompt im weichen Sand stecken. Im Zickzack Kurs fuhren wir quer durch den Kontinent nach San Diego. Wir stoppten überall wo es uns gefiel, aber hauptsächlich in allen uns bekannten National Parks. Danach ging es den Highway 101 hoch nach San Francisco. Danach ging es im Zickzack wieder nach Osten aber nur bis Denver und von dort aus nach

Norden durch den Yellowstone National Park und dann rüber nach Seattle. Danach fuhren wir durch Kanada Richtung Osten (mit einem Abstecher durch Wisconsin, Minnesota, Illinois, Michigan, Ontario) und besuchten Stefan's Verwandte (diesmal in Stone Harbor, New Jersey). Die letzten 2 Wochen verbrachten wir an der Ostküste und machten auch noch mal Strandurlaub in Cape Hatteras, North Carolina.

Am Ende dieser Reise hatte ich dann 43 US-Staaten gesehen und war in fast allen kanadischen Provinzen gewesen. Natürlich traf ich auch wieder auf Lee während dieser Reise. Neben – wie schon vorher beschrieben in Neufundland, trafen wir sie auch in Calgary.

Während unserer Reise passierten viele Dinge. In unser Auto wurde eingebrochen. Zwei meiner Finger blieben unter dem Keilriemen im Motor stecken (direkt auf einer der Keilriemenscheiben) und es dauert eine schmerzvolle Ewigkeit bis sich der Keilriemen wieder bewegte und ich meine Finger wieder frei bekam (lange Geschichte). Wir brauchten neue Reisepässe da unsere gestohlen worden waren. Wir blieben mit einer defekten Benzinpumpe in der texanischen Desert/Wüste liegen. In der heißen Wüste New Mexiko's fielen unsere Klimaanlage und Servolenkung aus. Wir fuhren ohne Klimaanlage bei über 45 Grad

Celsius durch das Tal des Todes in Kalifornien. In Utah standen wir plötzlich einem wildgewordenen Bullen gegenüber. Am Grand Canyon fiel unsere Lichtmaschine aus und wir schafften es nur mit Mühe zurück nach Flagstaff. In San Diego zerstörte sich unser Zelt von selbst. In Colorado fuhren wir mit dem Auto auf über 4000 Meter hoch. In New Jersey schwammen Delphine neben uns im Wasser. In Quebec City bekamen wir einen Strafzettel den wir bis heute nicht bezahlt haben. Und und und – es war ein traumhafter Road Trip. Abenteuer pur!

Der Traum vom Auswandern blieb nach einer solchen abenteuerlichen Reise natürlich immer mehr aktuell. Problem war nur: Wie soll man es anstellen? Ich kannte ja eigentlich niemanden „drüben" und alles, was man so über Visa-Angelegenheiten hörte, war ziemlich abschreckend und teuer. Das Internet in seiner jetzigen Form existierte nicht und es war wesentlich schwieriger an Informationen zu kommen.

Im Herbst 1990 lernte ich dann meine zukünftige Gattin kennen. Ich arbeitete damals als Studentische Hilfskraft im lokalen Allkauf (heute Real) in Krefeld. Simone arbeitete – wie ich - in der Elektro-Abteilung. Unser gemeinsames Leben entwickelte sich auf gewisse Weise relativ normal – außer natürlich das meine „USA-Spinnerei" Teil unserer Beziehung war.

Simone kam das erste Mal im Jahr 1994 mit mir nach Amerika, und auch sie freundete sich mit diesem riesigen Land an. Auswanderung war vielleicht nicht so direkt ihr Ziel, aber als Urlaubsziel war Amerika von da an erste Wahl. Ich „sponn" zwar immer mal wieder vom Leben und Wohnen in Amerika, aber …

Im Frühjahr 1995 erschien in der Rheinischen Post ein Bericht über die Green Card-Lotterie. Ich hatte zwar schon mal durch einen Arbeitskollegen bei der Düsseldorfer Stadtsparkasse davon gehört, aber das Thema irgendwie nie richtig verfolgt. Der Zeitungsbericht erwähnte das kurz bevorstehende Ende der Einsendefrist und dass es eine Agentur in Bonn (TIA) gebe, die auch kurzfristig noch Bewerbungen in die USA schaffen könnte.

Jetzt wurde ich doch hellhörig und veranlasste schnell eine Überweisung und faxte das ausgefüllte Antragsformular nach Bonn zu besagter Agentur.

Die Agentur versprach damals jedem Teilnehmer einen Beleg, der auswies, dass die Bewerbung fristgerecht in den USA eingegangen sei. Nach zwei Monaten ohne Beleg fragte ich nach und erhielt die Kopie eines nichts sagenden Postbelegs von der Agentur. „Na, das war wohl nichts!" dachte ich mir, und natürlich waren wir im Jahre 1995 nicht unter den Gewinnern.

Waren wir betrogen worden oder …? Wir wissen es nicht, aber unser Vertrauen in „Green Card-Agenturen" war gleich Null.

Das Jahr 1996 kam und die nächste Green Card-Lotterie stand vor der Tür. Diesmal machte ich mich selber daran, die Bewerbung fristgerecht nach Amerika zu bekommen. Zwei Briefumschläge (einer für Simone und einer für mich selber) wurden verschickt. Einer aus Düsseldorf und der andere zwei Tage später aus Krefeld. So warteten wir also auf die Dinge, die da kommen mochten.

Gewonnen!

Anfang September 1996 erhielt Simone per Post einen großen braunen Umschlag. Abgestempelt in Amsterdam, aber als Absender – die „Green Card-Lotterie". Wir hatten tatsächlich gewonnen!

Noch am selben Abend wurden die Formulare, die uns zugeschickt worden waren, ausgefüllt und am nächsten Tag per Luftpost zurück in die USA geschickt. Noch hatten wir ja nicht wirklich gewonnen. Wir waren nur unter den etwa 100.000 Losgewinnern, aber nur 55.000 Visa wurden per Lotterie vergeben. Es war also wichtig das wir sehr schnell antworteten. Drei Wochen später stand unser Jahresurlaub an – Flug nach Dallas, Texas und dann per gemietetem Mini-Van von Dallas über Houston, San Antonio, Big Bend National Park, El Paso, Santa Fe, Albuquerque, Colorado Springs, Denver und Kansas City zurück nach Dallas. Als wir zurückkamen, erhofften wir uns natürlich schon Post – aber nichts da. Mitte November erhielten wir endlich wieder Post aus den USA. Eine Einladung zum Green Card-Interview im US-Konsulat in Frankfurt und eine Liste mit Unterlagen, die wir bis dahin besorgt haben mussten.

Wir fingen also an, die notwendigen Unterlagen vorzubereiten. Polizeiliches Führungszeugnis, Nachweise der Finanzen, Impfausweise, Schulzeugnisse und, und, und. Für jeden von uns wurde ein großer Aktenordner angelegt. Alle Unterlagen wurden fein säuberlich mit der uns zugeteilten Lotterie-Kennnummer versehen und entsprechend in der erwünschten Reihenfolge abgeheftet. Da ich ja selber bei einer Bank (Stadt-Sparkasse Düsseldorf) arbeitete, war es ein Leichtes, einen entsprechend gestalteten Nachweis unserer Finanzen zu bekommen.

Unsere Eltern hatten mittlerweile mitbekommen, was sich da anbahnte, und sie waren zum größten Teil nicht so erfreut darüber. Aber davon ließen wir uns nicht abhalten. Für Simone war wohl das Thema Auswanderung noch immer nicht so aktuell – erstmal ging es ja darum, überhaupt die Green Card zu bekommen. Für mich war die Sache schon viel ernster, da ich einem großen Lebensziel so immer näherkam – der Auswanderung nach Amerika.

Wir buchten ein Hotelzimmer in der Nähe des Konsulats in Frankfurt und fuhren am 18. Februar 1997 abends nach Frankfurt. Doch irgendwie nervös kamen wir dort an – wussten wir doch nicht wirklich, was uns da am nächsten Tag erwarten würde. Wir hatten zwar ein paar Informationen über das Green Card Interview erhalten, aber im Großen und Ganzen waren wir ahnungslos. In der Nacht konnten wir nicht viel schlafen, und an Frühstück am nächsten Morgen war kaum zu denken. Da das amerikanische Konsulat damals keine genau zugeteilten Termine vergab und wir wussten, dass es dort jeden Tag lange Schlangen von Visa-Interessierten (viele Menschen aus Osteuropa und aus Asylländern) gab, waren wir bereits morgens um 6.30 Uhr am Konsulat. Wir hatten eine rote Karte erhalten, die uns zumindest bevorrechtigten Eintritt verschaffte. Dennoch benötigten wir für den Security-Check und das Anstehen über 45 Minuten.

Endlich drinnen gingen wir direkt zur Kasse und bezahlten sämtliche Visagebühren in US-Dollar. Dann ging es weiter zum nächsten Schalter, wo wir uns anmeldeten. Wir wurden höflich aufgefordert noch einmal Platz zu nehmen, nur um fünf Minuten später wieder aufgerufen zu werden. Nichts desto trotz waren wir die ersten Green Card-Bewerber des Tages. Ein sehr freundlicher amerikanischer Konsularbeamter fragte uns, ob wir das Interview lieber in Deutsch oder Englisch führen würden. Wir entschieden uns für Deutsch, um eventuelle Übersetzungsprobleme zu vermeiden. Auf Anfrage übergaben wir alle unsere Unterlagen an den Beamten. Er schaute sich alles an und legte sämtliche Unterlagen in einen vorbereiteten Hefter. Gelegentlich stellte er uns Fragen, wie zum

Beispiel wo wir den hingehen werden in Amerika? Auch gab er uns einen Tipp – nämlich, dass wir die erste Einreise zur Aktivierung unserer Green Cards auch noch als Urlaubsreise machen könnten. Zum damaligen Zeitpunkt musste man innerhalb von vier Monaten nach Visumserteilung in die USA einreisen, um die Green Card zu bekommen. Die ganze Zeit während des Interviews hatten wir den Eindruck, als ob längst alles gelaufen sei. Nach 45 Minuten wurden wir gebeten, uns wieder hinzusetzen und zu warten. Während der Wartezeit sprachen wir mit anderen Leuten dort, die ebenfalls Green Card-Gewinner waren. Sie waren aus München und er wollte wohl ein Import-Export-Geschäft aufziehen. Ein anderer Green Card Bewerber (Alter wohl um die 45-50 Jahre) sagte uns, dass er innerhalb der nächsten drei Wochen all sein Hab und Gut verkaufen wolle und dann sofort nach Alaska gehen würde.

30 Minuten Wartezeit waren vergangen, als unsere Namen wieder aufgerufen wurden. Wir mussten an einen anderen Schalter gehen und die Konsulin persönlich stand uns gegenüber. Sie stellte noch ein oder zwei Fragen und dann wurden wir aufgefordert, unsere Hand zu heben und zu schwören, dass wir bei unseren Angaben die Wahrheit gesagt haben. Da wir dies hatten, erfüllten wir ihren „Wunsch" und leisteten unseren Schwur. Wir hatten es geschafft – das Green

Card-Interview war bestanden. Jetzt mussten wir noch schnell zur ärztlichen Untersuchung bei einem Arzt in der Nähe – damals gab es noch nicht die Möglichkeit, diese Untersuchung außerhalb von Frankfurt vornehmen zu lassen.

Beim Arzt war es brechend voll und wir benötigten fast zwei Stunden, bis wir wieder auf der Straße standen. Diese Untersuchung war sehr allgemein gehalten, sodass wir auch hier keine Bedenken hatten – wir würden eh nur wieder von diesem Arzt hören, wenn wir nicht als gesund eingestuft worden wären (natürlich haben wir nie wieder von diesem Arzt gehört).

Beim Green Card Interview waren wir gefragt worden, ob wir die Umschläge mit den Unterlagen selber abholen wollten oder ob sie per Post geschickt werden sollten. Wir entschieden uns für das Abholen.

Eine Woche später fuhr ich früh morgens wieder nach Frankfurt. Ich hatte sämtliche Bewerbungsunterlagen sicherheitshalber noch einmal dabei. Ein guter Zug, wie sich herausstellte, da ein Druckfehler auf einer der Urkunden eine Neuausstellung erforderte und dafür benötigten das Konsulat je ein neues Passfoto – diese hatte ich zum Glück noch bei den Bewerbungsunterlagen.

Mit zwei großen Umschlägen, die sämtliche Visumsunterlagen enthielten, machte ich mich auf den Weg nach Hause.

Wir hatten bereits vor dem Greencard-Interview unsere Flüge in die USA gebucht – wenn nicht zum Aktivieren der Green Card, dann eben für den Urlaub. Natürlich wurde es dann die Einreise zur Aktivierung der Green Cards.

Im Mai 1997 flogen wir dann nach Philadelphia. Bei der Einreise stellten wir uns für die Einreiseformalitäten bei den Amerikanern/ Green Card Inhabern an. Das war natürlich falsch, aber der freundliche Beamte nahm uns das nicht übel und schickte uns in ein Hauptbüro. Dort mussten wir einen kleinen Moment warten. Eine Flugbegleiterin kam relativ nervös ebenfalls ins Hauptbüro (Fluggesellschaften müssen sich ja vor Abreise vergewissern, dass jeder Passagier in die USA einreisen darf, sonst können die Fluggesellschaften mit Strafen belegt werden) – der Immigration Officer beruhigte sie aber, nachdem er gesehen hatte, dass wir entsprechende Unterlagen vorzuweisen hatten. Beruhigt zog die Flugbegleiterin dann von dannen.

Der Immigration Officer nahm unsere Umschläge, öffnete sie und arbeitete sich langsam durch den Papierkram. Er stempelte diverse Dinge ab – unter anderem natürlich auch unsere Reisepässe. Unsere Fingerabdrücke wurden genommen und zu den Unterlagen gelegt. Schließlich kam er um seinen Schreibtisch herum auf uns zu, schüttelte unsere Hände und sagte zu uns

„Welcome to America!" – jetzt waren wir also offizielle Green Card Inhaber! Äußerlich war ich ruhig, aber unter der Oberfläche war ich vor Freude fast am Ausflippen.

Wir hatten es geschafft.

Jetzt konnte erstmal unser Urlaub beginnen. Die letzten Monate waren sehr stressvoll gewesen und das alles ließen wir jetzt zurück. Wir genossen die Zeit in Amerika wie noch nie zuvor.

In Philadelphia besuchten wir Stefan's Verwandte denn wir hatten deren Adresse für die Greencard angegeben. Da die Greencard per Post verschickt wird, brauchten wir ja eine Adresse in den USA. Danach fuhren wir die Ostküsten Staaten hoch und runter und verbrachten viel Zeit in Florida. Nach drei erholsamen Wochen Urlaub an der Ostküste kehrten wir wieder zurück nach Deutschland. Was nun?

Sollen wir Auswandern?

Wir waren zurück in Deutschland und der Alltag holte uns schnell wieder ein. In Gedanken war ich aber schon dabei den nächsten Schritt zu planen. Allerdings war Simone immer noch nicht so recht überzeugt, dass eine Auswanderung wirklich ein so guter Schritt sei. Schließlich hatten wir keine Jobs, keine Wohnung, keine Verwandten oder Freunde in Amerika. Ich hingegen fing an, Informationen zu sammeln.

In Nachhinein denke ich das mich das umso mehr ansportne alle Details sehr genau auszuarbeiten und zu planen. Und vielleicht war unsere Auswanderung dann am Ende so erfolgreich wie sie es nun einmal war?

"Failure to prepare, is preparation for failure."

Bücher über das Auswandern, sofern es damals diesbezüglich wirklich gute Bücher gab, wurden gekauft und mehrfach gelesen.

Dann machte ich mich darüber schlau wie wir am besten Dollar ankaufen und so das Wechselkurs Risiko minimierten. Der damalige Trend war das der Dollar stärker wurde und es so für uns teurer werden würde Dollar zu kaufen. Dem wollten wir entsprechend vorbeugen. Ein Dollarkonto bei der American Express

Bank in Frankfurt wurde eingerichtet und die ersten Überweisungen flossen. Dazu kaufte ich Dollar in Form von Traveller Cheques oder legte Dollar Bargeld ins Schließfach, das ich bei der Sparkasse angemietet hatte.

Alle wichtigen Unterlagen wurden ebenfalls bei meinem damaligen Arbeitgeber, der Stadt-Sparkasse Düsseldorf, im Schließfach sicher aufbewahrt. Der Sommer kam und ging und Simone und ich sprachen immer mehr über das Auswandern und wann bzw. wie genau wir es machen wollten.

Ich hatte mittlerweile sehr viele Informationen über das „echte" Leben in Amerika zusammengetragen, sodass die wir zumindest in dieser Hinsicht wussten, was uns erwarten würde. Ende September wurde die endgültige Entscheidung getroffen:

Wir gehen nach Amerika und zwar im April 1998!

Als Termin legten wir den 1. April des folgenden Jahres (1998) fest. Das würde uns erlauben genügend Geld anzusparen und alle Angelegenheiten in Deutschland zu regeln. Wir mussten ja unseren Haushalt auflösen und wollten bis dahin ein Großteil unserer Habe verkaufen.

Im Oktober 1997 kündigte ich mein damaliges Arbeitsverhältnis mit der Stadt-Sparkasse Düsseldorf zum 31.03.1998 – dies sollte verhindern, dass das 13. und 14. Monatsgehalt im November ausgezahlt wurde, denn die beiden Gehälter hätte ich ja Brutto für Netto zurückzahlen müssen – die ganzen Sozialbeiträge hätte ich aber nicht zurückbekommen und insofern selber „auffüllen" müssen, um an die Sparkasse zurückzuzahlen. Simone hatte etwas bessere Bedingungen bei ihrem Arbeitgeber und da war das kein Problem.

Die Arbeitssituation bei der Sparkasse war sowieso sehr schlecht geworden. Wir hatten einen neuen Vorstandsvorsitzenden bekommen. Der Mensch war mir sehr unsympathisch (Hallo Hans) und er legte viel Wert auf seinen Status und Titel. Er sprach schon mal gar nicht mit normalen Angestellten. Dazu mangelte es an Kommunikation oder Erläuterungen über den neuen Kurs bei der Sparkasse. Erstmal wurden viele Vergünstigungen ersatzlos gestrichen und da die Bezahlung eh nie üppig war, fiel mir die Kündigung zum dem Zeitpunkt sehr leicht! Dennoch war ich am Morgen der Kündigung arg nervös. Ich betrat Neuland. Ich hatte noch nie einen Job in dieser Art kündigen müssen. Ich wartete darauf das meine Vorgesetzte zur Arbeit erscheinen würde. Ich gab ihr Zeit ihre erste Tasse Kaffee zu trinken und ihre erste Arbeits-Zigarette zu rauchen. Damals war es noch völlig normal das man im Büro rauchen durfte. Meine Hauptabteilungsleiterin war sehr überrascht als ich in ihr Büro kam und ihr mein Kündigungsschreiben überreichte, aber auf gewisse Weise schien sie auch beeindruckt. Das schien aber nicht lange vorzuhalten und so wurden mir über die nächsten Monate jede Menge mieser Aufgaben zugeteilt. Nicht das ich jetzt eine besondere Behandlung erwartet hätte, aber ein wenig mehr Respekt für die bis dahin geleistete Arbeit wäre sicherlich auch nicht falsch gewesen.

Zu dieser Zeit hatte ich auch per Zufall im Internet eine Webseite eines Amerikaners mit deutscher Ehefrau gefunden, der in Denver lebte. Tim und Heike lebten, aus Memphis kommend, seit 1996 in Denver. Per E-Mail tauschten wir Informationen aus und freundeten uns an. Ich „nervte" Tim mit vielen, vielen Fragen über den amerikanischen Alltag und berufsbezogene Dinge. Diese Informationen waren sehr hilfreich und sollten sich als sehr nützlich bewähren!

Ich lernte andere Deutsche in Amerika durch das Internet kennen und ich war sehr froh wie hilfsbereit viele doch waren. Jahre später nahm ich mir daran ein Beispiel, wenn es darum ging anderen ähnlich zu helfen. Ich hatte jetzt Kontakte nach Atlanta, Denver, Los Angeles und ins Silicon Valley.

Im November verkauften wir unser erstes Auto – einen knapp zwei Jahre alten Golf Variant, den wir selber aus Italien importiert hatten (Anmerkung: Wir sind damals selber nach Italien gefahren um das Auto in Bologna zu kaufen (Re-Import) und haben den Wagen selber durch alle bürokratischen Hürden der deutschen Amtsstuben „gebracht" und hatten dann am Ende fast 40 Prozent gegenüber dem normalen Deutschen Preis gespart).
Die aus dem Verkauf resultierenden D-Mark wurden in US-Dollar umgewechselt und die „Kriegskasse" füllte sich langsam, aber sicher. Wir hatten mit den uns vorliegenden Informationen über Lebenshaltungskosten eine MS Office/Excel-Tabelle erarbeitet, in der wir anhand unseres Kapitals und eben dieser Lebenshaltungskosten genau vorhersagen konnten, wie lange unser Geld reichen würde. In die Kalkulation brachten wir viele Faktoren ein, um so genau wie möglich abschätzen zu können, wie lange unsere Gelder reichen würden. Um auf der sicheren Seite zu sein, rechneten wir immer zu unseren Ungunsten (höhere Miete, teureres Auto, etc.).

Unsere Verwandten wussten natürlich jetzt genau Bescheid über das, was wir vorhatten – erfreut waren sie aber nicht, dass wir wirklich auswandern wollten. Die Arbeitskollegen von uns fanden natürlich alles ganz toll und fieberten ein wenig mit.

Im Großen und Ganzen glauben wir aber, sagen zu können, dass eigentlich nur wenige um uns herum glaubten, dass wir es schaffen würden. Bei der Sparkasse tat sich natürlich nicht mehr viel für mich, wobei ich versuchte, mit Anstand bis zum Ende durchzuhalten. Die Motivation wurde ja wie schon beschrieben durch die damalige Abteilungsleiterin nicht gerade gefördert, da sie mir die Aufgabe übertrug, alte Akten zu sortieren. Hier muss ich dann ehrlich gestehen, dass ich diese Aufgabe nicht allzu begeistert anging – so wurden also die letzten Jahre harten Einsatzes „belohnt"! Aber das wir mir am Ende völlig egal - ich hatte ja ein Ziel vor Augen.

Die Auswanderung beginnt

19./20. Februar 1998

Ich hatte eigentlich geplant, an diesem Tag (19.02.) nach Denver zu fliegen. Es war eine Woche Aufenthalt mit Vorbereitungen für die eigentliche Auswanderung geplant. Der Flieger (Continental Airlines) war gerade über der Nordsee, als ein technisches Problem zur Rückkehr nach Düsseldorf zwang. Da rein zufällig ein Kamerateam von RTL an Bord war, wurde alles gefilmt und am selben Abend noch dramatisch im Fernsehen gezeigt. Nach sechs Stunden Warterei wurde der Flug dann komplett gestrichen und dann am folgenden Tag erneut angesetzt. Diesmal ging auch alles gut, und ich kam wohlbehalten in Denver an. 40 - 50 andere Passagiere hatten Angst, in dasselbe Flugzeug zu steigen, und so hatte ich eine ganze 4er-Sitzreihe für mich alleine. Bei der Zwischenlandung in New Jersey hatte ich beim Zoll in New Jersey angeben müssen, dass ich mehr als $ 10.000 USD einführte. Papierkram ausfüllen war angesagt, und die Zöllnerin guckte mich doch ein wenig merkwürdig an. So viel Cash trägt in Amerika eigentlich niemand mit sich herum.

Der Mietwagen bei ALAMO Rent-A-Car war natürlich nur für den Vortag reserviert gewesen. Die Fluggesellschaft war aber beauftragt worden, bei ALAMO über die Verspätung Bescheid zu geben – das war natürlich nicht passiert. Zum Glück hatte ALAMO aber genügend Fahrzeuge zur Verfügung, so dass es kein Problem war, den Reservierungsgutschein einzulösen. Ein kleiner Toyota Tercel stand bereit, und ab ging die Post. Übernachtet wurde im Motel 6.

21. Februar 1998

Ich tauschte meinen alten, grauen deutschen Führerschein gegen den kleinen bunten Führerschein des Staates Colorado mit Scheckkartengröße ein. Eine Zweigstelle der Führerscheinstelle hatte nämlich auch Samstags auf. Dienst am Kunden bzw. Bürger. So muss das sein! Kein Test, keine Prüfung war notwendig – nur das Vorhandensein des Augenlichts wurde per Sehtest überprüft.

Weiter ging es dann auf Erkundungstour, und die ausführliche Autosuche war angesagt. In Deutschland hatten wir uns überlegt, einen Mini-Van zu kaufen. Er ist preiswert im Unterhalt und bietet jede Menge Platz für Umzug, Reisen und mögliche Gäste. Ein Chrysler Grand Voyager (Plymouth Grand Voyager/Dodge Grand Caravan) sollte es sein – die Modelle der Konkurrenz wurden aber auch in Betracht gezogen, allerdings war der Chrysler unser Wunschfahrzeug. Die Suche gestaltete sich lang und schwierig. An diesem Samstag fand ich zwar nicht das passende Auto, gewann aber auf der Suche zumindest einen guten Überblick über die Stadt. Eines der Hauptprobleme war, dass zwar viele Autos auf dem Markt waren, aber nur sehr wenige in der Altersklasse von 3-4 Jahren, die noch dazu kein Öl verloren. Amerikanische Autos scheinen zum Ölverlust zu neigen – vielleicht sollten die Ingenieure in Detroit weniger Cupholder (Getränkehalter) einbauen, sondern mehr Wert auf andere Dinge legen. Beispielsweise ist der neue Dodge Grand Caravan mit mindestens 17 Getränkehaltern ausgestattet und zwei Personen können da schon acht Mal durch das Drive-Thru fahren und haben immer noch die Möglichkeit, weitere Getränke gefahrlos im Fahrzeug abzustellen.

22. Februar 1998

Heute traf ich mich mit Tim und Heike McDoniel in deren Apartment in Littleton. Wir tauschten Informationen aus, schwatzten ein wenig, klopften uns ein wenig gegeneinander ab, und wir verstanden uns auch direkt von Angesicht zu Angesicht sehr gut (wie schon erwähnt hatte vorher ja reger Kontakt per E-Mail stattgefunden). Tim und Heike erlaubten mir auch, ihre Postanschrift zu benutzen. Dies sollte sehr hilfreich sein, denn schließlich sollte man beim Autokauf und bei der Beantragung einer Social Security Number (Sozialversicherungsnummer) eine Postadresse nachweisen können. Falls ich keine Adresse gefunden hätte, hätte ich ein U.S. Postal Service Postfach gemietet oder aber bei einem privaten Anbieter (Z.B. PAKMAIL oder Mailboxes etc.) ein Postfach angemietet.

Update April 2019: Seit vielen Jahren leben die McDoniel's in North Carolina. Kontakt haben wir nur noch sehr selten über Facebook.

Ein Teil des Tages wurde von mir auch dazu genutzt, weiter nach einem guten gebrauchten Mini-Van zu suchen. Die Zeit flog nur so dahin und es war im Nu dunkel. Zurück ins Motel 6 wo ich mich preiswert eingemietet hatte.

23. Februar 1998

In Amerika spielt die Sozialversicherungsnummer eine
große Rolle im Leben der Menschen. Damals noch
mehr als heute (2019). Ich benötigte die „SSN" um
später eine Wohnung anzumieten oder einen Job zu
bekommen und so beantragte ich Anfang der Woche
eine Sozialversicherungsnummer. Dafür fuhr ich nach
Downtown. Na ja, die bessere Wahl wäre wohl ein
Vorort gewesen, da im Büro Downtown auch
gleichzeitig die Sozialhilfe ihre Schecks ausgab. Tolles
Publikum! Jedenfalls ging alles glatt und nach 20
Minuten war ich wieder an der frischen Luft. Weiter
ging es mit der Autosuche. Ein paar Probefahrten
später fand ich ein akzeptables gutes Gefährt, das aber
noch nicht für den Verkauf gereinigt worden war. Auch
war ein wenig Öl unten am Motorblock. Der Händler
versprach, den Wagen bis zum nächsten Morgen
sauber zu haben und wegen dem Öl einen Check
machen zu lassen. Dennoch ging die Suche weiter –
schließlich konnte ich mir nicht sicher sein, ob das Auto
auch wirklich das gesuchte „Pütz-Mobil" war.

Zwischendurch hielt ich auch bei diversen
Supermärkten an, um Wohnungskataloge und

ähnliches nützliches Material einzusammeln. Hier bekommt man nämlich die Mietwohnung aus dem Katalog. Preise, Größe, Lage und alles, was dazu gehört, steht dort mit Fotos fein säuberlich aufgelistet. Ich fand zwei weitere Möglichkeiten für Probefahrten mit Mini-Vans von Ford und Chevrolet, aber eigentlich war kein echter Kandidat dabei.

An diesem Tag besuchte ich auch ein Versicherungsbüro, um mir schon einmal eine Versicherungs-Deckung für den zukünftigen Wagen zu besorgen. Da man erst einmal als Fahranfänger eingestuft wird, weil man hat ja keine US Fahrzeiten vorzuweisen hat, war es entsprechend teuer. Ich entschied mich für minimale Deckung = Haftpflicht in Höhe von satten $ 25.000. Für den später erworbenen Wagen sollte dies eine Dreimonatsrate in Höhe von $ 350 ergeben.

24. Februar 1998

Der besagte Mini-Van war sauber, und ich unternahm eine weitere Probefahrt. Leider war das Öl unten am Motor direkt wieder da, was auf einen undichten Motor schließen ließ. Der Händler versuchte, mich zu bedrängen und erklärte mehrmals, dass das mit dem Öl völlig normal wäre, aber ich lehnte dankend den angebotenen günstigeren Preis ab. 200 Meter weiter war ein anderer Händler und der hatte einen „neuen" gebrauchten Mini-Van in Zahlung genommen und schon fertig zur Probefahrt auf dem Hof stehen. Probefahrt! Alles gut, außer dass der Overdrive (Spargang) nicht funktionierte. Kein Öl außen am Motorblock und auch sonst schien alles okay. Der Händler versprach, die Sache mit dem Overdrive zu reparieren (fiel noch wenige Meilen unter die Werksgarantie des Herstellers), wenn ich denn kaufen würde. Das Auto gefiel mir sehr gut und so fingen die Verhandlungen an. $ 13.500 wollte der Händler für den 1994er Grand Voyager haben. Ich bot $ 8.300. Der erste Verkäufer war nach einer Stunde zäher Verhandlungen „verschlissen" und ein zweiter eilte ihm „zu Hilfe".

Der erste Verkäufer hatte immer wieder neue Preis- und Zahlungsvarianten entworfen, aber ... Sie versuchten alles, um mich vom höheren Preis zu überzeugen (lange Version des Voyagers, topp gepflegt, 34 andere Interessenten, und, und, und). Der Preis kam langsam in Richtung akzeptabel für mich und schließlich gab ich nach. Okay,

$ 8.350,00 war mein Angebot. Satte 50 Dollar mehr – der Verkäufer sah endlich Licht am Horizont – ich hatte mich bewegt. Er eilte zu seinem Manager und kam nach wenigen Minuten mit dem

Gebrauchtwagenmanager zurück. Zusammen versuchten die Beiden, aus mir noch mehr Zusagen „herauszupressen" und dennoch blieb ich standhaft. Ich würde Cash bezahlen und das Auto direkt mitnehmen, wenn repariert. Der Manager gab letztendlich den Zuschlag! Bingo! Für $ 8.350 hatte ich einen 1994er Grand Voyager erworben. Die Reparatur konnte nicht mehr am selben Tag vorgenommen werden und so erledigte man nur den Papierkram plus $ 500 Anzahlung. Ich würde am nächsten Tag wiederkommen, bezahlen und das Auto mitnehmen. Nach 5 Stunden verließ ich endlich den Händler. Puh, geschafft! What a nightmare. Ich gönnte mir als Belohnung ein Festessen bei McDonalds!

25. Februar 1998

Erfolg bei der Autosuche (weil ich ja am Vortag ein Auto gekauft hatte), und jetzt noch ein erstes Vorstellungsgespräch bei der Firma QualComm in Boulder. Ein Bürojob! Dies war auch das erste Interview (so nennt man in Amerika ein Vorstellungsgespräch) für mich in Amerika. Ich sprach mit 4 verschiedenen Managern. Die Stelle wäre im Accounting (Buchhaltung) gewesen und bot Perspektive. Wichtiger vor allem wäre gewesen, dass wir so schon ein Einkommen gehabt hätten, wenn wir endlich nach Colorado gekommen wären. Na ja - hat leider nicht geklappt, wie ich hinterher erfuhr (bzw. nicht erfuhr, aber daraus dann schließen konnte, dass es nicht geklappt hatte). Was soll's, war aber ein gutes Training für kommende Interviews. (Anmerkung: Wir empfehlen allen Auswanderern, so viele Bewerbungsgespräche wie möglich zu „absolvieren", denn man kann von jedem Interview ein wenig lernen.) Ein erster Eindruck halt, wie so etwas in den USA abläuft. Das Vorstellungsgespräch hatte ich mir übrigens von Deutschland aus per E-Mail und Internet besorgt!

26. Februar 1998

Morgens schnell das Amt angerufen, wo ich die Social Security Number beantragt hatte und eben diese Sozialversicherungsnummer telefonisch erfragt. Zum Glück klappte das reibungslos. (Anmerkung: Nach uns jetzt vorliegenden Informationen kann man die SSN nicht mehr telefonisch erfragen, erhält sie aber dafür innerhalb von 1-2 Wochen per Post.) Jetzt war noch ein wenig Zeit für Sightseeing vorhanden, denn schließlich wollten wir den Verwandten zu Hause auch bildhaft darstellen können, wo wir bald leben würden.

Ab nach Downtown und das State Capitol und andere Sehenswürdigkeiten im Schnelldurchgang „besucht". Dann ging es auf zum Händler. Der Mini-Van war fertig repariert - nur der Abgastest fehlte. Den musste ich selber machen. Kein Thema. Der Händler gab mir noch schnell einen Gutschein für diesen Abgastest und schrieb mir den Weg zur Abgasuntersuchungsstelle auf. Dann ging es an das Bezahlen. Fein säuberlich zählte ich dem Verkäufer und dessen Manager den Kaufpreis inklusive Mehrwertsteuer ($ 320) vor - in Traveller Cheques über 20 bzw. 50 Dollar (diese hatte ich nämlich so aus Deutschland die ganze Zeit mit mir herumgeschleppt). Dann die Unterschriftenorgie (jeder Traveller Cheque benötigte eine separate Unterschrift (puh!) und das Auto gehörte endlich mir! Der Händler klebte noch schnell das hier in Colorado übliche Papiernummernschild an die Heckscheibe – damit konnte der Wagen legal für zwei Monate auf der Straße bewegt werden. Jetzt schnell zur Abgasteststelle - Berufsverkehr! Die Abgasuntersuchungsstelle war zum Glück nicht sehr weit weg und um diese Tageszeit nicht sehr überlaufen. Dennoch war ich erst zwei Stunden später wieder beim Autohändler, wo ich den Mietwagen abgestellt hatte. Was nun? Ein Fahrer, zwei Autos! Tim war nicht erreichbar, der eventuell hätte helfen können. Also, den Mini-Van bei McDonalds auf den Parkplatz gestellt, dann den Mietwagen geholt und daneben geparkt. Alles vom Mietwagen in den Mini-Van umgeräumt und dann mit dem leeren Mietwagen zum Flughafen (der natürlich weit außerhalb der Stadt liegt) und abgegeben. Wie nun zum frisch erworbenen Mini-Van zurückkommen? Taxi wäre extrem teuer, da der Flughafen „nur" 35 Meilen entfernt vom Mini-Van ist. Ein Shuttle-Bus-Service brachte mich für $ 25 zurück nach Littleton! Der Fahrer war vor drei Jahren selber aus Ägypten in die USA eingewandert (sein Fahrstil war auch entsprechend – gibt es eigentlich ein Tempolimit in Ägypten?), man kam ins Gespräch und der Ägypter war sehr freundlich und setzte mich sogar direkt neben meinem Mini-Van ab. Es war mittlerweile 10 Uhr abends. Der Tag vor dem Abflug nach Deutschland! Den Mini-Van schnell noch vollgetankt, im Wal-Mart eine Lenkradsperre erworben, einen Hamburger im angrenzenden Burger King gekauft und ab ins Motel 6.

27. Februar 1998

Um 5 Uhr aufstehen und ein letztes Frühstück bei Denny's. Draußen ist es sonnig, aber bitterkalt – minus 12 Grad Celsius! Nach dem Frühstück (Pancakes, Eggs and Bacon) auf zum Flughafen! Den Mini-Van stellte ich auf einem long-term-Parkplatz ab (Langzeit-Parken / $ 4,00 pro Tag). Diebstahlsicherung auf das Lenkrad und ein paar Sicherungen aus dem Sicherungskasten entfernt – man weiß ja nie. Welcher Autodieb hat auch schon ein paar Reservesicherungen dabei? Schnell noch die Nummer vom Schild notiert, das die Parkreihe ausweist und ab in den Shuttle-Bus zum Terminal.

Heimflug (nein, Heimflug konnte man eigentlich nicht mehr sagen, aber ...). Erst nach New Jersey und dann weiter nach Düsseldorf. Dort kam ich dann arg müde am Morgen des 28. Februar an.

28. Februar 1998

Simone holte mich am Flughafen ab. Die Reise war ein Erfolg - alle gesteckten Ziele waren erreicht worden – Führerschein, Social Security Card und Auto! Wetter in Krefeld: Es regnet den ganzen Tag lang! Danke Deutschland – so stimmt man die Auswanderer auf zukünftige 300 Sonnentage pro Jahr in Denver ein!

Unser Hausrat war mittlerweile aufgelistet und katalogisiert. Ich pries alles in einem internen Verkaufsblatt bei den Sparkassenangestellten an, und irgendwie fanden sich für alle Sachen tatsächlich Abnehmer – natürlich auf Termin, denn wer will schon sechs Wochen lang ohne Möbel und Geschirr leben. So hatten wir die Absicherung, dass wir a) auf nichts sitzen bleiben würden und b) eine Kalkulationsgrundlage für noch zu erwartende finanzielle Mittel.

Wir beauftragten ein Umzugsunternehmen mit dem Transport unseres deutschen Hab und Gutes nach Amerika. Die Firma A... (den Namen lassen wir aus rechtlichen Gründen lieber weg, teilen ihn dem interessierten Auswanderer aber gerne auf Nachfrage hin mit) aus Hilden hatten wir ausgewählt, nachdem wir verschiedene Angebote eingeholt hatten. Nicht das preiswerteste Angebot, aber auch nicht das teuerste, was wir uns da ausgesucht hatten. Leider kann man diese Firma (unseres Erachtens nach) nur bedingt weiterempfehlen – eigentlich gar nicht weiterempfehlen, um genauer zu sein. Uns gemachte Zusagen wurden, wie wir später herausfinden mussten, nicht eingehalten. Mehr dazu später. Jedenfalls hatten wir eine sogenannte Überseekiste bestellt, in die alles hineinpassen sollte, was wir in Amerika haben wollten (antike Möbel, Geschirr, Hausratsgegenstände, Kleidung, persönliche Dinge etc.).

Versicherungen: Unseren „Vollkasko-Schutz" für alles und jegliches im Leben hatten wir mächtig ausgemistet und bis auf die private Haftpflichtversicherung und eine Unfallversicherung alles andere gekündigt. Verblüffend, wozu man sich in Deutschland doch gegen alles und jeden versichert! Uns wurde von der Krankenkasse nahegelegt, doch auch den Pflegeversicherungsschutz zu erhalten. Ein letztes Mal ließen wir uns belabern – 24 DM für uns beide im Monat sollte der Beitrag sein. Wir sagten „okay", stellten aber nach wenigen Monaten fest, dass besagte Krankenkasse noch immer kein Geld abgebucht hatte. Um vorweg zu greifen: Wir kündigten auch der Pflegeversicherung sofort, da wir zu dem Zeitpunkt bereits gut versorgt waren. Um auch in Amerika anfangs krankenversichert zu sein, schlossen wir bei der DKV eine Auslandskrankenversicherung ab (keine Reisekrankenversicherung sondern eine Versicherungspolice, die auch Langzeitaufenthalte abdeckt). Die Beiträge im ersten Jahr waren sehr niedrig und würden dann aber ab dem zweiten Jahr teuer werden. Um noch einmal vorweg zu greifen: Wir haben besagte Krankenversicherung nach sechs Monaten in den USA gekündigt, da wir seitdem vollen Krankenversicherungsschutz hier in den Vereinigten Staaten haben.

Meine ehemalige Englischlehrerin war so freundlich und übersetzte uns sämtliche Zeugnisse ins Englische und ließ sie auch noch direkt in der Schule beglaubigen. Das war uns eine große Hilfe, denn es ersparte uns eine Menge Kosten und wir konnten ein wenig Einfluss auf die passende Formulierung nehmen.

Das Übersetzen der Zeugnisse ist ein wichtiges Detail für eine erfolgreiche Auswanderung, denn gelegentlich fragt ein Arbeitgeber auch mal nach dem „College-Abschluss" und macht die Einstellung von der Vorlage des Zeugnisses abhängig. Da wir schon beim Besorgen von Unterlagen waren, holten wir uns auch noch einen Auszug aus dem Geburtsregister – auf diesen

Formularen stehen nämlich sämtliche Angaben auch mit englischer Bezeichnung.

Update Mai 2019: Mittlerweile haben sich die übersetzten und beglaubigten Zeugnis Kopien mehr als bezahlt gemacht. Mehrere Arbeitgeber wollten diese während eines „Background Checks" sehen. Ein „Background Check" wird hier vor allem seit dem 11. September 2001 regelmäßig gemacht, wenn man eine neue Stelle anfängt. Bisher haben sich alle Arbeitgeber mehr als zufrieden mit den vorgelegten Unterlagen und ihrer Bewertung gezeigt. Ich kann diesen Extra-Schritt also nur wärmstens empfehlen.

Das deutsche Arbeitsleben näherte sich seinem Ende. Am 12. März 1998 hatte ich meinen letzten Arbeitstag bei der Stadtsparkasse Düsseldorf. Die Kollegen feierten abends mit mir Abschied, überreichten Geschenke und wünschten alles Gute. Danke! Hat Spaß gemacht, mit Euch zu arbeiten. „Nie wieder Sparkasse" und nie wieder „Anzug und Krawatte" für das Arbeitsleben habe ich mir geschworen. Am 18. März hatte dann auch Simone ihren letzten deutschen Arbeitstag. Auch Simone wurde ein toller Abschied bereitet, mit Geschenken und Andenken an die Zeit bei der CC Bank. Auch hier danke! Es war eine schöne Zeit bei der CC Bank.

In den letzten vier Tagen vor der Abreise wurden dann sämtliche verkauften Hausratsgegenstände von den „Erwerbern" abgeholt bzw. an sie ausgeliefert, und die eingenommenen DM wurden noch schnell in US-Dollar umgetauscht. Dann gingen wir zum lokalen Einwohnermeldeamt, um uns eine letzte Portion deutsche Bürokratie zu holen. Wir meldeten uns ordnungsgemäß ab! Good-Bye!

Zwei Tage vor dem Abflug kamen dann noch der Kfz-Brief und meine Social Security Card aus den USA per Kurierdienst an. Tim McDoniel hatte die Sachen noch per Express Mail nach Deutschland geschickt, weil die McDoniels am 1. April nach Deutschland zu Besuch bei Heikes Mutter fliegen und nicht in Denver sein würden, wenn wir dort ankommen würden.

Dann nahte die Zeit des Abschieds. Ein Besuch in Katlenburg bei meinem Vater und dessen Familie und danach die entsprechenden Besuche am Niederrhein beim Rest der Familien. Simones Verwandte lebten zum Glück nicht so weit weg, ihre Eltern wohnten sowieso direkt neben an, sodass sich die Fahrerei in Grenzen hielt und meine eigene Mutter lebt in Kempen – auch das war nur ein Katzensprung von Krefeld aus.

31. März 1998

Gemeinsam mit den Eltern gingen wir dann noch
einmal „gutbürgerlich" Essen. Dann wurde es Zeit sich
bei meiner Mom und meiner Oma zu verabschieden.
Auf bald! „Wird schon alles gut gehen und wir melden
uns natürlich." Die letzte Nacht in Deutschland
verbrachten wir in dem Haus in Krefeld Traar, wo wir
die letzten fünf Jahre gelebt hatten.

Ein merkwürdiges Gefühl, wenn man weiß, dass man
am nächsten Tag auswandert – die Räume waren alle
so leer und jeder Schritt schallte auf den Fliesen. Im
Vorraum standen die vier gepackten Koffer – alle bis
zum Limit vollgepackt. Viel Schlaf brachten wir
allerdings in der letzten Nacht in Deutschland nicht
zustande – gewundert hat es uns nicht.

Ausgewandert

1. April 1998

Simones Eltern brachten uns nach Düsseldorf zum
Flughafen. Mit dabei war auch mein Bruder Florian. Als
wir zum Einchecken gingen, fragten die Airline-
Angestellten doch tatsächlich, ob wir bereit wären,
einen Tag später zu fliegen, da der Flug überbucht war.
„Nein danke!" sagten wir – kein Interesse. Auch
guckten die Stewardessen argwöhnisch, als sie unsere
One-Way-Tickets begutachteten und unser Visum
verlangten (= Green Card). Eingecheckt und Koffer
aufgegeben! Vier riesige Koffer, alle bis zum Limit voll
bepackt, wie wir auf der Waage beim Einchecken noch
mal bestätigt bekamen. Merkwürdig, auf wie wenige
Sachen man sich umstellen kann, wenn erforderlich.
Wir hatten zwei Tassen, zwei Teller, Messer und Gabel
für jeden an Geschirr in den Koffern – alles andere war
Kleidung und andere Dinge (Akten, Computersoftware,
etc.), die wir für die erste Zeit benötigen würden. Der
endgültige Abschied und ein paar Tränen, dann war es
soweit. Wir waren auf uns allein gestellt. Der Flug in die
USA verging angenehm schnell und ruhig. Planmäßig
kamen wir in Newark, N.J. an und am Nachmittag
(Ortszeit) ging es weiter nach Denver. Ein Platzregen in

New Jersey sorgte noch eben für 45 Minuten Verspätung, denn wenn es in Amerika regnet, dann richtig. Die gesamte Rollbahn stand tief unter Wasser! Dann in Denver am International Airport ein Schreck beim Gepäckband, denn ein Koffer fehlte. Arg gestresst rannte ich auf der Suche nach dem Koffer ziemlich nervös durch die Halle. Alle anderen Gepäckstücke hatten es bis hier geschafft. Und nun das! Simone entdeckte den Koffer dann etwas abseitsstehend. Glück gehabt!

Mit dem Shuttle-Bus fuhren wir zum Parkplatz weit außerhalb des Flughafens, wo ich den Mini-Van im Februar abgestellt hatte. Ein eiskalter Wind pfiff uns um die Ohren als wir aus dem Bus stiegen. Die Temperaturen waren irgendwo bei minus 15 Grad Celsius. Es war dunkel, aber zum Glück schneite es nicht. - Wo war unser Mini-Van? Ich hatte mir doch die Nummer der Parkreihe notiert, als ich den Wagen hier vor sechs Wochen abgestellt hatte, aber wir konnten das Auto nicht finden. Hoffentlich war es nicht gestohlen worden. Zehn Minuten nervenaufreibenden Suchens, bis wir den Wagen endlich gefunden hatten. Puh! Jetzt erst einmal die Lenkradsperre entfernt, die fehlenden Sicherungen im Dunkeln wieder in den Sicherungskasten des Fahrzeugs eingesetzt. Nun der große Moment: Würde sich der Wagen anstandslos starten lassen? Am Schlüssel gedreht – der Motor sprang direkt an. Wir luden die vier Koffer und unser Handgepäck in den hinteren Teil des Mini-Vans und fuhren los. Wir waren tatsächlich ausgewandert!

2. April 1998

Um 5.00 Uhr morgens wachten wir auf – und das, obwohl wir zuvor mehr als 24 Stunden auf den Beinen gewesen waren. Draußen fing es ganz leicht an zu schneien. Wir packten alles Notwendige für den Tag ins Auto und dann ging es ab zum Frühstück zu Denny's. Bacon, Eggs, Coffee! Dann ging es los: Wohnungssuche. Im Wal-Mart holten wir uns den aktuellen Wohnungskatalog und machten uns mit dem in Deutschland vorbereiteten Schlachtplan im Kopf auf den Weg. Wir fingen an der Hampden Avenue mit den Peach Tree II Apartments an. Ein nettes Apartment wäre nächste Woche Dienstag erhältlich, teilte uns die Angestellte der Gebäudeverwaltung mit. Zwei Badezimmer und zwei Schlafzimmer für $ 735,00 pro Monat. Die Wohnanlage machte einen gepflegten Eindruck, lag verkehrsgünstig – eigentlich alles, was der Auswanderer so braucht. Na ja, wir wollten noch mal ein anderes Apartment anschauen, bevor wir eine Entscheidung trafen – so schnell würde die Wohnung auch nicht vergeben sein. Das hier wäre schon gut für uns, aber eine zweite Option sollte man schon zur Auswahl haben. Durch den mittlerweile extrem starken

Schneefall – es lagen mittlerweile gut 20-30 cm Schnee wo vorher gar nichts war – fuhren wir zur West Jewell Avenue zu den Lakeshore Apartments. Die hatten ein Apartment mit zwei Schlafzimmern und einem Bad frei – zeigen konnten sie es uns nicht, und zwar wegen dem Schnee, der mittlerweile 30 cm hoch war! Wir fuhren alleine zum Gebäude, um wenigstens einen Blick durch das Fenster zu werfen (die Wohnung lag im Erdgeschoss). Sah sehr gut aus. Neuer Teppich und auch sonst sah die gesamte Anlage gut aus. Miete: $ 700,00 im Monat plus einem Einzugsrabatt von $ 200. Heizung und Wasser waren im Preis mit inbegriffen – was will man mehr? Wir wollten es also mit diesem Apartment probieren. „Wann können wir einziehen?" war unsere Frage. Wie wäre es mit morgen? Super! Wir gaben den Angestellten unsere persönlichen Angaben. Jetzt kam der erste schwierige Teil – sie wollten natürlich sicher sein, dass wir die Miete immer zahlen können. Jobs hatten wir noch nicht und so handelten wir aus, dass wir die Miete für die ersten drei Monate im Voraus bezahlen würden. Das wirkte und wir erhielten die Zusage! So schnell schon eine Wohnung gefunden – es war gerade mal 10 Uhr morgens am ersten Tag in Colorado! Der Schnee lag mittlerweile 35 cm hoch – so etwas kannten wir auch nur aus dem Fernsehen. Wir gönnten uns dennoch keine Pause, es ging weiter mit dem Besuch bei der Kfz-

Zulassungsstelle. Wir wollten unser Papiernummernschild gegen echte grüne Colorado License Plates eintauschen. Dann machten wir uns auf den Weg, um Simones Führerschein in einen US-Colorado-Führerschein umzutauschen – so wie ich es ein paar Wochen früher auch gemacht hatte. Auch dieses Mal ging es ohne Probleme vonstatten und schon hatte Simone ihren Colorado-Führerschein. Gegen 12 Uhr mittags hatten wir schon mehr Sachen erledigt und erreicht als eigentlich für die ersten drei Tage vorgesehen war.

Ein erster Anruf nach Deutschland wurde gemacht, um die neue Adresse mitzuteilen. Da war natürlich die Überraschung groß, dass wir schon soweit waren. Ob vielleicht auch Enttäuschung dabei war, ist schwer zu sagen – den Eltern wäre es wohl insgesamt lieber, wir wären in Deutschland geblieben bzw. würden bald wieder zurückkommen. Jetzt schalteten wir erst mal einen Gang zurück, denn die Müdigkeit (Jetlag) kam doch ein wenig durch und auch mit viel Kaffee läuft man irgendwann auf Grund. Wir erkundeten die Gegend nach Möbelhäusern und Supermärkten, damit wir wussten, wo wir was bekommen würden. Toaster und Kaffeemaschine wurden schon mal gekauft. Dann machten wir uns durch den Schnee auf den Rückweg zum Motel. Gegen 6 Uhr abends waren wir wieder im Motel 6. Ein wenig TV und dann ab in die Falle.

Todmüde fielen wir ins Bett. Es war ein guter Tag gewesen.

3. April 1998

Um 9 Uhr morgens erschienen wir wieder in den Lakeshore Apartments. Wir unterschrieben den Mietvertrag über sieben Monate und zahlten die Miete für die ersten drei Monate im Voraus. Das war ja deren Bedingung gewesen, da wir keine Credit History vorweisen konnten. Kein Problem! Sachen wie das Vorauszahlen der Miete waren in unserer Planung enthalten und wir legten die Traveller Cheques auf den Tisch und unterschrieben. Am frühen Morgen hatten wir noch US West, die lokale Telefongesellschaft angerufen und den Telefonanschluss beantragt. Zwei Wochen Wartezeit sollte das dauern! Das war ein herber Rückschlag für uns. Jetzt wussten wir, warum US West in Insiderkreisen auch US Worst (Anmerkung: das kann man in etwa mit „US Schlecht" übersetzen) genannt wurde.

Langsamer Service – wenn überhaupt Service – erinnerte uns irgendwie sehr stark an die Deutsche Telekom. So wurde uns klar, dass es schwierig sein würde, nach Jobs zu suchen, da amerikanische Arbeitgeber in der Regel die Kandidaten anrufen und mit einem sprechen wollen, wenn sie Interesse haben.

Ohne Telefon keine Anrufe! Das Ganze war 1998 und der Markt für Prepaid SIM Karten und billigen Handys existierte noch gar nicht. Wir hatten daher keine andere Möglichkeit als zu warten.

Man muss natürlich auch anmerken, dass diese Apartments schon eine ganze Weile existieren und es keinerlei ziehen von neuen Kabeln erforderlich ist. Am Ende ist es mehr ein Verwaltungs-technischer Vorgang einen neuen Telefonanschluss freizuschalten. Immerhin wussten wir zu dem Zeitpunkt schon welche Telefonnummer uns zugewiesen war.

Wir hatten den Schlüssel zum Apartment in der Hand – auf in unser neues Heim. Es war sauber und okay. Wir schleppten unsere Koffer rein und auf der letzten Treppenstufe (die Wohnung lag im Erdgeschoss, man hatte aber sechs Stufen vorher zu bewältigen) riss der Griff von einem Koffer ab und der Koffer purzelte die Treppe runter und das Ding platzte an einer Seite auf. Perfect timing! Gut, dass wir den Koffer nur bis 31 Kilo vollgepackt hatten und nicht auf 32 Kilogramm! 32 kg sind nämlich das Limit der Fluggesellschaften für ein einzelnes Gepäckstück auf Transatlantikflügen oder man muss eine Menge Aufgeld bezahlen (so zumindest die Theorie). Unsere mitgebrachten Luftmatratzen und die Schlafsäcke wurden aufgepumpt bzw. ausgerollt, und das Bett war schon mal fertig für den Abend. Jetzt ging es auf zum Shopping. Die Wohnung hatte eine eingebaute Küche mit Herd, Geschirrspüler und Kühlschrank. Wir holten also Lebensmittel und Getränke. Dann zogen wir zum Preisvergleich und zur Orientierung für den geplanten „Kaufrausch" durch die Möbelhäuser. Ein preiswerter, einfacher Fernseher wurde gekauft und wir beantragten Kabel-TV. Hier konnten wir die aus Deutschland mitgebrachte Kreditkarte einsetzen und waren nicht durch die fehlende Kredithistorie benachteiligt. Wir wollten Kabel-TV, um so auch unsere Englisch-Kenntnisse zu verbessern und natürlich um die lokalen TV Sender sehen zu können, damit wir mehr über Denver erfahren konnten.

Wir kauften Töpfe, zwei einfache Holzbrettchen. Gläser und noch ein paar andere Sachen für die Küche kamen dann auch noch dazu. Aufgeregt und doch zufrieden – so verbrachten wir die erste Nacht im eigenen Apartment in Colorado! Ungewissheit, wie alles weitergehen würde – in jedem Fall, aber auch der feste Wille, es anzugehen und es zu packen!

4. April 1998

Wir kauften uns eine Queen-Size-Matratze mit Untergestell (Foundation/Box Spring) und einem Rahmen. Lattenroste wie in Deutschland scheint es in

Amerika nicht zu geben. Beim Einkaufen stellten sich dann auch so manche Übersetzungsprobleme ein, denn wer weiß schon von Haus aus, dass der untere Teil des Bettes aus einem Rahmen (Frame) und der Grundlage/Unterlage (Foundation) besteht.

Mit Händen und Füßen wurden fehlende Englischkenntnisse perfekt ausgeglichen. Lieferung für die Matratze wäre in drei Tagen möglich, sagte uns der Verkäufer, so entschieden wir uns für die Option „Selbsttransport" – wofür hatten wir den großen Mini-Van? Die Matratze in den großen Mini-Van gehievt – passte wie die Faust aufs Auge! Und dann die Foundation aufs Dach. Da wir kein Seil parat hatten, baten wir den Verkäufer um Hilfe – ein dünnes Nylonseilchen war alles, was er bieten konnte. Na ja, drei Kilometer Nylonseilchen halten so gut wie 20 Meter dickes Seil. Jetzt fing es auch noch an zu schneien, aber die beiden Teile waren in Plastikfolie eingeschweißt. Im Schneckentempo ging es also nach Lakewood zum Apartment. Gut angekommen schleppten wir alles die 40 Meter vom Auto zum Apartment – wir hatten ein Bett! Wie man sich doch über so kleine Dinge freuen kann.

Im örtlichen Wal-Mart suchten wir dann nach Bettwäsche. Anders als in Deutschland mit seinen Bettbezügen nehmen die Amerikaner ja Laken und legen da die Decke drauf. Nachdem wir das System „verstanden" hatten, suchten wir uns passende Bezüge aus, und auch die passende Decke kam dazu. Die Verkäufer im Wal-Mart werden sich wohl heute noch wundern und darüber amüsieren, wie jemand eine Stunde in der Bettwäscheabteilung ratlos hin und her rennen kann.

Die folgenden Tage verbrachten wir mit Shopping. Möbel, Computer, Telefon und, und, und! Unsere deutschen Kreditkarten liefen buchstäblich heiß. Der morgendliche Blick in die Zeitung galt neben dem Ausloten von Sonderangeboten natürlich auch der Jobsuche, und wir schickten eine Hand voll Bewerbungen raus - per Post und mit dem Hinweis, dass wir ab dem 14. April auch Telefon hätten. Anmerkung: Zu der Zeit wurden noch fast alle Stellenausschreibungen durch Tageszeitungen Mittwoch's und Sonntag's veröffentlicht. Das Internet mit Job-Suchmaschinen und LinkedIn wie wir es heute kennen, existierte noch nicht.

Wir mussten natürlich auch ein Bankkonto haben und entschieden uns für die lokale FirstBank – ein Jahr freie Kontoführung und sogar (!) Telefon-Banking. Wir kamen uns fast wie in der Steinzeit vor, als wir das hörten, und dazu noch das Gewusel mit den umständlichen Schecks. Warum die Amerikaner auch heute noch immer so gerne mit Schecks bezahlen – wir haben keine Ahnung und verstehen tun wir es schon mal gar nicht! Länger anstehen an der Kasse, das umständliche Ausfüllen, Scheckbuch mit dem Konto abgleichen – viel zu viel Aufwand!

Zum Glück sollte die Automatenkarte eine eingebaute Visa-Karten-Funktion haben – dasselbe war uns in Deutschland als Kreditkarte angedreht worden (wir fanden nach dem ersten Umsatz in Deutschland heraus, dass jeder Umsatz direkt belastet wurde). Wie eine deutsche Bank (nicht die „Deutsche Bank") das als Kreditkarte bezeichnen kann, ist uns auch immer noch ein Rätsel. Na ja, dafür sind die Amis im Internet-Banking und bei den Überweisungen noch ein wenig hinter Deutschland zurück. Auch das Paradies ist eben nicht perfekt.

Anmerkung Juli 2019: Auch heute gibt es noch viele Amerikaner die gerne mit Scheck bezahlen. Und auch das Online-Banking steckt irgendwie noch in ein paar Kinderschuhen. Unsere Hypothek hier in Kalifornien wurde von Wells Fargo aufgekauft und deren Online Banking ist extrem rückständig. Dort musste ich das online Messaging System benutzen, um den Betrag unserer freiwilligen Zusatzzahlung zu ändern. War aber vorher in der Lage gewesen diese freiwillige Zahlung selber online einzurichten. Grausam. Hypotheken werden hier häufig von Großbanken aufgekauft, um dann in Paketen deren Grosskunden für Investmentzwecke angeboten zu werden. Allerdings ist das Zahlen per Smartphone hier wesentlich weiterentwickelt als in Deutschland (aber zumindest in London, UK sind sie diesbezüglich noch weiter).

13. April 1998

Die Denver Rocky Mountain News (Anmerkung 2019: diese Zeitung gibt es schon seit über 10 Jahren nicht mehr) veranstaltete eine Jobmesse mit vielen Arbeitgebern vor Ort. Das muss man sich wie folgt vorstellen: Eine Messehalle vollgestopft mit kleinen Präsentationsständen, an denen die Arbeitgeber nach neuen Angestellten suchen. Fast wie im Supermarkt kann man da als Jobsuchender durch die Gänge ziehen und sich hier und da bewerben oder auch nur mal seinen Lebenslauf diskutieren. Diese Jobmessen in den USA bringen Arbeitnehmer und Arbeitgeber zusammen. Die Arbeitgeber stellen ihre Jobs wie auf dem Marktplatz in Hotels oder Messehallen aus. Man kann teilweise sogar direkt vor Ort interviewt werden. Ich machte mich auf den Weg und verteilte Resumes (Lebensläufe) an potenzielle Arbeitgeber. Simone war noch etwas zurückhaltend wegen ihrer fehlenden englischen Sprachkenntnisse und wollte erst noch ein paar Tage warten.

Nach kurzer Zeit hatte ich fleißig Lebensläufe verteilt. Den letzten verbliebenen Lebenslauf gab ich an eine Zeitarbeitsfirma/Vermittlungsagentur. Eigentlich machte ich mir diesbezüglich nicht zu viel Hoffnungen, aber die Zukunft meinte es gut mit uns!

Diese Jobmessen sind ein gutes Mittel für die Jobsuche, denn man kann schon vorab Fragen an den potenziellen Arbeitgeber stellen und so eventuell herausfinden, ob die ausgeschriebene Stelle überhaupt etwas für einen selbst ist. Es ist auch ein sehr gutes Mittel, um für Interviews (Vorstellungsgespräche) zu trainieren (läuft ja doch in den USA alles ein wenig anders ab). Jedenfalls sind diese Jobmessen hier sehr beliebt und ein gutes Mittel zur Jobsuche! Können wir nur jedem weiterempfehlen!

14. April 1998

Wir waren am Frühstücken, als das Telefon klingelte. Wait a Minute - Das Telefon klingelte - wir hatten eine Verbindung an die Außenwelt! Jippieeeeeee! Es war aber nicht US West am Telefon, um uns zu sagen der Anschluss wäre jetzt freigeschaltet, sondern der nette Mensch von der Zeitarbeitsfirma lud mich zum Eignungstest ein. Am nächsten Tag sollte ich bei einem Computertest zeigen, was ich so kann. Kein Problem! Wir hatten jetzt also auch unseren Internet-Anschluss und suchten online nach Jobs. Für Simone fanden wir etwas bei einer Buchfirma, und zwar der Continental Book Company. Dort erwartete man deutsche Sprachkenntnisse und das wäre natürlich perfekt für sie. Der Lebenslauf wurde online verschickt – dann hieß es warten!

15. April 1998

Ich fuhr zum Test zu dieser Zeitarbeitsfirma, die mehr eine Vermittlungsagentur war. Der angesprochene Test überprüfte Kenntnisse in Microsoft Windows 95, MS Word, MS Excel, PowerPoint, die Anschläge pro Minute beim Text eintippen am Computer und noch ein paar andere Sachen. Das Ergebnis erhielt man sofort und war in diesem Fall sehr gut. Man verblieb so mit mir, dass die Firma sich mal auf die Suche nach passenden Arbeitsstellen machen würde. Keine Verpflichtung oder Kosten für mich. Die Firma dagegen hat das Risiko der Vermittlung – verdienen tut sie ja erst bei einer erfolgreichen Platzierung des Jobsuchenden.

Wieder zu Hause klingelt das Telefon für Simone. Die Continental Book Company war am anderen Ende der Leitung. Freitagmorgen um 10 Uhr sollte Simone dort zum Interview (Vorstellungsgespräch) erscheinen. Wieder klingelte das Telefon mit zwei Interview-Angeboten für mich. Enterprise Rent-a-Car und Rite Aid

– zwei Firmen, denen ich auf der Jobmesse meinen Lebenslauf gegeben hatte. Beide Vorstellungsgespräche sollten am nächsten Tag stattfinden. Es sah plötzlich sehr vielversprechend für uns aus.

16. April 1998

Beide Interviews (Rite Aid und Enterprise Rent-A-Car) verliefen okay. Den Job bei Rite Aid hakte ich direkt ab. Der Arbeitgeber gab mir einen Fragebogen mit 80 oder 90 (teilweise sehr persönlichen) Fragen, die mir zu weit in das Privatleben hineinreichten. Danke! Kein Bedarf an einem so neugierigen Arbeitgeber. That is none of your business. (Anmerkung: Das geht Sie nichts an.)

Der Job bei Enterprise Rent-A-Car wäre schon dagegen schon besser gewesen und für den Anfang wäre auch die Bezahlung akzeptabel. Die Firmen wollten sich wieder melden (Rite Aid meldete sich natürlich nicht, da ich den tollen Fragebogen nicht ausgefüllt hatte). Nachmittags fuhren wir mal den Weg zur Continental Book Company ab, um uns damit vertraut zu machen. Die Entfernung war okay – alles große Straßen und Highways. Für den Berufspendler natürlich sehr wichtig. Das Gebäude der Firma wirkte sehr klein, aber davon soll man sich nicht täuschen lassen.

Arbeit!

17. April 1998

Simone hatte ihr erstes amerikanisches Interview (Vorstellungsgespräch). Ich saß wartend und ungeduldig im Auto und wartete und wartete. Nach 90 Minuten kam Simone wieder heraus. Ihr erster Satz war: „Wir müssen jetzt wohl ein zweites Auto kaufen". Sie hatte einen Job! Wir hatten ein erstes Einkommen sicher!

Die Firma wusste über ihr nicht allzu gutes Englisch Bescheid und hatte ihr trotzdem den Job gegeben. Wunderbar – das gab Simone auch viel Rückhalt und Kraft, denn ihr Englisch war zwar okay für den Urlaub, aber sie war sich nicht so sicher, ob es für das Arbeitsleben überall reichen würde. Es war in diesem Sinne der perfekte Job. Die Firma wollte jemanden haben, der Deutsch mit den deutschen Kunden sprach, denn die Continental Book Company verkaufte nämlich fremdsprachige Bücher und darunter auch sehr viele deutsche Bücher an Deutsche in den USA.

Es stellte sich hinterher heraus, dass relativ viele Deutsche aus ganz Amerika dort Bücher kauften. Nächsten Montag (!) sollte Simone schon anfangen. Die Bezahlung? Nicht sehr hoch, $ 7,50 pro Stunde, aber wir sahen es unter dem Gesichtspunkt, dass jemand Simone bezahlte, damit sie Englisch lernen konnte.

Wieder zu Hause klingelt das Telefon – die Arbeitsvermittlungsfirma, bei der ich den Computertest gemacht hatte, meldete sich. Eine Firma im Denver Tech Center wäre an einem Interview mit Christoph interessiert, und zwar per Telefon! Per Telefon? Ja, er bräuchte nicht rausfahren. Ist in Amerika durchaus so üblich. Klar, sollen sie anrufen. Das Interview dauerte etwa zwanzig Minuten. Einfache Fragen wurden gestellt, die hauptsächlich auf Customer Service (Kundendienst) abzielten.

Die Firma suchte jemanden für deren Call Center in der Schifffahrtsindustrie. Man verblieb so, dass die Firma sich bei der Arbeitsvermittlungsfirma melden wollte. Ich rief dann nachmittags ungeduldig die Arbeitsvermittlungsfirma an und fragte nach. Spätnachmittags kam ein Rückruf –- auch ich hatte jetzt einen Job und sollte ebenfalls Montagmorgen anfangen. Wow, vier Tage auf Jobsuche und schon hatten wir beide Arbeit. Und dann sollten wir nicht in Wochen oder Monaten anfangen, sondern direkt am nächsten Montag! Die Bezahlung in meinem Fall war etwas höher als für Simone, aber sicherlich nicht üppig. $11.24/Stunde waren mir angeboten worden.

Für mich wäre für 90 Tage die Arbeitsvermittlungsfirma der neue Arbeitgeber, dann würde die andere Firma mich „bei guter Leistung" eventuell übernehmen. Jetzt hatten wir zwei Jobs, aber nur ein Auto und es war Freitagnachmittag. In Deutschland hätten wir jetzt arge Probleme gehabt, aber hier ...?

Die Autosuche startete also im gleichen Moment. Da wir uns abends mit dem mittlerweile aus Deutschland zurückgekehrten Tim McDoniel treffen wollten, hatten wir nicht viel Zeit. Wir machten zwei Probefahrten mit Autos, die so halbwegs unseren Geschmack und Geldbeutel trafen.

Der zweite Wagen – ein Ford Aspire (ähnelt dem damaligen Fiesta ein wenig) – gefiel uns soweit, dass wir ernsthaft in Verhandlungen mit dem Händler treten wollten. Der Händler wollte sofort verhandeln, wir aber vertrösteten ihn auf den nächsten Morgen. Er glaubte uns zwar nicht, aber was will der Händler denn anderes machen. Er „drohte" uns zwar, dass der Wagen wahrscheinlich am nächsten Morgen schon verkauft wäre, aber davon ließen wir uns nicht beeindrucken. Wir wussten das es leere Versprechungen waren, um doch noch einen Kauf zu erzwingen.

Wir verließen den Autohändler und fuhren dann los, um uns dann mit Tim zu treffen und hatten einen angenehmen Abend. Er hatte deutsches Bier mitgebracht und freute sich sehr, dass jemand ein Gläschen mittrank. Es wurde spät und wir hatten am nächsten Tag viel zu erledigen, so dass wir gegen 22.30 Uhr den Heimweg nach Lakewood antraten.

18. April 1998

Wir wachten gegen 7 Uhr auf und stellten fest, dass es über Nacht mal eben 20 Zentimeter Schnee gegeben hatte. Das hielt uns aber nicht von der Autosuche ab. Um halb 9 waren wir wieder beim Autohändler, wo wir am Vorabend den Ford Aspire Probe gefahren hatten. Wir fanden den Verkäufer vom Vorabend und los ging es.

Die Verhandlungen begannen. Der Händler wollte $ 10.000 wir boten $ 6,500,00! Wie schon damals beim Mini-Van, hatte auch dieser Händler die gleiche Verhandlungstaktik im Programm – man versucht, den Kunden in mehreren Verhandlungsrunden weich zu kochen.

Der zweite Verkäufer kam und versuchte zu helfen (nicht uns natürlich, sondern seinem ersten Kollegen). Dann kam auch der Verkaufsmanager und erzählte uns wiederholt, wie viel dieser Wagen tatsächlich noch wert wäre und er ihn nicht mit Verlust verkaufen könne, auch wenn er uns sehr gut leiden könnte. Wir blieben standhaft. Hatten wir uns ja vorher im Kelley Blue Book den Preis des Wagens ausgerechnet und unser Angebot von $ 6.500 entsprechend festgesetzt. Der Händler hatte wahrscheinlich eh nur $ 5.000 für den Wagen gegeben, als er ihn in Zahlung genommen hatte. Es ging nicht vorwärts mit den Verhandlungen und so entschieden wir uns, zu gehen und anderswo nach einem Auto zu suchen.

Jetzt brach Unruhe aus. Auf dem Weg zur Tür sahen wir die drei „Musketiere" (Verkäufer, Verkäufer, Manager), wie sie heftig diskutierten. Egal! Wir saßen schon im Mini-Van und der Motor lief bereits, als der erste Verkäufer hinter uns hergerannt kam. Wir hatten doch noch den Zuschlag bekommen! Na, siehste mal – geht doch! Warum nicht gleich so? Nach zwei Stunden war der Papierkram erledigt und wir fuhren mit zwei Autos vom Hof.

19. April 1998

Wir nahmen uns einen Tag „frei" und fuhren in die Rocky Mountains bis nach Vail. Die traumhafte Szenerie war faszinierend und uns wurde noch einmal bewusst, dass wir uns einen großartigen Platz zum Leben ausgesucht hatten.

20. April 1998

Wir hatten es geschafft – noch keine Woche hatten wir einen „lebenswichtigen" Telefonanschluss und doch hatten wir beide nun einen Job. Gar nicht mal schlecht für den Anfang. Erst später wurde uns eigentlich bewusst, in welch einem Tempo wir unsere

Auswanderung in ein erfolgreiches „Unterfangen"
umgewandelt hatten! An diesem Tage fing also unser
US-Arbeitsleben an. Der „Alltag" hatte uns wieder.
Morgens pünktlich aufstehen und zur Arbeit gehen
(fahren natürlich) – aber doch irgendwie anders.

Uns beiden fiel der Einstieg leicht und unsere
Arbeitgeber waren sehr freundlich. Nette Kollegen und
auch gute Arbeitsbedingungen waren vorhanden. Ich
wurde für zwei Wochen ins Training geschickt, um für
die Schifffahrtsindustrie gewappnet zu sein. Simone
„verkaufte" Bücher und erledigte allerlei Büroarbeiten
– inklusive Buchhaltung und Lagerhaltung.

Über die nächsten Wochen und Monate hinweg fingen
wir an, unsere Umgebung zu erkunden. Die Meilen
häuften sich auf dem Mini-Van, aber das war uns egal.
Wir wollten etwas sehen. Am Memorial Day Weekend
Ende Mai verabredeten wir uns mit den McDoniels zum
BBQ im Chatfield Park, das ist ein lokaler State Park
südlich von Denver. Wir brachten unseren Grill mit und
verbrachten einen schönen Tag direkt am See.
Bratwurst, Coke, Hotdogs – ein typisch amerikanischer
Grillnachmittag!

Durch ihren Arbeitsplatz lernte Simone zwei
Studentinnen aus Spanien und Frankreich kennen, die
in der Continental Book Company ein USA-Praktikum

absolvierten. Man freundete sich an und verbrachte so manchen Abend zusammen. Die Arbeit war zwar nicht besonders fordernd, aber Simones Englischkenntnisse wurden immer besser. Ihr Arbeitgeber belohnte ihre solide Arbeitsleistung innerhalb kürzester Zeit mit zwei kleineren Gehaltserhöhungen. Das half uns natürlich sehr, da wir so unsere Bargeldreserven nicht mehr anbrechen mussten – eher im Gegenteil – wir konnten nun sogar verhältnismäßig gut Geld ansparen.

Ich war inzwischen als Customer Service Representative den ganzen Tag am Telefon und half Leuten, Container zu verschiffen. Der Arbeitgeber, American Presidents Line (APL), war mittlerweile soweit, dass er mich in jedem Fall fest einstellen wollte, wenn die 90 Tage (siehe oben) abgelaufen waren. Ich hatte eine sehr gute Arbeitsleistung abgeliefert und befand mich bei allen Vergleichszahlen gegenüber meinen amerikanischen Arbeitskollegen direkt im oberen Viertel. Man erhielt täglich seine Statistiken über die Anzahl der Telefonate, ihre Dauer etc. Ich hatte auch sehr nette Arbeitskollegen und freundete mich mit einigen direkt gut an. Man traf sich dann mit den Familien später zum Dinner oder auch um mal Karten zu spielen – eine „Tradition", die für viele Jahre noch Bestand hatte.

Die Tögels

Anfang Juni 1998 trafen wir auf eine andere Auswandererfamilie. Die Tögels die seit Ende 1995 in Denver lebten, wurden besucht. Durch einen Zeitungsbericht in Deutschland hatten wir über sie gehört, und man hatte noch von Deutschland aus per E-Mail Kontakt aufgenommen. Nach mehreren Monaten kam es endlich es zum ersten Treffen. Wir verstanden uns auch sehr gut und kamen gut miteinander aus. Für viele Jahre trafen wir uns in regelmäßigen Abständen mit den Tögels und hatten eine Menge Spaß miteinander.

Update: Die Tögels sind 2005 nach South Carolina gezogen. Auf Grund der Distanz hat sich das Verhältnis zu Conni und Peter leider ein wenig abgekühlt. Später erfuhren wir dann von Conni, dass die beiden sich getrennt haben. Peter lebt jetzt wohl in der Nähe von Atlanta während Conni noch immer in South Carolina zuhause ist.

Über das lange Independence Day-Wochenende im Juli 1998 fuhren wir kurzentschlossen nach Grand Junction, ganz im Westen von Colorado. Der örtliche KOA (Kampground of Amerika) hatte trotz Hauptsaison und

Feiertagswochenende noch einen Zeltplatz frei. In Grand Junction liegt das Colorado National Monument – eine beeindruckende Canyon-Landschaft. Auf dem Weg dorthin fuhren wir durch den Glenwood Canyon. Dieser Canyon ist sehr eng geschlungen, und als der Highway Interstate 70 damals durch diesen Canyon gebaut wurde, haben Umweltschützer und Ingenieure sehr eng zusammengearbeitet, um die Einzigartigkeit dieses Canyons zu erhalten. Die Arbeit hat sich gelohnt! Wir können jedem Reisenden nur empfehlen, hier einmal entlang zu fahren und eventuell sogar bis zum Hanging Lake zu wandern – einem versteckten See im Glenwood Canyon. Dieser See hat seinen Namen dadurch bekommen, weil es aussieht, als ob er an Wasserfällen aufgehängt worden ist. So ziemlich jeder Kalender über Colorado hat ein Foto dieses Lakes im „Programm". Das lange Wochenende tat uns sehr gut – viel Sonne und großartige Landschaften – alles das, was wir an Amerika so lieben. Wir brauchten auch Erholung und so kam dieses verlängerte Wochenende gerade richtig. Im Rückblick ist es mir auch heute immer noch unverständlich wie sich damals alles abgespielt hat. Wir hatten neben harter Arbeit eben auch eine passende Portion Glück.

MCSE

Nach diesem Wochenende fing ich an, für den MCSE
(Microsoft Certified System Engineer) zu lernen. Ich
wollte ja gerne im IT-Bereich (Information Technology)
arbeiten, da neben hohen möglichen Gehältern auch
mein persönliches Interesse diesem Bereich galt.
Warum also nicht beides miteinander verbinden?

Microsoft hat ein Zertifikatsprogramm für seine
Produkte eingeführt, das Arbeitgebern und Kunden
beweisen soll, dass derjenige, der so ein Zertifikat hält,
ein gewisses Niveau an Fachwissen hat. Im Falle eines
Arbeitnehmers kann man so einem Arbeitgeber zeigen,
dass man nicht nur Fachwissen hat, sondern auch den
Extraschritt geht und dies anhand einer Prüfung unter
Beweis stellt. Ich begann meinen IT-Werdegang mit
den Arbeiten zum Microsoft Certified Professional in
Windows 95. Dieses Betriebssystem hatte ich sowieso
auf dem eigenen Computer und konnte so zu Hause
üben, zudem wurde es von vielen Arbeitgebern auf den
Computern der Angestellten eingesetzt und eine
gewisse Nachfrage an Technikern mit diesem Wissen
war vorhanden.

Zum Glück fiel mir das Lernen damals nicht sonderlich schwer – und das obwohl die gesamte Literatur natürlich auf Englisch geschrieben war.

Anmerkung 2019: Wenn man gewisse Sachen im Leben nur auf Englisch lernt, dann ist es zumindest für mich auch heute immer noch sehr schwer das vernünftig ins Deutsche zu übersetzen und anderen Leuten in Deutschland so zu erklären was ich eigentlich beruflich mache.

8. August 1998

Am 8. August 1998 nahm ich die erste Microsoft Prüfung in Angriff. An diesem Samstag fuhr ich ziemlich aufgeregt und ein wenig nervös raus zum Centennial Airport (Flughafen). Dort gab es ein Testcenter, das sieben Tage die Woche die Microsoft-Prüfungen anbot. Der Test kostete $ 100 – egal ob man ihn bestand oder durchfiel. Ich bestand den Test „Windows 95" und wurde so ein MCP (Microsoft Certified Professional).

Eine Woche später begann die Jobsuche für einen Einstiegsjob im Computerbereich. Ich bewarb mich auf Stellen als Computertechniker und verwandte Berufsfelder. Niedriges Einstiegsgehalt, aber dafür würde man ja Erfahrung sammeln. Nach wenigen Monaten im Job könnte man sich dann leicht anderswo bewerben und wesentlich mehr Geld verdienen. Das war zumindest der naive Plan, den ich entworfen hatte. Mein Optimismus war vielleicht ein wenig naiv, aber auf gewisse musste man das auch sein, es ist auch in Amerika ein schwieriger Schritt den Beruf zu wechseln – vor allem wenn man nur ein einziges Zertifikat wie dieses vorweisen kann.

Die Suche sollte langwierig sein und erforderte eine Menge Geduld, da ich ja praktisch keine Berufserfahrung in diesem Feld vorweisen konnte.

Genau da lag der Haken – wer keine Erfahrung hat, kriegt auch den Job nicht, aber wie soll man Erfahrung sammeln, wenn man keine Chance bekommt? Ich dehnte meine Lernbemühungen aus, um für den nächsten Test zu lernen. Der MCSE bestand damals aus sechs einzelnen Prüfungen. Ich entschied mich für Netzwerkgrundlagen als nächsten Test. Mit diesem Grundlagenwissen sollte es leichter für mich sein, Arbeitgeber von meinen Kenntnissen zu überzeugen.

Ende August 1998

Credit History: Dieses Schlagwort begleitet einen in den USA überall hin. Egal wie viel Geld man hat oder verdient, wenn die Credit History (Kreditvergangenheit) schlecht aussieht und nicht zeigt, dass man in der Lage ist, seine Schulden ordnungsgemäß zu bedienen, hat man hier in den USA arge Probleme. Wer keine Kreditvergangenheit hat (so wie wir), hat keine besseren Karten. Wie baut man eine Credit History auf? Durch Kredit. Wie bekommt man Kredit? Per Kreditvergangenheit. Und die bekommt man zum Beispiel durch abgesicherte Kreditkarten.

Anmerkung 2019: Ich habe mit mir gerungen den folgenden Teil hier stehen zu lassen. Ich glaube das es inhaltlich nicht korrekt ist und das prepaid Credit Card gar nichts mit der Credit History zu tun haben. Das

Ganze also bitte nur als Erfahrungsbericht aufnehmen –
nicht als Auswanderungstip.

Wie funktionieren diese abgesicherten Kreditkarten?
Man hinterlegt Geld und bekommt in der gleichen
Höhe des hinterlegten Betrages eine Kreditkarte mit
gleichem Kreditrahmen. Das hatten wir direkt im April
schon gemacht und hatten so wenigstens ein klein
wenig Credit History in der Mache.

Wir wollten ja unbedingt mehr Credit History
aufbauen, denn schließlich wollten wir im nächsten
Jahr ein Haus kaufen und hatten den Gedanken gefasst,
dies im nächsten Schritt mit einem Autokredit zu
verbinden. Seit längerem gefiel uns der Jeep Wrangler
als Fahrzeug und so wagten wir einen Versuch. Es
gelang, wir bekamen Kredit, gaben den Ford Aspire in
Zahlung, legten noch ein paar angesparte Tausender als
Cash dazu und finanzierten dann so die letzten 20 %
des Kaufpreises. Yeehaaaaaa! Der Händler kümmerte
sich um die Finanzierung (was sich später noch als
dramatischer Nachteil herausstellen sollte).

Von nun an wurde offen durch die Gegend gefahren,
wann immer das Wetter mitspielte (also, mit dem
Wetter ist das hier in Denver ja nicht sehr
problematisch). Sonne an 300 Tagen im Jahr!
Begeistert nutzten wir den warmen September, und

wann immer wir konnten, machten wir das Dach auf und fuhren in die Berge. So zum Beispiel zu Petra, einer Deutschen, die mit ihrem amerikanischen Ehemann hoch oben in den Bergen bei Grand Lake wohnt. Sie hatte unsere Webseite im Internet gefunden und uns eingeladen. Beeindruckend, wie hoch oben man tatsächlich wohnen kann. Die beiden hatten eine tolle Aussicht aus dem Blockhaus, das in weit über 3000 Meter Höhe stand, und einen Blick auf den Berthoud Pass, einem Skigebiet. Petras Mann war ein Internet Provider und konnte so von zu Hause aus arbeiten – wetterunabhängig und flexibel. In seinem Haus hatte er die Infrastruktur für sein Internet Provider Business eingebaut. Das Ganze muss man sich so vorstellen, dass er eine größere Leitung ans Internet im Haus hatte. Dann gab es eine gewisse Anzahl normaler Telefonleitungen, über die seine Kunden sich dann ins Internet einwählten und über die große Anbindung dann im World Wide Web unterwegs waren.

Besuch aus Deutschland

Mitte September 1998

Der erste Besuch aus Deutschland traf ein. Mein Bruder Florian kam für zehn Tage zu Besuch. Es war sein allererster Aufenthalt in den USA überhaupt und so fuhren wir natürlich „wie die Bekloppten" durch die Gegend, um ihm einen guten Eindruck von Colorado zu vermitteln. Auch wir sahen natürlich dadurch noch so manche neuen Sehenswürdigkeiten. Die zehn Tage seines Aufenthaltes vergingen wie im Flug (zumindest für uns) und schon waren wir wieder alleine – nicht, dass uns das störte, aber erinnerte es uns doch irgendwie daran, wie weit weg wir von Europa waren.

Mitte Oktober 1998

Ich war für die zweite Prüfung zum MCSE bereit (insgesamt sechs musste man bestehen). Wieder an einem Samstagmorgen fuhr ich zum Testcenter und auch diesmal hatte ich Erfolg! Durch diesen bestandenen Test änderte sich zwar mein Titel als MCP nicht, aber es zeigte interessierten Arbeitgebern, dass der erste Test kein Zufallserfolg war. Damit musste man doch endlich etwas bezüglich eines Jobs erreichen können. Erst einmal war aber wieder Besuch aus Deutschland angesagt.

Mein Vater (man muss dabei erwähnen, dass meine Eltern geschieden sind) samt neuem Anhang wollte vorbeikommen. Leider kam ein schwerer Krankheitsfall in der Familie dazu, sodass nur mein Vater und mein Bruder Philipp kamen. Die Tickets für Jutta (die zweite Frau von meinem Vater) und Moritz mussten leider wieder zurückgegeben werden. So machten sich Helmut und Philipp also auf den langen Weg nach Amerika. Während die beiden im Flieger saßen, wurde aus dem Krankheitsfall leider ein Todesfall, der natürlich den Urlaub schwer überschattete. Uns stand die schwere Aufgabe bevor, die traurige Nachricht zu übermitteln. Nicht unbedingt das, was man unter einem „Herzlich Willkommen" versteht, aber wir haben es ganz gut hinbekommen.

Die beiden blieben trotzdem für eine Woche, da sie jetzt in Deutschland eh nicht soviel hätten machen können – leider kann man Tote noch nicht wieder so zum Leben erwecken. Auch mit diesem Besuch fuhren wir wieder viele Meilen mit dem Mini-Van, um auch zu zeigen, warum wir in den USA leben wollten. Sightseeing bis zum Abwinken. Die eine Woche verging rasend schnell und schon war wieder Abschied angesagt!

Ende November 1998

Unser erstes Thanksgiving hier in den USA. Die Tögels
hatten uns zum traditionellen Truthahnessen
eingeladen, und wir folgten dieser Einladung sehr
gerne.

Thanksgiving ist einer der höchsten Feiertage in den
USA, der immer Ende November gefeiert wird, und
zwar an einem Donnerstag (genauer gesagt am vierten
Donnerstag im November). An diesem Tag werden
jedes Jahr die meisten Truthähne verspeist, und dazu
gibt es dann Sweet Potatoes (Süßkartoffeln),
Kartoffelbrei, Gravy (Sauce) und noch so manche
Leckerei mehr. Dass so ein Essen nicht nach einer
halben Stunde vorbei ist, kann man sich gut vorstellen.
In der Regel rollt man sich dann vom Tisch zur Couch
um American Football zu gucken und von da aus rollt
man sich dann später am Abend ins Bett.

Der darauffolgende Freitag ist einer der größten
Einkaufstage in Amerika. Shop 'til you drop! Oder wie
lautet der andere Kampfspruch der Kaufsüchtigen?
„Charge it!" (gefälligst auf die Kreditkarte damit).
Simone musste an diesem Tag leider arbeiten und ich
wollte eigentlich preisgünstig Skibindungen kaufen,
aber bei dem Getümmel überall schien dies ein schier

hoffnungsloses Unterfangen. Jetzt wurde uns auch klar, warum es bei jeder Shopping Mall unendlich viele Parkplätze gibt – heute waren sie nämlich alle voll – etwas, was wir vorher so noch nicht gesehen hatten! Irgendwie schaffte ich es aber dennoch, zwei gute Bindungen für die neuen Ski zu kaufen, die ein paar Wochen vorher auf einer Ski-Messe gekauft worden waren. Drei Tage später waren die Bindungen installiert, die Ski gewachst und der Winter konnte kommen.

Dezember 1998

Mittlerweile häuften sich Rückrufe von möglichen Arbeitgebern für mich. Ich hatte jedes Wochenende etwa ein Dutzend Bewerbungen draußen – irgendwann musste es mit dem ersten Job im IT-Bereich klappen. Mal ein Vorstellungsgespräch hier und mal eines da, aber bis jetzt kein Erfolg. Aber wie schon mal erwähnt, jedes Vorstellungsgespräch sollte als Training für das Nächste betrachtet werden.

Mitte Dezember war dann wieder Besuchszeit für Besuch aus Deutschland. Simones Eltern kamen zu Besuch und wollten Weihnachten mit uns feiern. Und was taten wir wieder einmal? Wir zeigten den Besuchern die Schönheit Colorados.

Dann kam auch der Winter. Es wurde eisig kalt. Nicht minus 10 oder minus 15 Grad Celsius – es ging auf fast minus 30 Grad mit dem Thermometer herunter. Selbst ein leichter Windhauch ließ die Temperaturen noch wesentlich kälter anfühlen. Brrrrr! So hatten wir uns das dann doch nicht vorgestellt.

Es war so kalt das unser Mini-Van nicht mehr richtig warm wurde und ich dann sogar Pappe mit Alu-Folie umwickelte und vor dem Kühlergrill anbrachte. Auf diese Weise konnte der Fahrtwind nicht mehr direkt auf den Kühler treffen und es half dem Fahrzeug tatsächlich Betriebstemperatur zu erreichen – was warmer Luft aus der Autoheizung entsprach.

16. Dezember 1998

Ich hatte ein Vorstellungsgespräch bei der Firma „Columbine JDS" als Software Technician (Softwaretechniker). Es lief alles okay und sah sehr gut aus – diesen Eindruck vermittelte mir mein Gesprächspartner. Die Firma wollte sich melden. Einen Tag später hatte ich ein weiteres Vorstellungsgespräch bei einer anderen Firma als Computer Technician. Auch hier fand ich viel Zuversicht am Ende des Vorstellungsgesprächs. Der Vorstandsvorsitzende der Muttergesellschaft aus Australien wollte mich dann zwei Tage später auch noch sprechen. Man flog mich dafür aber leider nicht nach Australien, sondern die Australier riefen mich an und wir sprachen fast eine Stunde lang am Telefon.

18./19. Dezember 1998

Geburtstagsessen! Simones Vater hatte Geburtstag und einen Tag später war auch ich an der Reihe mit dem Älterwerden. Mein erster Geburtstag in Amerika! So besuchten wir unsere damaligen Lieblingsrestaurants, den „Maccaroni Grill" und „Rodizio's", ein brasilianisches Restaurant. Es wurde mächtig geschlemmt, denn irgendwie feierten wir (zumindest Simone und ich) nicht nur die Geburtstage, sondern auch den Abschluss eines ziemlich erfolgreichen Jahres! Blickten wir doch auf die letzten neun Monate zurück und realisierten, was wir auf die Beine gestellt hatten. Von Null (keine Wohnung, kein Auto, keine Jobs, keine Freunde in den USA) waren wir doch sehr weit gekommen. Das Ganze ist immer noch schwer wirklich zu beschreiben. Falls Ihr auch ausgewandert seid, könnt Ihr das sicherlich ähnlich empfinden.

Weihnachten in Amerika

24. Dezember 1998

Ich hatte am (deutschen) Heiligabend Morgen doch tatsächlich ein Job-Interview bei einer Firma. Da Weihnachten hier ja offiziell erst am 25.12. ist, arbeiten manche Firmen am 24.12. – viele andere machen aber dann auch schon zu (z. B. meine Firma „APL"). Ich stellte mich bei Quark, Inc. vor. Es sollte eine Position im Tech Support sein. Das Vorstellungsgespräch verlief sehr gut und über einen Bekannten hatte ich auch etwas Insider-Knowledge über die Arbeitsbedingungen bei Quark. Nicht alles war rosig beschrieben, aber die Support Abteilung war eigentlich ein sehr guter Platz bei Quark.

Abends wurde dann weihnachtlich gegrillt – bei minus 25 Grad Celsius. Weihnachten eben mal anders. So hatten wir es gewollt – einfach mal aus der Routine ausbrechen!

Nach dem Weihnachten vorbei war, musste ich wieder zum Job, während Simone noch frei hatte, aber auch sie musste dann doch noch vor Jahresbeginn zwei Tage zur Arbeit. Ich hörte von der Arbeit aus mal wieder den Anrufbeantworter ab und was war das? Quark, Inc.

hatte angerufen und machte mir ein Jobangebot! Der erste IT-Job war endlich da! Hellauf begeistert rief ich den Manager zurück und sagte zu. Ich kündigte noch am gleichen Tag bei APL – ich wollte möglichst mit Einhaltung einer Frist von zwei Wochen gehen, um keine „Burning Bridges" zu hinterlassen. Burning Bridges sagt man hier zum „Abgang" von Leuten, die ihren Arbeitsplatz einfach verlassen oder die Vorgesetzten beleidigen oder unter Einhaltung von sehr wenigen Tagen (1-3) ihren Arbeitsplatz verlassen und dem Arbeitgeber so keine Chance auf Einarbeitung eines neuen Angestellten geben. Für mich war es sehr wichtig, dass der alte Arbeitgeber nur positiv über mich berichten konnte, da es in Amerika üblich ist, dass neue Arbeitgeber vorherige Arbeitgeber des zukünftigen Angestellten anrufen und nach dessen Leistung befragen.

Das wollte ich mir natürlich nicht irgendwie als belastende „Hypothek" für die Jobsuche irgendwann mal aufladen. Meine Managerin hatte aber vorher schon spitzbekommen, dass ich gerne im IT-Bereich arbeiten wollte und hatte Verständnis für meinen Schritt. Sie bot sogar an, zukünftig als Referenz zu fungieren – wann immer ich mal einen Job suchen würde und Hilfe bräuchte! Perfekt! Diese Managerin gab mir damals auch noch weitere Ratschläge mit auf den Weg und ich bin ihr dafür im Nachhinein sehr dankbar. Auf gewisse Weise wäre es klasse gewesen sie als Mentor zu haben, aber das Konzept oder die Idee einen Mentor zu haben, kam mir erst viele Jahre später. Ich hatte noch viel zu lernen.

Besser kann es einem gar nicht passieren! Einen Tag später erhielt ich ein weiteres Jobangebot einer Firma, bei der ich mich beworben hatte. Jetzt, mit schon einem festen Job-Angebot im Rücken, ließ es sich alles viel leichter angehen und ich fing an, meinen Marktwert zu testen und ich fragte nach etwas mehr Geld als mir Quark angeboten hatte. Die Firma bekam dann aber kalte Füße und sprang ab! Egal!

Nach Neujahr wurde es auch Zeit für den Besuch, die Koffer zu packen. Pünktlich mit dem Besuch zog auch die Kaltfront von dannen, die uns seit über zwei Wochen mit Temperaturen von fast minus 30 Grad Celsius hatte frieren lassen.

Samstag Nachmittag 9. Januar 1999

Das Telefon klingelte. Columbine JDS machte mir auch ein Jobangebot. Verblüffend – erst hat man keinen Job in Aussicht und dann laufen einem die Arbeitgeber plötzlich fast die Haustür ein! Da ich aber für den nächsten Montag schon bei Quark zugesagt hatte, gab ich dem Angebot einen Korb, vor allem deswegen, weil es nicht viel besser als das von Quark war. Zu dem

Zeitpunkt war es sehr schwer abzuschätzen welche der beiden Firmen langfristig die bessere Wahl gewesen wäre. Ich war zu der Zeit in Amerika noch zu grün hinter den Ohren und solche Gedanken kamen mir gar nicht in den Sinn. Heutzutage gehe ich wesentlich strategischer vor – allerdings habe ich auch einen ganzen anderen Marktwert und spiele in einer ganz anderen Liga.

Meine Entscheidung zu Quark zu gehen kam auch durch den Bekanntheitsgrad der Firma. Der Name „Quark Inc." war in der Industrie bekannter und könnte so später von erheblichem Vorteil sein, wenn ich wieder mal auf Jobsuche war. Ich sah den Job bei Quark auch eher als ein Sprungbrett in den IT-Bereich und nicht als Einstieg in eine Karriere bei Quark. Dafür hatte Quark eine zu unstetige Personalpolitik, sprich' regelmäßig wurde der „Stall" ausgemistet und gute wie schlechte Angestellte fanden sich plötzlich auf der Straße wieder.

Alles Quark

11. Januar 1999

Der erste Arbeitstag bei Quark, Inc. war da. Voller
Erwartung machte ich mich auf den Weg nach
Downtown. An diesem Tag war erst mal Einführung in
die Benefits (Krankenversicherung, Rentensparplan
etc.) angesagt. Pünktlich erschien ich beim Hauptsitz
der Firma Quark, nur um herauszufinden, dass die
Einführungsveranstaltung nicht am angegebenen Ort
stattfand, sondern kurzerhand in ein anderes Gebäude
verlegt worden war. Im Eiltempo rannte ich also durch
Downtown Denver, um ja nicht zu spät zu kommen. Auf
den letzten Drücker kam ich dann doch noch am neuen
„Zielort" an. Puuh!

Das richtige, sechswöchige Training begann dann einen
Tag später. Ganz schön heftig, denn ich hatte vorher
nie in der Druckindustrie oder im Grafikdesign
gearbeitet und beides war ein wichtiger Bestandteil
meines zukünftigen Jobs. Irgendwie schaffte ich es aber
doch, mich durch die Tücken dieses Jobs zu kämpfen.
Augen zu und durch, sagte ich mir. Freizeit blieb nicht
viel, da ich diese auch noch zum Büffeln benutzte. Ich
wurde nach etwa sechs Wochen als ‚Technician' im

Tech Support für QuarkXPress auf die Menschheit losgelassen. Dazu später mehr.

Mitte Januar 1999

Wir hatten über eine Freundin den Namen eines Immobilienmaklers bekommen und zusätzlich noch den Namen einer Mortgage Company (Hypothekenfirma / Mischung aus Bank und Vermittler). Wir waren soweit das Apartment in Lakewood gegen ein Haus einzutauschen und stellten einen Kreditantrag. Statt der erhofften $ 150.000 wurden uns aber sogar $ 192.000 angeboten. Wow! So viel wollten wir gar nicht als Kredit haben, aber es war beruhigend zu wissen, dass wir so nach allerlei Häusern Ausschau halten konnten, ohne extrem auf den Dollar achten zu müssen.

Dennoch setzten wir uns aber ein Limit, denn schließlich will ja alles auch zurückgezahlt werden. Bis alles genehmigt war, verhielten wir uns „ruhig", denn die Kreditentscheidung bekamen wir natürlich nicht am ersten Tag.

Auch erwogen wir die Option ein komplett neues Haus zu bauen. Man kann hier überall Musterhäuser besichtigen und sich so selber sein Haus zusammenstellen. Denver war gerade zu der Zeit eine Boom Town und es wurde überall wie verrückt gebaut.

Wir entschieden uns aber dann am Ende doch für ein bereits bestehendes Haus als die bessere Option, da wir ansonsten viele Monate hätten warten müssen, bis das Haus gebaut worden wäre – sprich ein weiterer Sommer im Apartment in Lakewood.

Das Apartment war zwar Ok, aber wir wollten dann doch in die eigenen Vier Wände.

Super Bowl 1999

Ende Januar 1999 gewannen die Denver Broncos, das lokale American Football Team, den Super Bowl, also – bescheiden, wie die Amerikaner sind – die Weltmeisterschaft im American Football. Dies war unser erster Super Bowl in den USA und wir verbrachten ihn bei Freunden. Ein großer Teil der die Faszination Super Bowl ausmacht, sind die häufig lustigen Fernseh-Werbespots die das Spiel immer wieder unterbrechen (oder ist es anders herum?).

Nachdem das Spiel vorbei war, gab es ein paar Ausschreitungen in Downtown Denver – was uns an deutsche Hooligans und die ganze Randale rund um die Bundesliga erinnerte. Es gibt halt immer Menschen die Sportereignisse durch so ein Verhalten in den Hintergrund drängen.

Egal, wir hatten jedenfalls einen schönen Nachmittag mit Hotdogs, Bier und Chips. American Way of Life wie wir ihn lieben.

Der deutsche Fiskus

Winter/Frühjahr 1999

Als „pflichtbewusste" ehemalige Bewohner des
deutschen Staates erstellten wir unsere letzte deutsche
Steuererklärung für das Jahr 1998. Hatten wir uns doch
vor unserer Auswanderung Informationen bezüglich
dieses Vorganges vom Krefelder Finanzamt UND dem
Bundesministerium der Finanzen eingeholt.
Entsprechend erstellten wir unsere Steuererklärung
und hofften auf eine nette Steuerrückerstattung. Die
Überraschung kam, als plötzlich vom deutschen Fiskus
unsere amerikanischen Einkünfte mit in die
Steuerberechnung einbezogen werden sollten, obwohl
diese in den USA zu versteuern waren.

Auf unsere Beschwerde hin wurde uns mitgeteilt, dass
vorher erteilte Auskünfte nicht verbindlich seien (man
darf den Bürger also ungestraft anlügen), und dass
unsere US-Einkünfte auf das deutsche Einkommen
(Januar bis März 1998) aufgeschlagen würden, um
einen besonderen Steuersatz für uns zu errechnen.

Wir hatten unsere Auswanderung auf den vorher
erteilten Informationen mit aufgebaut (hier:
Ausreisetermin, etc.). Wären wir per 31.12.1997

ausgewandert, wäre es überhaupt kein Problem gewesen. Tja, jetzt war das Kind in den Brunnen gefallen und wir konnten nichts mehr rückgängig machen. Dieses „kleine" Versehen (zu Gunsten der deutschen Steuerbehörde) hat uns über 2500 DM gekostet – Geld, das wir eigentlich anders eingeplant hatten. Nun ja, wenn die mit gezinkten Karten spielen, dann können wird das auch! Also setzten wir den Behördenapparat in Bewegung und involvierten, wen wir nur konnten, inklusive dem Leiter und stellvertretenden Leiter des Finanzamtes Krefeld, jemandem vom Bundesfinanzministerium und natürlich die Sachbearbeitung im Finanzamt Krefeld.

Mit legalen Schritten beschäftigten wir die Beamten mit unserem Fall! So konnten wir sicher sein, dass die von uns „gestohlenen" Märker auch nur für die Bearbeitung unseres Falles draufgingen.

Rechnet man nämlich einmal die gesamten Personalkosten hoch, hat es den deutschen Staat sicherlich mehr Geld gekostet, sich mit uns anzulegen, als er durch unsere „zusätzlich zahlbaren" Steuergelder eingenommen hat! Nennt man das nicht „Verursacherprinzip" oder so?! Wenigstens hatten wir so eine kleine, emotionale Genugtuung, die uns über den Verlust des erhofften Geldes ein wenig hinweg half.

Das eigene Haus

10. März 1999

Mit Charlie (Charlotte), unserer Maklerin, fuhren wir
auf Hausbesichtigung. Das erste Haus war ein Flop, da
erst wenige Stunden auf dem Markt und schon
verkauft. Das ging damals alles so schnell, dass selbst
die Makler nicht schnell genug erfuhren, wenn ein Haus
„under contract" war.

So fuhren wir also zum nächsten Haus. Das Haus hatten
wir uns am Abend vorher im Dunkeln von außen schon
einmal angesehen und es gefiel uns. Von innen wirkte
es hell und freundlich. Es war groß genug und so
beschlossen wir, ein Angebot abzugeben. Wir saßen
also da in der Küche in dem Haus und füllten den
Papierkram aus, den man für ein schriftliches Angebot
ausfüllen muss, und schrieben einen Scheck als
Anzahlung aus. Wir entschlossen uns, $ 14.000
anzuzahlen. Charlie nahm dann alles an sich und wir
fuhren nach Hause.

Jetzt fing die Warterei an. Würden die Verkäufer das
Angebot akzeptieren? Taten wir das Richtige? Was,
wenn wir ein besseres Haus finden würden, das
preiswerter wäre? Fragen, Fragen, Ungewissheit! Wir

waren schon auf dem Weg ins Bett, als um 10 Uhr abends das Telefon klingelte. Charlie! Wir hatten den Zuschlag bekommen und würden daher Ende Mai 1999 Hausbesitzer sein. Noch kein Jahr in den USA und schon hatten wir uns ein Haus gekauft! Jetzt war die Freude groß und da es in Deutschland schon nach 6 Uhr morgens war, entschieden wir uns, die für uns gute Nachricht den Verwandten mitzuteilen. Die waren sicherlich erst mal geschockt, denn ein Hauskauf hieß, wir würden nicht so schnell wieder zurück nach Deutschland ziehen, wie eventuell von den Verwandten erhofft – außerdem hatten wir vorher nicht direkt angekündigt, dass wir uns nach einem Haus umschauen wollten. Wir mussten aber eine Entscheidung für uns treffen und nicht für die in Deutschland gebliebene Familie. Daher fiel es uns sehr leicht, ein Haus zu erwerben. In Amerika ist der Anteil der Familien, die ein eigenes Haus besitzen, verglichen zu Deutschland sowieso viel höher. Da wollten wir nicht außen vorstehen.

In den folgenden Wochen kam dann der Wertschätzer, der von uns beauftragt worden war, und nahm das Haus unter die Lupe. Alles wurde genauestens inspiziert. Die Heizung verlangte nach Wartung und Reinigung und üblicherweise wird so etwas noch vom Verkäufer erledigt. Dieser Verkäufer jedoch weigerte sich und es ging so weit, dass wir ihm die Pistole auf die

Brust setzten und drohten, vom Vertrag zurückzutreten. Dieses Recht hatten wir laut Vertrag! Das wirkte und die Heizung wurde gewartet und gereinigt. Mann, Mann, Mann – so ein Stress wegen einer kleinen, lumpigen Rechnung für den Heizungsservice. Jetzt war aber alles auf dem Weg. Die Hypothek war genehmigt, der Wert und Zustand des Hauses war geschätzt – der Umzugstermin Ende Mai war nur noch so weit weg.

PS: Wenn Ihr mal in Denver seid und Euch das Haus von außen anschauen wollt, fahrt doch mal vorbei:

3780 West Bucknell Drive
Highlands Ranch, CO 80129

Hit and Run

Mitte März 1999

Hit and Run! So nennt man hier Unfälle mit Fahrerflucht. Warum wir das erwähnen? Ich fuhr mit dem Mini-Van während der Mittagspause vom Essen kommend auf der Lincoln Avenue in Denver. Vor mir wurde gebremst und so betätigte natürlich auch ich die Bremsen. Plötzlich hörte ich nur noch das Blockieren von Rädern. Es klang irgendwie ziemlich nahe! Es knallte – und zwar am Mini-Van.

Ein Honda Civic war mir hinten auf den Mini-Van gerauscht. „Begeistert" stieg ich aus, um den Schaden zu betrachten und um mit dem Fahrer des Hondas zu reden. Der setzte aber schon seinen Wagen zurück und gab Vollgas und haute ab. In welchem Film war ich denn hier gelandet? Ich sprang in den Mini-Van und versuchte den fliehenden Honda zu verfolgen.

Wer aber weiß, wie schwerfällig ein Mini-Van sein kann und wie flott doch so ein Kleinwagen ist, kann sich vorstellen, dass ich keine Chance hatte. Ich hatte auch keine Sicht auf das Nummernschild gehabt und natürlich war während der ganzen Verfolgungsjagd kein Polizeiauto in der Nähe. Nach nur wenigen

Minuten war die Jagd vorbei. Verzweifelt fuhr ich zurück zur Arbeit und berichtete meinem Chef von dem Erlebnis. Der bestand darauf, die Polizei anzurufen. Die Polizei orderte mich zurück zum Unfallort und nach einer Stunde des Wartens tauchte auch ein gemütlicher Sheriff auf und nahm meine Aussage auf.

Jetzt gab der Sheriff kund, dass ein anderer Verkehrsteilnehmer per Cell Phone (so heißen in Amerika die Handys) das Nummernschild des Honda an die Polizei weitergegeben hatte. Na ja, das hieß noch nicht viel, da der Wagen ja auch gestohlen sein könnte. Abwarten. Ich fuhr zurück zur Arbeit und hatte allerdings nicht viel Hoffnung wegen des Unfallgegners.

Der Schaden am Mini-Van war zum Glück gering (guter Stahl aus Detroit gegen Billigblech aus Japan) und die Fahrtüchtigkeit war nicht beeinträchtigt.

Wenige Tage später rief mich ein Inspektor des Denver Police Departments an und teilte mir mit, dass der Honda gefunden sei, der Besitzer und der Fahrer waren ermittelt. Die Polizei kümmerte sich zwar um den kriminellen Teil dieser Sache, aber sie half nicht, den Schaden zu beheben. Ich bekam sämtliche Daten der beteiligten Personen genannt. Der Fahrer am Unfalltag hatte sich den Wagen eines Freundes ausgeliehen. Er war auch schon drei oder vier Mal in „hit and run accidents" (Unfälle mit Fahrerflucht) verwickelt gewesen. Ich rief beide Personen an, aber der Erfolg blieb aus. Ich bekam keinerlei Antwort und bei der geringen Höhe des Schadens, war es fraglich ob sich weitere Schritten lohnen würden. Es sah so aus, als ob wir auf dem Schaden sitzen bleiben würden. Der Täter hatte sich mittlerweile aus dem Staub gemacht und wohl den Staat verlassen – der Besitzer des Honda hatte sich dann doch einmal gemeldet und sagte zwar zu, den Schaden zu bezahlen, aber letztendlich kam nichts dabei herum. Aufgrund der Schadenshöhe (laut Kostenvoranschlag unter $ 700) sahen wir auch nicht den Erfolg, einen Anwalt einzuschalten, da dies ein sehr teurer Schritt wäre und der wirtschaftliche Erfolg in Frage gestellt war.

Zeitsprung: Sechs Monate später klingelte das Telefon. Eine aufgelöste Frauenstimme ließ eine Nachricht auf dem Anrufbeantworter. Es war die neue Verlobte des Besitzers des Honda. Sie hatte von der Sache gehört und hatte ihrem Verlobten auferlegt, den Schaden zu begleichen. So kam es doch noch zu einem guten Ende und wir bekamen den Schaden ersetzt.

Übrigens war der Schaden am Honda Civic zwei bis drei Mal so hoch wie der Schaden am Mini-Van. Heute machen wir gerne Späße darüber, was passiert wäre, wenn wir einen dieser großen Geländewagen (Chevy

Suburban, etc.) gehabt hätten. Honda total platt – Geländewagen einen kleinen Kratzer ….! Na ja, wer zuletzt lacht, lacht am Besten. In diesem Falle hat dieses Sprichwort zu unseren Gunsten völlig Recht gehabt.

Dennoch war die Situation stressvoll gewesen. Wir waren ja neu im Land und gerade solche Situationen sind schwer zu erfassen. Das Alles gut ausging, ist dann trotzdem nur nebensächlich. Auf manche Dinge im Leben könnte man gut verzichten und ein Unfall mit Fahrerflucht gehört dazu.

Littleton – Columbine High School

20. April 1999

Dieser unrühmliche Tag der Geschichte endete mit dem Tod von 13 unschuldigen Menschen in der Columbine Highschool.

Die Columbine Highschool lag nur etwa zehn Minuten von unserem Apartment entfernt, und es war wirklich erschütternd, dass so etwas in der Nachbarschaft passiert war. Zwei Schüler dieser Schule kamen schwer bewaffnet in die Schule und waren für das damals schlimmste School Shooting verantwortlich.

Und wie es so üblich ist, brachten sie sich dann selber um – was es für die Überlebenden noch schwerer macht eine solche Tat zu verstehen. Die folgenden Tage war ganz Denver wie traumatisiert. Vizepräsident Al Gore erschien zur großen Trauerfeier – Columbine war einfach überall! Das Thema wurde von der Presse immer wieder aufgewärmt und blieb so jedem fast täglich im Newsfeed – auch wenn gar nichts Neues passiert war.

Anmerkung: Im Großraum Denver gab es seitdem weitere Schul-Schießern. Eine davon an der Schule (STEM in Highlands Ranch) wo unser Sohn für 2 Jahre

Schüler gewesen war. Zum Glück war er nicht mehr Schüler an der Schule als diese Schießerei (2019) stattfand. Aber es ist wirklich erschreckend, dass so etwas immer wieder passieren kann und das in Amerika Kräfte am Werk sind die es so schwierig machen, selbst kleinste Veränderungen an den Waffengesetzen vorzunehmen. Wir persönlich haben keine Schusswaffen in unserem Haushalt.

27. April 1999

Ich ging meinem dritten MCSE-Test entgegen und bestand auch diese Prüfung. Ich hatte keine Lust mehr auf den Telefonjob bei Quark, weil einfach zu wenig Personal zu viele Telefonate beantworten sollte. Kurz nachdem ich bei Quark angefangen hatte, lief es bei der Firma nicht mehr so rund weil der Gründer und der derzeitige CEO (Vorstandsvorsitzende) wohl nicht sehr gut vertrugen. Es war wirklich stressig und nervig.

So war es dann auch sehr einfach, Motivation zum Lernen zu finden. Weitere bestandene MCSE-Tests erhöhten nämlich die Chancen bei einer möglichen Jobsuche, und das wollte ich mir natürlich zunutze machen. Das Büro der Firma war in Downtown Denver und Downtown lag zudem arg weit weg von unserem neuen Haus. Daher wollte ich in jedem Fall nach einem Job suchen, der nicht so weit weg von zu Hause sein würde! Die gesamte Fahrt zu und von der Arbeit betrug über eine Stunde. Nach Downtown musste ich zudem jeden Tag einen Teil meines Weges mit dem Bus bestreiten, da Parken in der Innenstadt sehr teuer ist. Ich parkte mein Auto außerhalb von Downtown und nahm von da aus den Bus. Es war also dringend Zeit, einen besseren Job in besserer Lage zu bekommen!

Zurück nach Deutschland

28. April 1999

Wir saßen im Flieger gen Deutschland. Meine Oma hatte Geburtstag und wurde 90 Jahre! Da wollten wir nicht fehlen. Selbstverständlich ging nicht alles glatt – unser Gepäck ging verloren. Unser Flieger aus Denver kam mit Verspätung in Chicago an. Wir kamen zwar noch in den Lufthansa Flieger nach Düsseldorf, aber unser Gepäck blieb zurück.

29. April 1999

Wir kamen also in Deutschland an und hatten kein Gepäck. Kein Gepäck hieß auch kein Geschenk und keine passende Kleidung für den 90. Geburtstag. Die Betreuung am Flughafen durch dortige Angestellte war allerdings arg mager – sprich typisch deutsch! Wir wussten sofort, in welchem Land wir waren! Der Angestellte der Luftfahrtgesellschaft (Lufthansa) war fast erbost, dass wir es wagten, uns zu beschweren. Auch die Tatsache, dass wir nicht in Deutschland wohnten, wurde in dem Sinne überspielt, wir könnten ja froh sein, dass er unsere Sprache spräche und außerdem hätten wir ja Verwandte in Deutschland. Er hatte wohl gehofft, wir würden uns auch noch entschuldigen – aber so weit ließen wir es nicht kommen. Es gab auch keinerlei Gutscheine um wenigstens eine Zahnbürste zu kaufen. Anmerkung: Amerikanische Fluggesellschaften sind da allerdings nicht immer besser.

Die Wiedersehensfreude mit allen Verwandten war dennoch groß und sehr herzlich! Schließlich waren die Auswanderer wieder da.

30. April 1999

Geburtstagsfeier! Wie erwartet machten leider einige Geburtstagsgäste Kommentare dahin gehend, dass die „Amis sich ja auch bei solchen Anlässen nicht richtig zu kleiden wüssten", d. h. schlechte Manieren hätten. Danke! Solche Vorurteile konnten wir gebrauchen. Jedenfalls kamen dann am späten Nachmittag unsere Koffer an und wir konnten wenigstens noch unsere Geschenke abgeben!

Die nächsten Tage verbrachten wir mit den Familien, Freunden und Verwandten, bevor es wieder zurück in die neue Heimat ging. Ja, Colorado war unsere Heimat geworden. Wir freuten uns sehr, als wir wieder in Denver aus dem Flieger stiegen und die Berge sahen.

Dann wurde es Zeit, den Umzug vorzubereiten. Ein Miet-LKW wurde gebucht und wir sammelten Kartons. Wir hatten den LKW bei U-Haul, einer großen LKW-Vermietung, buchen wollen, aber die hatten schon nichts mehr für den geplanten Tag erhältlich. So buchten wir bei Ryder für nur wenige Dollar mehr. Irgendwie war es ein Glücksgriff, denn wir bekamen einen sehr guten LKW zur Verfügung gestellt.

Wenn der Amerikareisende mal darauf achten will – Miet-LKWs am Straßenrand mit einer Panne sind in der Regel die U-Hauls (bei einem Umzug von Freunden im November bekamen wir auch einen U-Haul zu Gesicht, er war wohl ca. 20 Jahre alt, Kupplung völlig im Eimer etc.).

Zurück zu unserem eigenen Umzug: Jedenfalls nahm unsere Wohnung schnell den Zustand einer Lagerhalle ein. Wo kam eigentlich der ganze Kram her? Unglaublich wieviel Mist man in so kurzer Zeit kauft.

Job Hunting

27. Mai 1999

Ich war seit einer Woche wieder auf Jobsuche, da der Telefonjob bei Quark arg stressig war und wenig Unterstützung von Seiten der Firma gegenüber den Angestellten existierte. Mehr und mehr Kollegen hatten gekündigt und neue wurden noch nicht eingestellt. An diesem Morgen fand das Closing (Notartermin) für unser Haus statt. Hier trafen wir das erste und letzte Mal den Verkäufer unseres Hauses.

Es war eine Frau, die – wie wir später herausfinden sollten – nicht nur uns gegenüber sehr „merkwürdig" war. Die ganze Transaktion ging aber dann gut über die Bühne, wir bekamen den Schlüssel für unser Haus und durften am folgenden Samstag das Objekt übernehmen. Wir fragten die Verkäuferin, wann wir denn kommen könnten, aber aus der Antwort konnte man Bände lesen „Rutscht mir den Buckel runter!".

Eigentlich hatte sie aber gesagt, dass sie das Haus vor 8 Uhr Morgens verlassen würde. Egal – von so etwas ließen wir uns gar nicht beeindrucken. Eine Stunde später hatte ich dann ein Job-Interview bei einer Firma namens „Primark". Das dreistündige

Vorstellungsgespräch lief sehr gut und ich bekam noch vor dem Verlassen des Gebäudes die Antwort, dass ich den Job wohl hätte! Die offizielle Bestätigung kam aber erst ein paar Tage später. Aber es nahm mir eine Menge Druck von den Schultern zu wissen das ich wahrscheinlich bald einen besseren Job haben würde.

29. Mai 1999

Die Verkäuferin des Hauses hatte uns ja gesagt, sie wäre schon gegen 8 Uhr aus dem Haus und wir könnten dann schon rein und nicht wie vorher üblich erst gegen 12 Uhr Mittag. Um 9 Uhr fuhren wir mit dem voll bepackten Mini-Van zum Haus und mussten mit Erschrecken feststellen, dass die „Hexe" immer noch da war. Da wir auch keine besondere Lust hatten, uns mit dieser Person auseinander zu setzen, machten wir uns also enttäuscht auf den Weg zurück zum Apartment.

Jetzt mag man sich fragen, warum wir nicht ins Haus sind, auch um uns alles erklären zu lassen? Nun ja, wer besagte Verkäuferin gesehen und gehört hatte, konnte auf so etwas verzichten – da hätte man mehr Informationen bezüglich des Hauses von Fischen aus einem Aquarium erhalten können. Wieder am Apartment angekommen begannen wir, den vorher gemieteten LKW mit unseren paar Sachen voll zuladen.

Tim und Laure eine Freundin von Simone kamen uns zu Hilfe und zwei Stunden später war das Apartment bis auf Müll und wenige Kleinigkeiten leer.

Wir fuhren los und genau in dem Moment fing es in Lakewood an zu regnen. In Highlands Ranch, unserem neuen Wohnort, schien jedoch die Sonne. So muss das doch sein, oder?

Das Haus war jetzt leer und wir nahmen es in Besitz. Es war aber nicht ganz so sauber wie versprochen bzw. vertraglich vereinbart, aber immerhin wir konnten einziehen. Also legten wir selber Hand an und machten schnell sauber. Der Rasen im Garten war sicherlich seit 2 Monaten nicht mehr gemäht worden und das Grass war teilweise 60 Centimeter hoch. Na ja, wir würden uns später am Wochenende darum kümmern. Einziehen war wichtiger.

So schleppten wir also die Möbel in die Wohnräume und stellten fest, dass wir gar nicht genügend Möbel hatten, um das Haus auch nur halbwegs zu füllen. Schwer zu sagen warum das Apartment so überfüllt ausgesehen hatte?! Tim und ich fuhren noch einmal mit dem Mini-Van zum Apartment zurück, um die verbliebenen größeren Dinge zu holen (im Endeffekt zwar Kleinigkeiten, die vorher nicht mehr in den LKW gepasst hatten) und das war es dann.

Abends wurde der Einzug mit einem kleinen Grillfest gefeiert. Gute Freunde, gutes Essen und ein rundum zufriedenstellender Tag. Wir waren happy. Ein nächster Schritt zur Verwirklichung unseres American Dreams war getan. Wir waren jetzt Hausbesitzer.

Die nächsten 2 Tage verbrachten wir mit dem auspacken unserer Dinge. Die lokalen Baumärkte machten hervorragenden Umsatz durch uns, da wir nicht bescheiden mit unseren Ausgaben waren. Egal! Die Kreditkarten glühten förmlich. Irgendwie unglaublich was man so alles braucht für ein Haus. Wir brauchten Gartengeräte, einen Schlauch, einen Sprinkler, Rasenmäher, Mülltonne, Lampen und was weiß ich nicht noch alles.

Zum Glück hatten wir ein Drei-Tage Wochenende denn es war Memorial Day. Es war anstrengend und am Montagabend fielen wir einfach nur erschöpft ins Bett im neuen Haus. Am Dienstag mussten wir wieder zur Arbeit. Und das wäre auch der erste Tag wo wir vom neuen Haus zu unseren Jobs fahren mussten. Wir hatten beide sehr lange Fahrten vor uns

3. Juni 1999

Primark rief wieder an, ob ich für ein zweites Interview zur Verfügung stehen würde. Kein Problem, ich würde am nächsten Tag (Freitag) nachmittags vorbeikommen. Zum Glück hatte ich ausreichend Flexibilität mit meinem Job bei Quark, um mal eben so früher gehen zu können.

4. Juni 1999

Mit einer einfachen Ausrede beendete ich meinen Arbeitstag bei Quark eine Stunde früher als sonst und fuhr raus zum Denver Tech Center, wo Primark seine Büroräume hatte.

Ein zweiminütiges Treffen mit dem Senior Vice President (Steve) und schon bekam ich das verbale Jobangebot! Uff – so schnell hatte ich gar nicht damit gerechnet. Ich war gar nicht darauf vorbereitet. Steve sagte, wenn er mich nicht einstellen würde, wäre er in Trouble mit den anderen Mitgliedern des Teams. Ich hatte also wirklich einen guten Eindruck bei meinem Vorstellungsgespräch hinterlassen.

Ich nahm das Jobangebot direkt an, da Gehalt und Benefits (Beigaben wie Krankenversicherung, Rentenplan etc.) meinen Vorstellungen entsprachen

und würde so am 14. Juni als „Application Technician"
bei Primark anfangen.

Der Trick: In der Jobbeschreibung wurde auch
festgesetzt, dass ich für das Denver Büro von Primark
den kompletten Tech Support und die Netzwerk- und
Systemadministration machen sollte.

Genau das Richtige für die weitere Karriere im IT-
Bereich! Für die Firma war es ein guter Deal, da ich im
Vergleich zu sehr erfahrenen System-Administratoren
mit wesentlich weniger Gehalt zufrieden war und sie
jemanden hatten, der an beiden Teilen der Rolle
Interesse hatte und ausreichend gutes Wissen
mitbrachte.

Für mich war es ein guter Deal, da ich so die
notwendige Erfahrung sammeln konnte, ohne dass die
Firma Unmenschliches von mir verlangen würde, denn
sie wussten von meiner bisherigen Berufserfahrung.
Zudem konnte ich mit anderen System Administratoren
in Maryland zusammenarbeiten und hatte so im
Zweifelsfall immer einen Rückhalt. Allerdings stellte
sich schon schnell heraus das ich denen dann doch
etwas voraus war. Ich war extrem motiviert und
verbrachte sehr viel Zeit mit Lernen und Training –
auch außerhalb der Arbeit. Diese Position sollte für

mich nur der Anfang sein und mein Ehrgeiz war ausreichend motiviert.

Wichtig aber auch, dass ich jeden der Angestellten und des Führungsteams sympathisch fand. Ich erhoffte mir viel von dieser Stelle und im Nachhinein muss ich sagen, dass es ein wichtiger Meilenstein – wenn nicht sogar die Grundlage meiner IT Karriere werden sollte.

Anmerkung: Ich möchte Euch einen wichtigen Ratschlag ans Herz legen. Wenn Ihr Euch irgendwo für eine Stelle bewerbt – egal ob hier in den USA oder woanders – es ist extrem wichtig das Ihr auch die Firma ausfragt und soviel wie möglich über mögliche zukünftige Arbeitskollegen erfahrt. Wenn man mehr Zeit mit Arbeitskollegen als mit der eigenen Familie verbringt, dann sollte man sich sicher sein dass man die Kollegen auch mag und sympathisch findet. Es geht nicht nur darum einen neuen Job Titel und ein besseres Gehalt zu ergattern.

7. Juni 1999

Ich betrat um 7.05 Uhr morgens das Büro meines „noch Managers" bei Quark. Er aß gerade sein normales Frühstück (Nutella, großes Glas, großer Löffel, Kaffee) und teilte ihm mit, dass ich hiermit kündige und dass Freitag mein letzter Tag bei Quark sei.

Der Manager war etwas betroffen, da er mich offenbar für einen der besseren Technicians hielt (so etwas wurde aber sicherlich wohl jedem Angestellten erzählt, der kündigte), aber er machte auch keine Anstalten, mich zum Bleiben zu überreden - was eh keinen Erfolg gehabt hätte. Später fand ich heraus das Jobs in vielen Call Centern einfach nur ein Sprungbrett sind und das der sogenannte „Turnover" dort immer sehr hoch war. Na ja, da passte mein Wechsel ja wunderbar in den Mix dieser Statistik.

Die letzten Tage bei Quark ließ ich sehr gemütlich angehen. Kein Stress, keine Überstunden, aber dennoch verliefen die letzten Tage anständig, sodass niemand schlecht über mich reden konnte. Ich erledigte meine Arbeit genauso geflissentlich als wenn ich dort weiter bleiben würde. Das war mir sehr wichtig, denn wer weiß schon was das sonst später für Auswirkungen auf die eigene Karriere haben könnte. Das ist übrigens ein Ratschlag den ich Euch gerne ans Herz legen will. Das Leben hat manchmal merkwürdige Dinge für uns geplant – wer weiß schon, was da kommt.

Quark war zwar keine tolle Station meiner Karriere, aber es bot mir die Plattform die es mir erlaubte wirklich den nächsten Schritt zu machen. Wenn man beruflich Karriere machen will, dann ist es sehr wichtig das man viele Jobs strategisch angeht. Mein Job bei Quark war so eine Station und ich sollte später ähnliches in meiner Karriere erleben.

Die neuen Jobs

14. Juni 1999

Ich fing meinen neuen Job bei Primark an. Mit viel Elan und Schwung begann ich dort meinen Werdegang. Flexible Arbeitszeiten, kurze Hose und T-Shirt waren als Arbeitskleidung akzeptiert, Arbeiten von zu Hause aus per Internet und noch so manch andere Nettigkeiten erleichterten die Eingewöhnung. Die Fahrt zur Arbeit war auch viel kürzer und hatte wesentlich weniger Verkehr.

Mein neuer Boss Steve lud das Team auch regelmäßig zum Lunch ein – was ich bisher noch bei keinem anderen Arbeitgeber erlebt hatte. Es war eine sehr gute Atmosphäre und die Kollegen waren super nett und hilfsbereit. Wir waren nur ein kleines Team und das half mir schnell Fuß zu fassen.

Simone hatte sich mittlerweile auch bei verschiedenen Firmen beworben. Ein Interview bei Gates Rubber Corporation, einem Zulieferer der Automobilindustrie, war erfolgreich und sie startete ihre neue Stelle am 28. Juni 1999 als Administrative Assistant im Transportation Department. Simone war für zwei Manager tätig – eine Mischung aus kaufmännischer

Angestellten und Sekretärin. Etwas völlig anderes und viel professioneller als der Job bei der Continental Book Company. Zudem war der Job wesentlich näher an zu Hause gelegen, sodass die Fahrt zur Arbeit erheblich verkürzt wurde. Dazu kamen natürlich bessere Bezahlung und Nebenleistungen.

Alles wichtige Dinge auf die man beim ersten Job nicht so viel Wert gelegt hatte. Jetzt war die Zeit gekommen wirklich an so etwas zu denken und in Betracht zu ziehen.

Wir waren jetzt wesentlich besser etabliert und unser Selbstvertrauen wuchs. Wir waren zwar noch immer relativ neu in Amerika, aber so nach und nach waren wir doch schon mehr erfahren und das Leben wurde so wesentlich leichter für uns. Der ursprüngliche Druck wurde geringer und wir konnten vom „Überleben" umstellen auf „Leben" und „Alltag". Erst im Nachhinein wurde mir das wirklich bewusst.

Time to say "Good-Bye!"

Ende Juli 1999

Meine Oma war vor wenigen Wochen am Auge operiert worden und wurde leider Opfer eines bundesweiten Skandals in Deutschland. Verseuchte/verunreinigte Augeninfusionen waren von einer Duisburger Firma in Umlauf gebracht worden und schädigten bundesweit mehr als 30 Patienten. Eine davon war leider meine Oma. Die Ärzte versuchten alles, um zu helfen, aber leider war der Krankheitserreger so stark, dass auch mehrere Notoperationen das Augenlicht nicht mehr retten konnten. Dazu kam, dass meine 90jährige Oma dem ganzen Stress und der Anstrengung nicht mehr gewachsen war. Langsam war abzusehen, dass ...

Zusätzlich wurde auch noch unser Telefon abgestellt – wir konnten noch Ortsgespräche führen, aber keine Ferngespräche mehr. Was war passiert? Wir hatten der Telefonfirma, die für unsere Ferngespräche zuständig war, unsere neue Adresse schon im April mitgeteilt. Da diese Firma (LDI) aber zur gleichen Zeit ihre Ferngesprächsgeschäfte einstellte (zum Wohle der Kunden teilte man denen dies aber nicht mit), waren unsere sämtlichen Ferngespräche seit Ende Mai zu einem horrenden Tarif des Backbone Carriers (MCI/WorldCom) abgerechnet worden. Hier in den USA mieten Firmen Kapazitäten von den großen Unternehmen wie Sprint oder MCI/WorldCom an und verkaufen dann darüber Ferngespräche. LDI hatte die Leitungen von MCI/WorldCom gemietet. LDI beendete seine Geschäftsbeziehung zu MCI/WorldCom, teilte uns dieses aber nie mit. So hatten wir die ganze Zeit die Telefonleitung von MCI/WorldCom benutzt, ohne davon zu wissen. Die wiederum, teilten uns aber auch erst nach sechs Wochen mit, dass wir $ 4 pro Minute bezahlen müssten. Und nicht nur das. Mit Übersenden der Rechnung kappte man uns im gleichen Moment die Leitung. Wir konnten zwar angerufen werden, aber selber keine Ferngespräche führen.

So konnten wir gerade zu dieser schweren Zeit nicht nach Deutschland telefonieren. Mein Bruder Florian arrangierte noch ein Telefonat mit meiner Oma. Für mich war dies die letzte Möglichkeit „Good-Bye" zu sagen und von meiner Oma Abschied zu nehmen. Wenige Tage später kam der traurige Anruf aus Deutschland – eine großartige Frau hatte das Ende ihrer „Reise" erreicht.

Das ist einer der großen Nachteile, wenn man so weit weg wohnt. Man kann sich nicht mal eben in ein Auto setzen und von A nach B fahren. Wir hatten zwar vor unserer Auswanderung mal daran gedacht was passiert wenn in Deutschland mal jemand stirbt, dass es aber so schnell passieren würde – damit hatten wir nicht gerechnet.

Anfang August 1999

Ich flog nach Deutschland, um Abschied zu nehmen. Während der Beerdigung regnete es aus allen Wolken – halt wie Beerdigungen sein müssen. Kaum verließen wir den Friedhof, klarte es wieder auf. Fast so, als ob das Familienoberhaupt signalisieren wollte, dass es weitergehen muss.

Ich hatte ja gerade erst vor ein paar Wochen meinen neuen Job angefangen und wusste noch nicht so recht wie sehr mein neuer Arbeitgeber auf meine Abwesenheit reagieren würde. 46 Stunden nach meiner Ankunft in Deutschland, verließ ich es wieder. Kein sehr aufbauender Trip, wie man sich vorstellen kann. Die Rückreise verlief problemlos.

Anmerkung: Mein Arbeitgeber war zum Glück sehr verständnisvoll und es war im Nachhinein überhaupt kein Thema, das ich so kurz nach dem ich dort angefangen hatte auf Reisen ging. Ich habe über die Jahre hinweg auch anderes erlebt. Ich habe entsprechend auch bei der Wahl meiner Arbeitgeber immer dann darauf geachtet, herauszufinden was das für Menschen sind. Ich habe mehrere Jobs nicht angenommen oder weiterverfolgt weil ich mit den Menschen dort nicht warm geworden wäre.

Anmerkung: Unsere Eltern sind jetzt alle in den hohen 70ern oder bereits 80 oder noch älter. Es ist also leider nur noch Frage der Zeit, wann wir wieder eine ähnliche Situation erleben werden. Egal wie sehr man sich einredet darauf vorbereitet zu sein, es wird durch die Distanz nicht leichter.

Aspen

14. August 1999

Wir hatten in den vergangenen Wochen des Öfteren überlegt, uns einen Hund zuzulegen. Jetzt, wo wir ein eigenes Haus mit Garten hatten, war es möglich geworden. Ein Kontakt mit einem Breeder (Züchter) in Gunnison wurde hergestellt und sie hatten unseren Wunschhund. Wir wollten einen schokoladenfarbigen Labrador (Chocolate Lab) haben.

Also fuhren wir früh am Samstagmorgen los. Vier Stunden später kamen wir in Gunnison an. Viele kleine schokoladenfarbige Labrador-Wuffis liefen um uns herum. Einer/eine süßer und tollpatschiger als der andere.

Wir suchten uns einen aus und waren „ready to go", als ein anderer Welpe ankam und mich anstupste. Irgendwie kam uns das vor, als ob da ein kleiner Hund sagte „Nimm lieber mich! Nimm lieber mich! Ich bin Euer Wunschhund!" und wir taten ihr den Gefallen. „Aspen" war gerade in unsere Arme gelaufen. Natürlich weinte dieses kleine Wollknäuel fürchterlich als wir wegfuhren – vermisste sie doch ihre Mama schon ganz schrecklich. Nach wenigen Tagen hatte Aspen aber alles überstanden – sie fühlte sich sehr wohl bei uns und wurde natürlich auch viel umsorgt und verwöhnt. Sie hatte sich ohne Probleme in Highlands Ranch eingelebt.

Ende August 1999

Der Mini-Van fing an, Mätzchen zu machen. Zwar nicht viel, aber es schien wie ein Anfang und so beschlossen wir, uns ein neues Auto zu kaufen. Ausschlaggebendes Ereignis war das ich mitten auf einem 5-spurigen Highway plötzlich den Motor „verlor". Das Ding ging einfach beim Fahren aus – und das nicht nur einmal. Ich schaltete die Automatik auf Neutral und war dann zum Glück jedes Mal in der Lage den Motor neu zu starten und sicher weiter zu fahren.

Ein 2000er Jeep Cherokee war unsere Neuerwerbung. Der Mini-Van hatte in der Zeit unseres Besitzes von Februar 1998 bis dato über 30.000 Meilen „verfahren" und so wurde er in Zahlung gegeben. Der Cherokee erschien uns groß genug für alle unsere Belange – dazu war er als relativ günstig in der Versicherung eingestuft.

Weihnachten – die Zweite

Die folgenden Wochen und Monate verliefen normal. Ich lernte weiter für den MCSE und bis Ende November hatte ich fünf von sechs Prüfungen bestanden. Weihnachten stand vor der Tür. Simones Eltern kamen wieder vorbei, und auch meine Mutter wollte zu Weihnachten dem traurig grauen Deutschland entfliehen – hatte sie doch an diesem Jahr nicht viel Freude gehabt. Über United hatten wir einen günstigen Flug kurz vor Weihnachten bekommen und so konnte meine Mutter auf ein Weihnachten in Colorado hoffen.

Es wurde eine Reise mit Umwegen für sie, da der erste Flug komplett gestrichen worden war. Sie schaffte es dennoch und kam mit „nur" sieben Stunden Verspätung in Denver an. Weihnachten war also gerettet. Obwohl vorher gesagt wurde, es würde nichts mit weißer Weihnacht, fing es an zu schneien, und Heiligabend lag genügend Schnee draußen, um offiziell eine weiße Weihnacht zu haben. Die Tage vergingen wie im Flug und auch das Y2K-Problem (Jahr 2000 Problem) wurde kein Problem. Ich hatte in meiner Firma für alle Computersysteme vorgesorgt und konnte sorglos den Übergang feiern. Dann waren wir wieder alleine – alle Besucher flogen wieder nach Deutschland zurück. Aspen hatte die Zeit genossen – viel

Aufmerksamkeit und viel Spielen. Sie erschien jetzt groß und erwachsen genug, um auch mal einen halben Tag alleine in den Wohnräumen zu verbringen. Die ersten drei Wochen verlief alles gut – keine Unglücke, keine Schäden. Dann kam der große Tag und sie hatte sich entschieden, dass sie den Wohnzimmerteppich nicht mehr mochte. Kurzerhand riss der „kleine Hund" den halben Teppich aus dem Boden und begrüßte Simone, als sie nachmittags nach Hause kam, ganz stolz. Na ja, wir entschieden uns, einen Holzboden zu verlegen und realisierten dieses Projekt am nächsten Wochenende. Jetzt soll sich der Hund doch mal daran probieren.

Microsoft hatte mit Windows 2000 ein neues Computer-Betriebssystem herausgebracht. Als Marketing- und Verkaufstrick dachte man sich aus, den derzeitigen MCSE-Titel zum Jahresende 2001 auslaufen zu lassen, damit jeder „Jetzt-MCSE" auf Windows 2000 umsteigen muss, um den Titel zu behalten. So wollte Microsoft wohl den Verkauf des neuen Betriebssystems ankurbeln. Viele beschwerten sich bei Microsoft – so auch ich, da es Microsoft in der Vergangenheit so gehalten hatte, jeweils zwei Zertifikatsschienen nebeneinander existieren zu lassen, bis wieder ein neues Betriebssystem auf den Markt käme. Irgendwie kam ich per Zufall an die E-Mail-Adresse von Steve Ballmer, dem Vorstandsvorsitzenden von Microsoft.

Also schickte ich eine Mail an Steve Ballmer (ein paar Jahre später CEO bei Microsoft) und hakte mal nach. Tatsächlich antwortete Steve Ballmer auf meine E-Mail – und ich wurde anschließend auch noch von zwei hochrangigen Microsoft-Managern angerufen und wir diskutierten über die Situation. Lohn dieser ganzen Sache waren dann zwei Gutscheine im Wert von $ 200, die ich von Microsoft erhielt. Dennoch beschloss ich, den MCSE später erst mal nicht auf Windows 2000 aufzuwerten, sondern mich auf gewisse Fachbereiche zu spezialisieren.

Microsoft Certified Systems Engineer

Februar 2000

Anfang Februar 2000 bestand ich meinen letzten Test zum MCSE. Es war vollbracht. Eine Urkunde mit Unterschrift von Bill Gates, dem Gründer von Microsoft, kam nach wenigen Wochen und ziert noch heute die Wand im Hause Pütz. An meinem Arbeitsplatz allerdings wurde das Zertifikat fast ignoriert bzw. irgendwie verpuffte die erhoffte Wirkung total.

April 2000

Im April erwarb Simone ein Flugticket nach Deutschland. Ihre Mutter würde im September 60 Jahre alt und da wollte sie natürlich nicht fehlen und mitfeiern. Was zu dem Zeitpunkt leider nicht zu erahnen war: Die Fluggesellschaft United Airlines erlebte ihren schlechtesten Sommer mit über 2000 gestrichenen Flügen und unzähligen Verspätungen. So saß uns die Angst im Nacken, was mit dem Flug im September werden würde.

Juni 2000

Im Juni wurde ich nach Bethesda im US-Bundesstaat Maryland geschickt. Bei Primark verließ eine wichtige Kraft die Firma und es konnte nicht rechtzeitig für Ersatz gesorgt werden, sodass das Denver Team einsprang und aushalf. Stand doch die wichtige Präsentation unseres neuen Produktes Piranha Web bevor, und da in Bethesda jetzt niemand mehr war, der uns helfen konnte ... Was da in Maryland passierte war irgendwie eine Situation wie „der Letzte macht das Licht aus ...". Primark strukturierte um und man zog uns fast den Stuhl unter dem Hinterteil weg und kündigte dem kompletten Support Team (Support = Unterstützung, Hilfe).

Anmerkung: Unser Produkt ist damals ziemlich erfolgreich in der Finanzindustrie eingeschlagen und wir haben wieder genügend Support-Personal. Beim Hinflug nach Maryland „musste" ich plötzlich Business Class fliegen, denn mein eigentlich gebuchter Flug fiel den Problemen von United Airlines zum Opfer und wurde kurzer Hand gestrichen. Die Passagiere wurden auf die restlichen Flüge des Tages gebucht und so erhielt ich ungeahnt einen Einblick in die Vorzüge der Business Class. Champagner und anderes wurde ausreichend serviert, und ich genoss diesen ungewohnten Luxus!

Die Kündigung

Im April fanden an meinem Arbeitsplatz die jährlichen Gehaltsüberprüfungen statt. Leider war man mit dem neuen Gehalt arg sparsam und auch der MCSE wurde nicht berücksichtigt. Es gab zwar einen neuen Titel, aber davon kann man sich nichts kaufen. Auch machte es den Eindruck, dass ich immer weniger in Projekte einbezogen wurde. So startete ich meine Jobsuche erneut, denn a) wollte ich keine Langeweile schieben und b) fühlt man sich doch besser, wenn die Arbeitsleistung honoriert und gewürdigt wird und zwar nicht nur mit Geld, sondern auch mit reiner Anerkennung der Leistung. Sehr selektiv allerdings suchte ich nach Jobs und es dauerte bis Juli, bis das passende Angebot vorlag.

Also ging ich in das Büro meiner Chefin, um zu kündigen. Meine Chefin und das Management fielen aus allen Wolken und man wollte alles tun, wenn ich denn nur bleiben würde! Alles? Ja, alles! 24 Stunden später hatte ich ein knapp 30 % höheres Gehalt und weitere entsprechende positive Zusagen bezüglich des Arbeitsumfeldes.

Ich nahm die Kündigung zurück und blieb bei Primark. Am Anfang war es doch sehr ungewohnt, denn wenn man einmal gekündigt hat und dann doch bleibt, bleibt erst mal ein fader Beigeschmack zurück. Das legte sich aber nach einer Weile, da sich meine Chefin viel Mühe gab und diverse Dinge im Umfeld änderte. Auch durfte ich für über $ 15000 neue Computer und Netzwerk-Hardware kaufen und mich damit beschäftigen.

Sommer 2000

Was passierte sonst noch im Sommer 2000?

Nicht viel – die Betonterrasse unseres Hauses gefiel uns nicht sonderlich und so entschieden wir uns, selber Hand anzulegen und bauten uns eine große Holzterrasse aus Redwood. Auch gönnten wir uns den Luxus einer Klimaanlage für unser Haus. Kaum war das Ding eingebaut, schaltete auch Mutter Natur „ihre" Klimaanlage ein und die Temperaturen sanken in den Keller – zum Glück nicht für lange und nach wenigen Tagen war es wieder knackig warm.

September 2000

Simones Flug nach Deutschland ging ohne Probleme über die Bühne. Unser Travel Agent hatte zuvor noch Himmel und Hölle in Bewegung gesetzt, um Simone auf den ersten Flug aus Denver zu bekommen, denn statistisch gesehen wurden hauptsächlich die nachmittäglichen Flüge gestrichen. Von Newark aus war es ein Lufthansa-Flug, sodass Simone nur über den Flug nach Newark besorgt war. Auch der Rückflug verlief ohne Probleme. Der Geburtstag und das Wiedersehen mit allen Verwandten war ein tolles Ereignis.

Ich nutzte unterdessen die viele Freizeit und startete ein neues Webprojekt – eine Reisewebseite über Colorado wurde ins Leben gerufen: www.reiseziel-colorado.com. Colorado kommt in keinem deutschen Reiseführer besonders gut und ausführlich vor, und da wollte ich Abhilfe schaffen. Dieses Projekt nahm ganz langsam Form an. Wenn Sie also an Informationen über Colorado interessiert sind, ist www.reiseziel-colorado.com sicherlich eine erste Anlaufstelle für Sie.

Das neue Auto

November 2000

Der Jeep Cherokee bewährte sich nicht sonderlich gut, da doch irgendwie zu klein für Amerika bzw. für uns und den immer größer werdenden Wuffi.

Auch fraß er Unmengen an Sprit, was sich bei den mittlerweile auch in Amerika teuren Spritpreisen am Geldbeutel bemerkbar machte. Klar, im Verhältnis zu Deutschland sind die Benzinpreise hier immer noch günstig, aber wenn man hier lebt, macht man auch die prozentuale Preissteigerung mit – über 50 Cents mehr die Gallone als im Jahr zuvor – das merken auch wir. Wir wollten irgendwie wieder einen Mini-Van haben, weil groß und günstiger im Unterhalt als der Jeep Cherokee.

Die Autohersteller hatten ein schlechtes Jahr und die Händler hier hatten den Hof immer noch voll mit Autos des Jahrgangs 2000 (der bereits mit Ende September abgelaufen war). Aufgrund von Rabatten bekamen wir so einen toll ausgestatteten 2000er Dodge Grand Caravan (in Deutschland ist das der Chrysler Grand Voyager) für über $ 3.000 unter dem Einkaufspreis des

Händlers! Wir waren glücklich und zufrieden mit unserer Wahl und dem neuen fahrbaren Untersatz.

Dezember 2000

Unser erstes Weihnachten ohne Besuch stand bevor. Wer jetzt glaubt, wir wären in Depressionen verfallen, kann sich getäuscht fühlen. Nix da – wir fühlten uns sehr wohl und genossen die Ruhe. Dazu starteten wir auch den alljährlichen Nachbarschaftswettbewerb „Wer hat die meisten Lichterketten am Haus angebracht?" Hatten wir uns im Vorjahr noch mit 800 elektrischen Kerzen zufrieden gegeben, waren es dieses Jahr schon über 1500 Kerzen. Zumindest in unserer Straße waren wir so die Gewinner – gegen den „König" von Denver hatten wir so aber keine Chance. Es wären mehr als 60.000 (sechzigtausend) elektrische Kerzen notwendig gewesen, um in der Spitzenklasse dabei zu sein.

Die Jahreswende 2000/2001 verlief ruhig und gelassen. Die Stadt Denver holte das große Millennium-Feuerwerk nach, da ja das eigentliche neue Jahrtausend erst mit dem Jahr 2001 anfing. Es war das größte Feuerwerk auf dem nordamerikanischen Kontinent. Wir zogen es aufgrund eisiger Temperaturen vor, das Feuerwerk im Fernsehen zu betrachten.

Januar 2001

Die Deutsche Lufthansa plante, zum Ende März 2001 Direktflüge von Frankfurt/Main nach Denver einzurichten. Die ersten Flüge wurde zu einem Kampfpreis angeboten und so kauften wir Tickets nach Germany. HALT! So verrückt auf Rinderwahnsinn und Maul- und Klauenseuche waren wir ja auch nicht. Da wir ja eh lieber im sonnigen Colorado sind, buchten wir also keine Flüge, machten aber unsere Verwandten auf das Angebot aufmerksam. So wollte mein Vater mit seiner Familie im April kommen, und Simones Eltern buchten für Mai. Meine Mutter (Lehrerin) konnte zwar nicht mehr die preisgünstigen Flüge in Anspruch nehmen, da zu ihrem Reisezeitpunkt das Angebot nicht mehr galt, buchte aber dennoch für Juli 2001. So wussten wir also frühzeitig, dass wir dieses Jahr wenig eigenen Urlaub haben würden und zudem ständig Besucher da sein würden. Na ja, was will man machen?!

Februar 2001

Die Idee, ein Buch über unsere Auswanderung zu schreiben, geisterte schon eine ganze Weile in meinem Kopf herum. Nicht, um jetzt unbedingt damit viel Geld zu verdienen, sondern vielleicht auch eher eine Sache für uns selber, auf die wir mal in vielen Jahren zurückblicken können – man vergisst ja doch so manche Kleinigkeit im Laufe der Zeit. Ein Buch würde uns und unseren Verwandten immer wieder mal die Gelegenheit geben, mal nachzuschlagen, wie unsere Auswanderung verlaufen ist. Und so fingen wir also an, unsere Erlebnisse in Schriftform zu verewigen.

März 2001

Wir bereiteten uns so langsam auf die deutschen Besucher vor. Die Katlenburger sollten Anfang April kommen. Ich arbeitete verschiedene Tourenvorschläge aus, denn dieses Mal sollte eine mehrtägige Tour unternommen werden.

Simone unterdessen bereitete eine Tour zum Yellowstone Park vor. Mit ihren Eltern wollte sie im Mai nach Wyoming fahren und sich den Yellowstone National Park anschauen. Gerade noch rechtzeitig machte sie die Buchungen für eine Unterkunft im Park selber. Selbst zu Beginn der Saison im Yellowstone sind viele Übernachtungsmöglichkeiten schnell ausgebucht. (Anmerkung: Sollten auch Sie einmal um diese Jahreszeit in den Yellowstone National Park wollen, dann buchen Sie weit im Voraus). Derweil gingen die Arbeiten an unserem Buch weiter.

Krispy Kreme

Die Doughnut-Kette Krispy Kreme eröffnete ihr erstes Restaurant in Colorado. Jetzt muss man wissen, dass den Doughnuts (DAS Teiggebäck mit Loch in der Mitte) dieser Kette der Ruf vorauseilt, es wären mit die besten Doughnuts Amerikas. Jetzt brach eine wahre Welle des Wahnsinns aus.

Am Tag vor der eigentlichen Eröffnung des Restaurants kamen die ersten Fans mit Zelten und Schlafsäcken an und sicherten sich die besten Plätze in der Schlange vor dem Eingang. Das war etwa 20 Stunden bevor die Eröffnung stattfand. Am nächsten Morgen herrschte Chaos total. Die Fahrzeugschlange für das Drive-Thru war teilweise mehrere Meilen lang, die Fußgängerschlange sorgte für Wartezeiten von über drei Stunden, bis die Doughnut-hungrigen Amis an der Reihe waren.

Die Polizei musste den Verkehr regeln und die benachbarten Geschäfte beschwerten sich, dass keine Kunden mehr zu ihnen durchkamen. Selbst nachts um 1.30 Uhr betrug die Wartezeit noch immer 45 Minuten. Wer jetzt denkt, dass dieser Wahnsinn nach zwei oder drei Tagen vorbei gewesen wäre, hat sich getäuscht. Es dauerte etwa vier Wochen, bis die Wartezeiten auf ein

Niveau von unter 30 Minuten zu Stoßzeiten sanken. Verrückt!

Wer also einmal nach Denver kommt und dieses Phänomen kennen lernen möchte, findet das Restaurant im Süden der Stadt - nördlich des Highway C-470, Exit Quebec Street. Wir haben diese Doughnuts probiert und können bestätigen, dass es wahrlich mit die besten Doughnuts in Amerika sein müssen! (Anmerkung: Besuchen Sie Krispy Kreme doch vorab mal im Internet http://www.krispykreme.com. Dort können Sie auch nachschauen, ob es ein Restaurant dieser Kette an Ihrem Auswanderungs- bzw. Urlaubsort gibt.)

April 2001

Es war soweit, die Lufthansa brachte die Besucher nach Denver. Nach zwei Tagen Pause brachen wir auf und machten uns auf den Weg nach Moab, Utah zum Arches National Park. Von dort ging es weiter zum Monument Valley und Grand Canyon. Letztes Ziel dieses Trips war der Mesa Verde National Park.

Am letzten Morgen der Rundreise hörten wir die Nachrichten und erfuhren, dass Denver von einem mächtigen Schneesturm heimgesucht wurde. Große Highways sollten gesperrt sein, der Flughafen war bereits dicht gemacht worden. Hey, wir wollten nach

Denver! 18 Inch (45 cm) Schneefall waren das Ergebnis dieses Sturmes (vom Vorabend bis zum nächsten Vormittag). Jetzt das eigentlich Kuriose: Nur wenige Stunden nach Ende des Schneefalles waren bereits 15-20 cm dieses Schnees wieder weggetaut. So ist das manchmal in Colorado – riesige Temperaturschwankungen innerhalb weniger Stunden. Es war der heftigste Schneesturm der Saison 2000/2001 gewesen und ich hatte ihn verpasst. Zum Glück musste ich dafür auch keinen Schnee schaufeln.

Ende April 2001

Eine frühsommerliche Hitzewelle mit Temperaturen von knapp 30 Grad Celsius machte uns viel Freude. Es war natürlich nicht das erste Mal, dass wir dieses Jahr unseren Jeep Wrangler aufmachten und die frische Luft auch beim Fahren genossen. Ich fuhr so ziemlich jeden Tag mit dem Jeep offen zur Arbeit. An einem Freitag wollte dann auch Simone endlich mal wieder offen fahren und so wechselten wir die Autos – ich fuhr Mini-Van und Simone Jeep. Es kam wie es kommen musste – an diesem Tag fuhr ich gerade auf dem Interstate Highway 25 zur Arbeit. Gute Musik im Radio, den Sonnenaufgang am Horizont, also alles was man braucht, um sich wohl zu fühlen. Plötzlich fuhr ein Ford Pickup-Truck mit mir auf selber Höhe. Der Fahrer hupte und fuchtelte wild mit den Armen herum, um mich auf etwas aufmerksam zu machen. Ich nahm ihn erst gar nicht wahr, denn es lief gerade einer meiner Lieblingssongs im Radio und die Lautstärke des Radios war entsprechend „angepasst". Jedenfalls bemerkte ich den anderen Fahrer irgendwann, denn der zeigte die ganze Zeit auf das rechte Hinterrad. Ich dankte ihm per Handzeichen, bremste den Wagen ab und brachte ihn auf dem Seitenstreifen zum Stehen. Ich stieg aus, um mir selbst ein Bild von der Sache zu machen: Der rechte Hinterreifen war fast platt. Vielleicht noch eine Minute länger und der Reifen wäre komplett platt gewesen. Schwein gehabt! „Toll", dachte ich mir, „kaum fahre ich mal mit dem Mini-Van, schon habe ich einen platten Reifen, während meine Frau mit dem anderen Auto fährt und Wind und Sonne genießt.

Geht das denn mit rechten Dingen zu?" Na ja, besser ich als Simone, die den Reifen wechseln muss. Ich machte mich also an die Arbeit, den Reifen zu wechseln, als ein Polizeiauto (CSP/Colorado State Police) hinter dem Mini-Van stoppte. Zwei junge Cops (Constable on Patrol / Polizisten) stiegen aus und fragten, ob ich Hilfe benötigen würde. Ich winkte dankbar ab, bedankte mich aber bei den Polizisten und wechselte dann den Reifen, während die beiden Polizisten sich mit ihrem Auto und Blaulicht hinter mir positionierten. Das wird hier häufig aus Sicherheitsgründen gemacht. Es ist merkwürdig, aber hier in den USA liest man immer wieder wie häufig Autos auf am Straßenrand stehende Fahrzeuge crashen. Es scheint fast wie ein Magnet zu sein. Leider werden so auch viel Highway Polizisten getötet – oft halt wenn sie Speeding Tickets aushändigen. Wenn Du also mal so Schilder über „Officer <Name> Memorial Highway" seht, dann ist das in der Regel für einen im Dienst umgekommen Polizisten.

Während ich den Reifen wechselte, fuhr gleichzeitig Simone mit dem offenen Jeep Wrangler denselben Highway entlang und sah mich am Straßenrand stehen. Sie hatte keine Möglichkeit zu stoppen und wunderte sich, warum ich da wohl angehalten hatte. Ein Telefonat brachte später Aufklärung.

Anyway, ich brachte den defekten Reifen zu einem Reifenhändler mit der Bitte, den Reifen doch zu reparieren bzw. auszutauschen, falls eine Reparatur nicht mehr möglich wäre. Der Reifenhändler betrachtete den Schaden (ein Nagel) und meinte aber, dass das kein Problem wäre. Jetzt kommt wieder eines dieser hervorragenden Beispiele des Service am Kunden in Amerika. Am nächsten Morgen wollte ich den Reifen wieder abholen.

Als ich den Reifen wieder in Empfang nahm und bezahlen wollte, winkte der Händler nur ab und sagte, dass das nicht erforderlich wäre. Ich fragte noch einmal nach, bekam aber dieselbe Antwort und zog mit dem kostenlos geflickten Reifen von dannen. Wir hatten noch nie bei dieser Filiale des Reifenhändlers etwas gekauft und unser letzter Reifenkauf bei dieser Kette „Discount Tire" lag zwei Jahre zurück – also echt toller Service. In Deutschland wurden uns für dieselbe Arbeit mal fast 50 DM aus der Tasche gezogen – und bei dem Händler waren wir damals Stammkunden gewesen.

Sommer 2001

Der Sommer 2001 war mit Besuch aus Deutschland gefüllt. Nachdem ja im April Christophs Vater mit Anhang da gewesen war, kamen Ende Mai Simones Eltern. Zu dritt fuhren sie zum Yellowstone National Park nach Wyoming und verbrachten eine tolle Zeit im Nationalpark. Diese Jahreszeit ist sehr zu empfehlen – wenig Touristen und daher weniger Stress und Gedränge im Park selber, sodass man die Natur auch richtig genießen kann.

Zurück in Denver kamen sie gerade rechtzeitig zum Endspiel des Stanley Cups. Die Colorado Avalanche – unser lokales Eishockey Team - gewann den Stanley Cup. Ein tolles Ereignis – auch im Fernsehen. Amerikanisches Eishockey ist wesentlich interessanter zu betrachten und hat wesentlich mehr Action und Klasse zu bieten. Außentemperaturen lagen so um die 35 Grad, und wir saßen im klimatisierten Wohnzimmer und schauten Eishockey. Cool.

Anfang Juli kamen dann meine Mutter und eine Tante zu Besuch und verbrachten 14 Tage mit uns in Colorado. Viele Tagesausflüge und ein Kurztrip in den Südwesten Colorados rundeten den Besuch ab. Wir fuhren nach Durango und Silverton und besuchten dabei auch den Mesa Verde National Park.

Endlich waren wir wieder alleine. Es ist schön wenn Besuch kommt, aber es ist auch schön, wenn man wieder unter sich ist. Wir genossen die warmen Sommertage. Life was good.

Während dieser Zeit halfen wir auch einem weiteren Paar aus Deutschland in Denver Fuß zu fassen. Die beiden waren auch durch die Greencard Lotterie nach Denver gekommen und wollten dort zumindest für ein paar Jahre bleiben. Die Beiden waren sehr nett, schienen dann aber doch ein wenig eingeschüchtert vom amerikanischen Berufsleben.

Dazu kamen dann die Geschehnisse vom 11. September 2001, die es den Beiden dann auch nicht leichter machten.

11. September 2001 - Terror

Es wurde September, und der 11. September 2001 kam daher. Der Tag fing eigentlich sehr schön an. Es war perfektes Colorado-Wetter - blauer Himmel, Sonne und sehr angenehme Temperaturen in der Vorhersage. Ich war wie üblich seit 6 Uhr morgens im Büro. Um etwa 10 vor 7 wurde auf einmal das Internet sehr, sehr langsam, aber es war noch kein Grund zu erkennen. Ich konnte fast keine Webseite mehr aufrufen - alles dauerte eine Ewigkeit. 2 Minuten später kam Reed, ein Arbeitskollege von mir, um die Ecke und rief "We're under attack! We're under attack!" (Wir werden angegriffen! Wir werden angegriffen!).

Ich hatte ja noch keine Ahnung, was passiert war und fragte zurück: "What's the matter? What is going on?" (Was ist los? Was ist passiert?). Reed erzählte, was er gerade im Radio gehört hatte. Dort hatten sie soeben den ersten Flugzeugeinschlag gemeldet. Gemeinsam versuchten wir nun, die Webseiten von CNN und anderer Nachrichtendienste aufzurufen, aber das Internet war total überlastet. Nichts ging mehr! Reed hatte ein Radio in seinem Büro und so liefen wir schnell rüber und hörten zu, was passierte. Mit Entsetzen und Kopfschütteln vernahmen wir die Geschehnisse.

Fassungslos und regelrecht mit Tränen in den Augen erlebten wir den feigen Terroranschlag am Radio mit. Furchtbar!

Simone rief an und wollte wissen, ob ich Details hätte. Ich erzählte ihr, was ich wusste und versprach sie auf dem Laufenden zu halten. Bei ihrer Firma war noch weniger bekannt als hier. Dort waren keine Radios am Arbeitsplatz erlaubt und der Internet-Zugang war genauso langsam bzw. mittlerweile unmöglich wie hier bei mir.

Per PCAnywhere, einer Art Fernbedienung für Windows Computer, ging ich ins Rechenzentrum nach Maryland und rief von dort aus CNN auf. Das Rechenzentrum hat eine superschnelle und große Anbindung an das Internet und es gelang mir nach einigen Versuchen, CNNs Webseite aufzurufen. Dort sah ich das erste Bild des brennenden World Trade Centers. Eiskalt lief es mir den Rücken herunter.

Im Radio hörten wir eine Schreckensnachricht nach der anderen. Ich schickte das Bild und den Webseiten Text per E-Mail an Simone, damit sie wenigstens ein paar Informationen hatte.

Selbst die große, schnelle Anbindung ans Internet half mir nicht mehr weiter. Es war praktisch unmöglich, irgendwelche Nachrichten abzurufen. Jetzt merkte ich erst, wie abhängig man doch durch das Internet und die Nachrichtenflut geworden ist und wie sehr man auf dem Schlauch steht, wenn dann so etwas passiert.

Das Telefon klingelte und mein Chef war am Telefon. Er war wieder nach Hause gefahren, als er während der Fahrt zum Büro von den Nachrichten überrascht wurde. Er schilderte uns die Fernsehbilder. Er fragte auch, ob wir etwas von unseren Kollegen aus New York gehört hätten. Mein damaliger Arbeitgeber hatte Büros im World Trade, Center und unsere Firmen-Zentrale lag unmittelbar neben dem World Trade Center. Wir hatten nichts gehört und das machte das Ganze irgendwie nur noch schlimmer.

Per E-Mail hielt ich Simone weiterhin auf dem Laufenden. Die nächste Horrormeldung traf ein - die ersten Menschen sprangen vom brennenden World Trade Center in den Tod. Dann brach der erste Turm zusammen und riss alles mit sich in die Tiefe. Fassungslos waren wir schon gewesen, aber das hier ….

Uns fehlen bis heute die Worte, um die Stunden am 11. September 2001 auch nur annähernd zu beschreiben.

Unser damaliges Produkt, ein Internet basiertes Instrument für die Finanzindustrie, bot auch aktuelle Finanzkurse und -nachrichten an.

Auf einmal merkten wir, dass keine Updates mehr reinkamen. Was war passiert?

Zu dem Zeitpunkt war es uns noch nicht ganz klar, aber später wussten wir, dass durch den Einsturz des World Trade Centers a) die Firma, die uns mit Daten versorgte, gerade zerstört worden war (bzw. deren Niederlassung dort in New York City) und b) dass die großen Datenleitungen in New York durch den Einsturz des World Trade Centers zerstört worden waren. Diese Datenleitungen sorgten normalerweise für den Datenstrom zu unserem Produkt, und ein großer Network Hub befand sich unterhalb des World Trade Centers.

Jetzt hörten wir gerade, wie der 2. Turm des WTCs einstürzte bzw. wie die Reporter dies berichteten!

.

.

.

Die Welt hatte sich verändert. 1997 waren Simone und ich das letzte Mal auf der Aussichtsplattform oben auf dem World Trade Center gewesen und das sollte jetzt alles nicht mehr da sein?! Ich konnte es noch nicht begreifen.

Die weiteren Nachrichten über die 3. Maschine und das Pentagon und die 4. Maschine, die in Pennsylvania abgestürzt war, nahmen wir wie in Trance auf. Es war wie ein böser Traum, der einfach immer schlimmer wurde. Wir hatten immer noch nichts von unseren Kollegen aus New York gehört, und jetzt nach dem Einsturz der beiden Türme wussten wir noch nicht mal, ob unsere Firmenzentrale noch existierte. Zu dem Zeitpunkt wussten wir nicht, ob die Türme zu irgendeiner Seite gefallen waren und so andere Gebäude unter sich begraben hatten. Vielleicht hatten wir schon gar keinen Arbeitgeber mehr.

Unser Chef kam ins Büro und gab uns ein Update über das, was er im Fernsehen gesehen hatte. Man merkte ihm an, dass auch er sehr tief getroffen war und dass auch er mit dem Gedanken spielte "Was wäre, wenn unsere Firmenzentrale ausgelöscht wäre?". In einer kurzen Krisensitzung besprachen wir, was wir wussten und wie wir von hier aus weiter vorgehen würden. Dann kam eine E-Mail von einem unserer

Vorstandsmitglieder herein die an alle Mitarbeiter adressiert war.

"Folks, I am praying all of you and your entire teams are safe. Could you please verify all your team and send me an e-mail. Also, if there is anything I can do to help, please let me know.

I missed my train to Hoboken this morning that would have put me on the scene and took the next train to Penn Station. On the way the first crash occurred - when I arrived at Penn I took the next train to Newark and planned to go into the Office. But on the way, we saw the second crash and I just kept on going to get home. Please stay very safe in the time of awesome crisis."

Übersetzung:

Leute, ich bete darum, dass Ihr und Euer Team sicher seid. Bitte überprüft Euer Team und schickt mir eine E-Mail als Rückmeldung! Wenn ich irgendwie helfen kann, sagt bitte Bescheid.

Ich habe heute Morgen meinen Zug in die Stadt nach Hoboken verpasst und habe daher einen Zug später zur Penn Station genommen. Auf dem Weg dahin geschah der erste Einschlag. An der Penn Station nahm ich dann den Zug nach Newark und der zweite Einschlag passierte während dieser Zeit und so fuhr ich zurück nach Hause. Bitte versucht, während dieser Krise an einem sicheren Ort zu bleiben.

Ende Übersetzung

Jetzt muss man noch hinzufügen, dass dieses Vorstandsmitglied eigentlich normalerweise zu der Uhrzeit des ersten Flugzeugeinschlages in der U-Bahn Station ankommt, die im World Trade Center lag, um von da ins Büro zu gehen. Durch den glücklichen Umstand, dass sie den Zug verpasst hatte und spät dran war, entging sie der direkten Katastrophe.

Wow! Irgendwie endlich mal eine gute Nachricht, aber auch wieder nicht, weil wir immer noch nicht mehr über unsere Firma wussten.

Der Tag mit seinen Nachrichten verging und am Ende des Tages saßen wir zu Hause vor dem Fernseher und verfolgten die Geschehnisse. Wir waren geschockt und uns standen die Tränen in den Augen. Irgendwie fühlten wir uns auch persönlich angegriffen. Amerika ist unsere Heimat und dann so etwas .....!

Das Tageslicht verschwand und wir hörten die Kampfjets der US Air Force am Himmel, die Patrouille flogen. Ein ganz, ganz merkwürdiges Gefühl – die Stadt war so leise an diesem Tag und man hört die Kampfjets am nächtlichen Himmel. An Schlaf war diese Nacht nicht zu denken und es dauerte ewig, bis wir in einen unruhigen Schlafzustand versanken.

Der Tag danach brachte ein paar gute Nachrichten. Unsere Firmenzentrale war beschädigt und wir wussten nicht, ob es vielleicht auch eines der Gebäude war, die noch einstürzen sollten. Zumindest stand das Gebäude noch, und wir werteten dies erst mal als positives Zeichen. Fast alle Kollegen waren mittlerweile aufgetaucht und hatten sich gemeldet. Schlechte Nachrichten gab es natürlich auch.

2 Kollegen hatten im ersten Flieger gesessen, der das World Trade Center 'angegriffen' hatte. 15 Kollegen, die in den Büros des World Trade Centers gewesen waren, galten noch als vermisst. Unser Produkt würde für einige Zeit an wichtiger Funktionalität verlieren, aber das war eigentlich nebensächlich. Mir wurde die Aufgabe zugedacht, an diesem Problem zu arbeiten.

Uns beiden (Simone & Christoph) ging es dieser Tage natürlich nicht gut. Die ersten Kontakte nach/aus Deutschland waren wieder möglich (tags zuvor hatten wir Schwierigkeiten, eine freie Telefonleitung zu bekommen) und wir versicherten, dass wir den Umständen entsprechend OKAY waren.

Auch tauchten die ersten Fragen auf, ob wir jetzt wieder nach Deutschland zurückkehren würden, aber diese Frage hat sich uns nie gestellt. Wir laufen nicht vor so etwas weg! Entsprechend fiel unsere Antwort aus. "Nope! Wir bleiben hier!"

Unsere Firma hatte etwa 200 Angestellte mit Büros im WTC gehabt. Noch nicht alle hatten einen Tag später kontaktiert werden können. Es waren also einige 'Verluste' zu befürchten. Ein Toter war bisher offiziell bestätigt. Ein Teil unserer Produkte war buchstäblich ausgelöscht, da a) die Hardware im WTC war oder b) der Firmenteil im WTC war. Ob unsere Firmenzentrale überhaupt wieder nutzbar war, sollten wir erst 2-3 Wochen später erfahren. Das Gebäude war auf der anderen Straßenseite gegenüber vom WTC, und den Fernsehbildern nach sahen die benachbarten Gebäude arg mitgenommen aus. Auch stürzten ja noch 1 oder 2 weitere Gebäude ein, und wen hätte es da gewundert, wenn nicht auch unsere Firmenzentrale von diesem Los getroffen worden wäre.

Nicht, dass das ganze Geschehen in NYC schon schlimm genug war, aber so brach das Ganze hier auch noch intensiver auf uns ein, weil wir die Auswirkungen direkt mitbekamen. Leute, mit denen man per E-Mail oder Telefon zu tun hatte, schienen nicht mehr da zu sein.

Die Bestandsliste an betroffenen Einheiten las sich wie aus einem Horrorszenario:

Product A - destroyed (zerstört)

Product B - destroyed (zerstört)

Product C - Status unknown (unbekannt) Webseiten sind verschwunden usw..

Ganz furchtbar! Das Ganze kam halt irgendwie immer in Schüben und drückte einem immer wieder die Tränen in die Augen. So liefen also die nächsten Tage ab, und irgendwie schafften wir es, fast normal weiterzuleben. Dann kam auch auf einmal der Punkt, wo wir uns sagten: "So nicht! Wir werden nicht in Angst und Panik leben und so den Terroristen das Gefühl geben, sie hätten einen Sieg errungen! Nicht mit uns! Screw you, Osama Bin Laden!!!" – und mit dieser Einstellung ging es weiter und ein wenig aufwärts.

Nun lagen auch die abschließenden Zahlen vor – mein Arbeitgeber hat durch die Anschläge vom 11.

September insgesamt 12 Mitarbeiter verloren. 2 im Flugzeug und die restlichen 10 im World Trade Center!

Uns ging es ja schon schlecht, aber wie musste es den Leuten in New York, Washington und Pennsylvania erst ergehen?! Die hier gemachten Erzählungen sollen nicht darüber hinweg täuschen, dass unsere Probleme Kinkerlitzchen waren im Vergleich zu dem, was in New York, Pennsylvania und Washington D.C. passiert war.

Unsere Hochachtung gilt vor allem den Feuerwehrleuten, freiwilligen Helfern und Polizeibeamten vor Ort die dem Geschehen ja direkt gegenüberstanden.

Die Solidaritätsmitteilungen auch aus Deutschland fanden wir sehr gut und freuten uns darüber. Nach ein paar Tagen mussten wir aber zu unserem Entsetzen sehen, dass es in Deutschland nicht nur Solidarität gab, sondern eiskalt auch Applaus für die Tat der Terroristen. Manches Statement, das wir lasen, sprach sogar mit Genugtun davon, wie sehr man es den Amerikanern gönnte, dass ihnen so etwas passiert war. Da wurde einem richtig schlecht, als man so etwas lesen musste. Zum Glück war dies nur ein kleiner Teil der Meinungen, die wir aus Deutschland hörten, aber es gab uns schon sehr zu denken, dass so ein Gedankengut dort auftauchte. Wie sehr muss jemand hassen, um in so einer Situation auch noch mit Schadenfreude auf so etwas zu reagieren? Auch Bilder aus den Palästinenser-Gebieten, dem Irak und aus dem Nahen Osten zeigten jubilierende Menschen, die sich am Leid Amerikas freuten. Man muss Amerika ja nicht mögen, aber so wenig Achtung vor Menschenleben generell …. - unverständlich!

Das Leben ging weiter. Jetzt kamen dann die Anthrax-Attacken (Milzbrand-Briefe) und weitere Terrorwarnungen in den Alltag. Simone hatte eigentlich Weihnachten nach Deutschland fliegen wollen, aber so langsam regten sich bei ihr Zweifel, ob sie es wirklich tun sollte.

Je mehr Zeit verging, desto weniger wollte sie Weihnachten in Deutschland verbringen und sich dem Risiko eines Fluges aussetzen, und so entschieden wir uns, den Flug zu stornieren. Zum Glück wurde uns der volle Flugpreis erstattet, weil die Fluggesellschaften sehr kulant waren und Verständnis für die Ängste der Fluggäste aufbrachten.

Aufgrund der ganzen Vorgänge, die jetzt bezüglich der Terroristen ans Tageslicht kamen, überprüften wir auch unseren Visa-Status (Green Card) und mussten mit Erschrecken feststellen, dass wir aufgrund einer Falschinformation, der Einwanderungsbehörde hätten mitteilen müssen, dass wir mittlerweile in Highlands Ranch lebten und umgezogen waren – dies aber nicht getan hatten. Zuvor war uns eigentlich gesagt worden, dass Green-Card-Inhaber ähnlich den US-Bürgern keiner Meldepflicht unterliegen, aber das war leider falsch. Man muss der Einwanderungsbehörde innerhalb von 10 Tagen nach Umzug seinen neuen Wohnort mitteilen.

Super! Genau die richtige Zeit, um so etwas auszubügeln. Die INS stand wegen der Terroristen-Visa unter Druck, und wir hatten die bestehenden Einwanderungsvorschriften nicht ganz eingehalten (unwissentlich, aber Unschuld schützt vor Strafe nicht, wie es so schön heißt).

Wir füllten die notwendigen Formulare aus und setzen einen ausführlichen Brief mit den notwendigen Erklärungen auf. Dann ging alles an die INS (Einwanderungsbehörde).

Halloween 2001

Wir hatten ein paar Freunde eingeladen und wollten so einen schönen Halloween-Abend verbringen. Normalerweise ziehen zu Halloween die Kids von Haus zu Haus durch die Straßen und sammeln Süßigkeiten. In den Jahren zuvor war immer recht viel los gewesen, aber dieses Jahr – so ruhig war es noch nie. Ganze 2 Kinder schauten vorbei. Nach 2 Stunden gaben wir es auf und gingen spazieren. Unsere Nachbarn standen auch draußen und fragten uns, ob wir nicht deren Süßigkeiten haben wollten. Lachend boten wir ihnen an, sie zu nehmen, wenn sie dafür unsere Vorräte übernehmen würden.

Der ruhige Abend war eben leider auch das Ergebnis des 11. Septembers und der Anthrax/Milzbrand-Anschläge. Natürlich waren wir nicht in der Lage, all die Süßigkeiten selber zu essen – sonst hätten wir diverse Pfunde zugenommen. So hoben wir es halt für das nächste Jahr auf (Achtung: Scherz).

Mittlerweile waren wir irgendwie reif für Urlaub und so buchten wir ein Wohnmobil für die Woche nach Weihnachten. Wir wollten zu Michael und Kerstin, die in Page, Arizona leben und sie besuchen. Das sind die beiden, die eine Internet-Reiseagentur betreiben (siehe unser Buch "Good-Bye Deutschland – Mit der Green Card nach Amerika" – dort haben wir die beiden schon mal kurz vorgestellt). Auf diese Woche Urlaub freuten wir uns schon sehr. Allein das Planen des Trips war eine Freude, weil man so auch von den ganzen Geschehnissen der vergangenen Wochen abgelenkt wurde. Gebucht haben wir natürlich über Michael selber und so auch aus erster Hand erfahren können, wie guter Service à la USA aussehen kann. Danke!

Thanksgiving verbrachten wir dieses Jahr bei Conni & Peter Tögel in Colorado Springs und verputzen mit ihnen zusammen einen 'kleinen' Truthahn. Yummy.

Nach Skilaufen war uns dieses Jahr irgendwie nicht, und der geringe Schneefall in den Bergen bis dato trug auch nicht gerade dazu bei, dass wir es uns anders überlegt hätten. Der geringe Niederschlag sollte Auswirkungen bis ins nächste Jahr haben (siehe später).

Gewonnen

Seit November gab es im Internet bei einer der Firmen (Advanced Micro Devices/AMD), von der wir Aktien besitzen, ein Gewinnspiel, wo deren neue Computerprozessoren vorgestellt wurden. So richtig gewonnen hatte ich ja noch nie was (die Green Card hat ja eigentlich Simone gewonnen), aber ich machte trotzdem mit. Eines Tages bekam ich plötzlich eine E-Mail, dass ich gewonnen hätte. Erst hielt ich es für einen Scherz, ging aber trotzdem auf die Webseite, die in der E-Mail angegeben war.

Was hatte ich gewonnen? Ein nigelnagel neues Computer Motherboard und einen Super-Duper AMD XP1800 Prozessor im Wert von über $ 300,00 USD. Na ja, noch war ich etwas zurückhaltend. Schickte meine Gewinnbestätigung ab und wartete. Bis zu 6 Wochen sollte es dauern, bis ich den Gewinn erhalten würde.

Von wegen - nach 5 Tagen lag plötzlich ein großes Paket vor der Tür. Ich hatte wirklich gewonnen!!!!! Wahnsinn! Paradox war nur, dass ich mir vor genau 3 Wochen gerade erst die Bauteile für einen neuen Computer gekauft hatte, der jetzt auch schon in Betrieb war. Sollte ich die neuen Bauteile verkaufen und damit unser Weihnachtsshopping finanzieren? Ach was - man kann nie genug schnelle Computer haben, und so orderte ich die noch fehlenden Teile für einen weiteren Computer. Ein paar Bauteile hatte ich eh noch im Schrank liegen, sodass es nur wenig Kapital bedurfte, um den neuen AMD-Prozessor in Betrieb zu nehmen.

Über die Jahre hinweg habe ich mehrfach dann meine Computer selber gebaut. Es hat mir eine Menge Spaß und auf gewisse half mir auch beruflich. Viele IT Administratoren bekommen heutzutage kaum noch die Möglichkeit selber an Computer Servern und ähnlichem Gerät Hand anzulegen. Entweder sind diese Geräte in der Cloud oder in zentralisierten Daten Centern. Einfache Computer sind fast nur noch kombinierte Platinen und Einzelteile lassen sich nicht mehr austauschen oder upgraden. Es ist auf gewisse Weise schade, wie sich das alles so verändert, aber ich halte die „Hands-on" Erfahrung für sehr wichtig. Anmerkung: In 2018 habe ich dann zusammen mit meinem Sohn nochmal einen Computer selber gebaut.

Christmas Time

Wie gewohnt fing ich an, unser Haus von außen für Weihnachten zu schmücken. Ich kaufte ein paar weitere Lichterketten so wie jedes Jahr und erweiterte damit die jährliche Beleuchtungsmenge. Es existiert zwar kein echter Wettbewerb in unserer Straße, aber mit mittlerweile mehreren tausend Kerzen waren wir der 'Konkurrenz' eh weit voraus.

Natürlich steigt auch der Stromverbrauch ein klein wenig an, wenn man so viele Lichterketten in Betrieb hat, aber bei den niedrigen Preisen für Strom hier - who cares. Probleme gab es nur einmal. Simone hatte abends noch mal schnell geduscht und föhnte sich die Haare. Dazu lief noch ein Heizlüfter, um es lecker warm zu haben, und plötzlich machte es "Puff" und die Sicherung flog raus. Auch draußen war es auf einmal dunkel und alle Lichterketten waren aus. Was war passiert? Nun ja - die Steckdosen draußen waren auf demselben Stromkreis wie die Steckdosen in unserem Badezimmer - Föhn und Heizlüfter, die ja nun nicht gerade wenig Strom ziehen, brachten dann das Ganze zum 'Überlauf' und daher flog die Sicherung raus. Warum die damals beim Hausbau die Außensteckdosen mit auf diesen Stromkreis gelegt hatten - es wird uns ewig ein Rätsel bleiben.

Eine Woche vor Weihnachten – Simone war noch nicht von der Arbeit zu Hause. Ich machte mich mit Aspen auf den Weg, um mit ihr im nahe gelegenen Chatfield State Park spazieren zu gehen. Nach einer Stunde waren wir wieder zu Hause, doch was war das? Stand doch plötzlich eines von diesen beleuchteten Rentieren in unserem Vorgarten. Diese Rentiere gibt es als Weihnachtsbeleuchtung komplett mit Lampen und man kann sie sich in den Garten stellen.

Haben wollte ich ja immer schon eines, aber wo kam dieses hier her? Das hatte doch vorhin noch nicht da gestanden. Drinnen angekommen fragte ich Simone, ob sie es gekauft hätte, doch sie stellte mir dieselbe Frage. Wir gingen nach draußen, als Heidi, unsere Nachbarin lachend aus dem Haus kam - sie war es gewesen. Sie hatte die Rentiere im Sonderverkauf gesehen und direkt mehrfach zugeschlagen und uns auch eines gekauft, um uns damit zu überraschen. Als Gag stellte sie es dann in den Vorgarten, als keiner von uns zu Hause war.

Die Überraschung war ihr einwandfrei gelungen. Endlich hatten wir ein eigenes Rentier. Stark!

Am 23.12. hatte Rob unser Nachbar Geburtstag. Normalerweise feiert er ja lieber im Stillen, aber wir ließen ihm dieses Mal keine Chance. Im nahe gelegenen Supermarkt holten wir mehrere mit Helium gefüllte Luftballons (ist hier in Amerika sehr üblich, dass man solche Ballons für solche Anlässe holt) und brachten sie mit einer kleinen Aufmerksamkeit nach drüben. Er war total überrascht und wir erfuhren zu unserem Erstaunen, dass er noch nie Luftballons zum Geburtstag bekommen hatte. Nach diesem verrückten Jahr mit all seinen Ups and Downs (Höhen und Tiefen) für jeden merkte man, dass es ihm richtig gut tat. Wow. Hätten wir uns nie träumen lassen, dass man einem erwachsenen Mann mit ein paar Luftballons so eine Freude machen kann.

Weihnachten. Dieses Jahr hatten wir keinen Besuch und so verlebten wir ein sehr ruhiges und entspanntes Weihnachtsfest. Kein Stress – nichts! Wir gönnten uns ein leckeres Abendessen und gingen anschließend zu unseren Nachbarn Rob und Heidi rüber. Die beiden haben in ihrem Garten einen so genannten Hot Tub – einen großen Whirlpool mit etwa 40 Grad heißem Wasser. Gemeinsam saßen wir also wenig später im Hot Tub und genossen den nächtlichen Blick auf die Rocky Mountains und den sternenklaren Himmel. Die Außentemperatur betrug um die minus 10 Grad, sodass es ein echtes Vergnügen war, im heißen, sprudelnden

Whirlpool zu sitzen und sich zu entspannen. Später sahen wir uns noch einen Spielfilm auf DVD an und saßen vor dem warmen Kaminfeuer. Es war ein richtig erholsamer und schöner Weihnachtsabend in Amerika.

Der 25. Dezember ist ja traditionell der Weihnachtstag hier in den USA. Wir nutzten ihn und machten einen Ausflug in die Berge. Während die Amerikaner morgens ihre Geschenke auspackten, genossen wir die Natur und den Schnee der Rocky Mountains.

Noch einen Tag arbeiten (in den USA ist nur der 25.12. ein Feiertag) und dann sollte unser Wohnmobil-Trip beginnen. Wir hatten ein 25 Fuß langes Wohnmobil gemietet, sodass wir auch genügend Platz hatten und auch unseren Wuffi Aspen mitnehmen konnten. Ich holte das RV (Recreation Vehicle = Wohnmobil) vom Vermieter Cruise America ab und lud es mit unseren Sachen voll, die wir mitnehmen wollten. Mittags kam Simone von der Arbeit und half mit, die restlichen Dinge einzupacken. Die Fahrt konnte beginnen! Nur wenig später mussten wir feststellen, dass dieses Gefährt ziemlich ausgenudelt und sehr laut war. Aspen wurde durch den anhaltenden Krach ziemlich verängstigt und wir mussten uns fast gegenseitig anschreien, um den Krach ab einem gewissen Tempo zu übertönen, wenn wir uns unterhalten wollten. Na ja, jetzt waren wir schon eine Weile unterwegs und beschlossen, uns davon den Urlaub nicht vermiesen zu lassen. Nach 5 Stunden Fahrt hielten wir in Trinidad, Colorado an – es war bereits dunkel und wir wollten übernachten. Da war ein Wal-Mart und wir entschieden uns, dort zu übernachten. Wal-Mart erlaubt, dass man dort kostenlos mit seinem Wohnwagen bzw. Wohnmobil auf den Parkplätzen übernachten kann.

Unser Wohnmobil hatte ja Dusche und WC – also gar kein Problem. Draußen war es ars..kalt, aber so ein Wohnmobil kann natürlich auch beheizt werden. Aber – nur bis zu 2 Stunden ohne Stromanschluss. Das hatten die uns bei der Fahrzeugübergabe nicht gesagt. Einen Stromanschluss gab es bei Wal-Mart natürlich nicht auf dem Parkplatz. So ließen wir einfach den Motor die Nacht durchlaufen und heizten so das Wohnmobil ganz bequem und ohne schlechtes Gewissen. Außerdem war das Ding ja, wie bereits beschrieben, nicht mehr in bestem Zustand, sodass wir uns keine Gedanken über eine Verschlechterung des Wohnmobils machen mussten. Wir hätten natürlich auch den eingebauten Generator benutzen können, der knatterte aber ziemlich und war sehr laut.

Aufgrund des nicht so guten RVs beschlossen wir, unsere Fahrtroute zu ändern und schon früher nach Page zu fahren. Wir bogen also am nächsten Tag nach rechts ab und fuhren nach Taos in New Mexico. Taos ist ein sehr schönes Städtchen in den Bergen in New Mexico. Viele Kunstgalerien luden zum Bummeln ein und da (wie üblich hier im Südwesten der USA) die Sonne schien und es tagsüber angenehm warm war, machten wir uns also einen netten Nachmittag. Wir fuhren dann noch ein wenig weiter nach Westen bis zum nächsten KOA, wo wir dann übernachteten.

Am nächsten Morgen schneite es und wir hatten nur Sommerreifen auf dem Wohnmobil. Trotzdem fuhren wir weiter – wir wollten heute schon nach Page am Lake Powell. Trotz Schnee und glatter Straßen kamen wir gut vorwärts. Es war ein Höhepunkt dieser Tour, die Landschaft im Südwesten mal schneebedeckt zu erleben. Wer diese Ecke der USA vom Sommer her kennt, kann sich eventuell vorstellen, wie krass der Unterschied dann zum Winter sein muss.

In Kayenta, Arizona machten wir Halt. Kayenta ist das 'Gateway' zum Monument Valley mitten in der Navajo Reservation. Uns fiel auf, dass sehr viele männliche Indianer der Armut und dem Alkohol verfallen waren. In den Sommermonaten war uns das noch nie so richtig aufgefallen. Wie uns Michael in Page später erzählte, dürfen bei den Navajos nur die Frauen Eigentum besitzen – nicht die Männer - und dass dies daher mit zur Armut gewisser Schichten der Bevölkerung der

Navajos beiträgt. Den Navajos selber geht es auch gar nicht mal schlecht. Sie bekommen immer noch Gelder von der US Regierung und durch entsprechende Verträge zum Beispiel auch mehrmals jährlich kostenlose Turnschuhe von einer bekannten Sportschuhfirma.

Auf nach Page – endlich Michael und Kerstin persönlich kennen lernen. Die beiden waren ja etwas früher als wir ausgewandert und hatten sich in Page, AZ niedergelassen. War doch mal interessant, sich so mit weiteren Auswanderern zu unterhalten.

Am frühen Nachmittag erreichten wir Page und folgten der Wegbeschreibung, die Michael uns gegeben hatte. Ohne Probleme fanden wir das sechseckige (!) Haus der beiden. Das Haus war tatsächlich sechseckig mit einem kleinen Türmchen in der Mitte (fast leuchtturmartig). Cool! Daneben stand ein riesiger Schulbus, den Michael sich als Wohnmobil umgebaut hatte. Michael war mit den Kids unterwegs und Kerstin hatte uns noch nicht erwartet. War uns doch ein wenig peinlich, dass wir so früh auftauchten. Sorry, Kerstin. Beim nächsten Mal gehen wir erst noch einen Kaffee trinken. ;-)

Wir verbrachten 2-3 Tage in Page. Michael und Kerstin erzählten uns viel, wie es sie in die USA verschlagen hatte und was sie hier jetzt so beruflich auf die Beine gestellt haben. Die beiden haben ja keine Green Card, sondern nur ein Investorenvisum und sind durch wesentlich härtere Zeiten gegangen als wir selber.

Bewundernswert, wenn man aber Menschen trifft, die genauso zielstrebig sind, wie man selbst, und die dann auch das notwendige Glück hatten und ihr Ziel erreicht haben.

Das Wetter sah leider nicht so toll aus und wir hatten auf der Heimfahrt mit Schnee zu rechnen. Mit Sommerreifen am Wohnmobil und den Rocky Mountains im Weg kein leichtes Unterfangen. Wir fuhren also los und hatten die Wahl zwischen der Südroute durch 4 Corners, Durango und dann über den Wolf Creek Pass oder die Nordroute durch Utah zurück nach Colorado und dann über den Vail Pass und Eisenhower Tunnel nach Hause. Wir fuhren bis Kayenta und entschieden uns dann für die Nordroute, die uns auch durch das Monument Valley bringen sollte.

Monument Valley – wo war es denn? Es musste doch hier sein?! Nichts. Wir konnten es nicht sehen. Packen die Indianer das etwa im Winter weg oder war es die Schuld der Wolken, die so tief hingen, dass wir mitten im Monument Valley das selbige nicht sehen konnten?! Wahnsinn – die Straße war gut zu erkennen – keine berauschende Sicht, aber nach rechts, wo sich die

Türme des Monument Valley befanden, konnten wir nichts erkennen. Die Wolken hingen so tief und dick über dem Gebiet, dass es schon fast unheimlich war.

Wir fuhren weiter und kamen durch Utah bis nach Grand Junction in Colorado. Dort übernachteten wir wieder bei unserem Freund Wal-Mart. Trotz nicht gerade touristischer Hochsaison waren wir nicht die einzigen Wohnmobilisten, die diesen preiswerten Weg der Übernachtung gewählt hatten.

Am nächsten Morgen standen wir früh auf - ein Schneesturm stand auf dem Programm. Die Interstate 70 war mit Schnee gepackt, aber es hatte sich eine befahrbare Spur ergeben und wir kamen gut vorwärts. Der Schnee lag 30-40 Zentimeter hoch am Straßenrand, und wir kamen den Rocky Mountains immer näher. Immer höher kletterten wir und kamen endlich nach Vail.

Eine kurze Rast, bevor wir uns auf den Anstieg zum Vail Pass machten. Wichtig war, den Schwung zu behalten und ja nicht anzuhalten. Los ging's! Wir kamen ganz gut vorwärts, bis wir einen Truck mit langem Flatbed Trailer vor uns sahen. Dem drehten die Räder bereits durch - das Problem war, dass der Truck aufgrund der durchdrehenden Räder aus der Spur kam und wir Gefahr liefen, dass er ins Rutschen geriet und so alle

Spuren blockieren würde. Hatten wir nicht 2-3 Meilen vorher das Schild gesehen, dass Trucks nur mit Schneeketten weiter durften?! Was machte der hier also ohne Schneeketten auf dem Highway? Wir wechselten auf die ganz linke Spur und ich gab Vollgas, um ja noch mit dem Wohnmobil an diesem Truck vorbeizukommen. Mühsam gewann das Wohnmobil an Fahrt und kämpfte sich an dem schlingernden und rutschenden Truck vorbei den langen Anstieg hoch. Jetzt hieß es, vorsichtig wieder auf die rechte bzw. mittlere Spur zurückzukommen.

Aufgrund des Schneefalls konnte man eh die Spuren nicht mehr erkennen sondern fuhr einfach da, wo die Vorderleute bereits eine Spur ausgefahren hatten. Mit Schlingern und Schaukeln schafften wir auch diese Hürde und irgendwie kamen wir dann auch den Vail Pass hoch.

Weiter ging es in Richtung Anstieg zum Eisenhower Tunnel, der 11.112 Fuß hoch liegt. Von Frisco/Keystone aus geht es steil die Rockies hoch, doch soweit kamen wir gar nicht. Direkt hinter Copper Mountain gerieten wir in einen Stau. Grund: Der Highway zum Tunnel war wegen Schnee unbefahrbar. Die Schneeräumer waren seit Stunden im Einsatz, um den Weg frei zu machen. Keine guten Nachrichten für uns.

Anyway – ein Gutes hat so ein Wohnmobil ja, wenn man im Stau mit absolutem Stillstand steht. Man hat Küche und Badezimmer immer mit dabei. Wir überlegten schon, ob wir Hotdogs verkaufen sollten, aber dafür reichten die Vorräte dann doch nicht aus. Wäre aber nett gewesen, auf diese Art die Urlaubskasse aufzubessern.

Nach 2 Stunden Warten im Stau ging es dann endlich los. Der Anstieg begann und jeder fuhr wie der Teufel, um ja vor den "Stau-Kollegen" oben zu sein. Mitten drin waren wir - mit unserem geliehenen Wohnmobil und den Sommerreifen. Wir waren froh, dass wir die Zusatzversicherung abgeschlossen hatten, die eventuelle Schäden abdecken würde. Mit der Versicherung und ein wenig Glück sollte es schon klappen.

Wir beschlossen die mittlere Spur zu nehmen, denn wir wollten auf keinen Fall riskieren, wegen einem langsameren Fahrzeug den Schwung und damit das bisschen Bodenhaftung zu verlieren, das wir hatten. Es war ein echter Kampf den Berg hoch. Die Pkws und schnelleren Trucks schnitten uns reihenweise. Dann wurde vor uns scharf gebremst. Sollte dies das Ende unseres Anstiegs sein?

Es hatte den ersten Möchtegern-Rallyefahrer aus der Spur getragen, aber zu unserem Glück hing er direkt auf dem Standstreifen und der Verkehr floss einigermaßen weiter. Irgendwie schafften wir es bis fast nach ganz oben. Kurz vor dem Tunnel musste der Verkehr sich aber auf 2 Spuren reduzieren, denn der Tunnel ist nur 2-spurig. Wir waren aufgrund der richtigen Spur Wahl schon auf der richtigen Spur – nur viele andere nicht. Von rechts hinten sahen wir im Rückspiegel eine dieser langen Stretch-Limousinen näher kommen.

Der Fahrer wollte uns noch rechts überholen und so wie die Spuren jetzt zur Verfügung standen, hätte das geheißen, dass wir hätten bremsen müssen, denn die rechte Spur war fast schon zu Ende. So kurz vor dem Ziel wollten wir uns die Butter nicht mehr vom Brot nehmen lassen bzw. den Schwung nehmen lassen. Das kann man mit anderen probieren, aber wir waren nicht nach Amerika ausgewandert, um in solchen Situationen klein beizugeben.

Das Gaspedal wurde bis zum Boden durchgedrückt, und schlingernd quälte sich das Wohnmobil bergauf. Irgendwie fanden die Sommerreifen genügend Haftung und irgendwie hatten wir genügend Schwung, um der langen Limousine Paroli zu bieten. Nicht wir mussten scharf bremsen, sondern die Limousine. Yeehaaaaa! Geschafft – wir waren oben. Von hier aus war es nur noch das berühmte "Piece of cake". Auf der Ostseite waren die Straßen in besserem Zustand und wir gönnten uns nun eine viel gemäßigtere Fahrweise. Jetzt hatten wir Zeit.

Am späten Nachmittag erreichten wir Highlands Ranch und waren froh, wieder daheim zu sein. Aspen war heilfroh, dem dröhnenden und quietschen Wohnmobil entfliehen zu können und machte es sich demonstrativ auf unserem Bett bequem. Der arme Wuffi – sie hatte so viel Angst ausstehen müssen – das Wohnmobil war ihr einfach nicht geheuer. Das würden wir ihr also nicht wieder antun.

Januar 2002

Januar 2002 – bisher hatte es immer noch keinen nennenswerten Niederschlag gegeben. Zwar mal gelegentlich ein wenig Schnee, aber halt bei weitem nicht so viel wie in den Jahren zuvor – und die waren, was den Niederschlag betrifft, schon unterdurchschnittlich. Man konnte schon erahnen, dass für 2002 eine Trockenheit/Dürre auf dem Programm stand.

Amerika rutschte immer weiter in die Rezession und das machte sich auch im Beruf bemerkbar. Gehaltserhöhungen und Jahresbonus standen auf der Kippe. Wichtiger war uns aber in jedem Fall, dass wir auch noch Jobs hatten. Dennoch schraubten wir unsere Ausgaben geringfügig zurück, um unsere finanziellen Polster ein wenig auszubauen.

Da unser Wohnmobil-Trip im Dezember/Januar ja nicht ganz so hundertprozentig ausgefallen war, schickten wir ein Beschwerdeschreiben an Cruise America. Noch während der Reise selber hatten wir auf Anraten Michaels per Telefon die Mängel reklamiert und dies natürlich bei der Abgabe ebenfalls moniert, damit es in den Akten stehen würde.

Unsere Beschwerde wurde nicht abgeschmettert, sondern wir erhielten einen Gutschein über $ 250 und ein nettes Entschuldigungsschreiben für das nächste Anmieten. Noch waren wir uns nicht sicher, was wir wirklich machen würden, und so behielten wir den Gutschein erst einmal. Er war ja übertragbar und vielleicht würden wir ihn später mal bei eBay versteigern. Cash wäre uns zwar direkt lieber gewesen, aber …!

Anmerkung: Über die Jahre hinweg klärten uns verschiedene Freunde und Arbeitskollegen auf, dass man einfach nicht bei Cruise America bucht, weil die Firma innerhalb der USA selber keinen guten Ruf hat. Es gibt in allen Großstädten kleinere und bessere Anbieter wo man nicht so ausgenudelte Wohnmobile bekommen kann – inklusive besserem Service und oft auch besserem Preis.

Wir machen uns selbstständig

Wie bereits im ersten Buch beschrieben, spielten wir mit dem Gedanken, eventuell eine eigene Firma zu starten.

Wir beschäftigten uns ein wenig mehr mit diesem Gedanken. Erst mal sollte es kein Sprung ins kalte Wasser werden, sondern wir wollten versuchen, es part-time (also als Nebenbeschäftigung) zu probieren. So könnte das Geschäft in Ruhe wachsen, ohne dass wir uns selber unter Druck setzen würden. Doch was genau wollten wir denn machen? Da ich ja doch viel mit Computern arbeitete und mich damit am Besten auskannte, wollten wir dieses Wissen nutzen.

Seit vielen Jahren hatten wir ja auch eigene Webseiten im Internet, und da dies ein etablierter Industriezweig ist, beschäftigten wir uns mit dem Gedanken des Web Hostings und Web Designs. Ein Web Host ist jemand, der Webseiten für andere Leute ins Internet stellt und ihnen so praktisch die Präsenz im Internet ermöglicht. Wenn man eine Webseite im Internet aufruft, dann muss die ja irgendwo auf einem Server sein und an das Internet angeschlossen sein.

Das wäre etwas, was vom eigenen Büro von zu Hause aus betrieben werden kann - der Kapitaleinsatz ist begrenzt und die laufenden Kosten gerade am Anfang sind überschaubar. Ja, die Konkurrenz ist groß und mächtig, aber das schreckte uns nicht ab. Dazu wollten wir Domain-Namen verkaufen. Domain-Namen sind die Namen der Webseiten im Internet. Wer also zum Beispiel die Webseite seines Fußballklubs aufruft, macht dies in der Regel durch die Eingabe von "www.", des Vereinsnamens und der Länderendung ".de". Domain-Namen sind in den USA wesentlich preiswerter und wesentlich einfacher in der Verwaltung, als dies in Deutschland ist. Diesen Vorteil wollten wir für uns nutzen. Dazu erstklassigen Customer Service - damit sollte sich auf dem deutschen Markt und natürlich hier in den USA doch was zu machen sein.

Jetzt ging die Suche nach einem Firmennamen los. Wir wollten in jedem Fall das Wort USA im Namen haben - geht bei uns doch gar nicht anders. Nach einigem Hin und Her und vielen Vorschlägen kam uns plötzlich die Idee: "Net Services USA" - unter diesem Namen kann man nicht nur mit dem Internet verwandte Sachen anbieten, sondern eigentlich alles Computerverwandte. Dies ließ uns auch Spielraum für die Zukunft. Eine Namenssuche im öffentlichen Register des Staates Colorado brachte keinen vergleichbaren oder ähnlich klingenden Namen zutage.

Als Erstes reservierten wir also den passenden Domain Namen. Diesen wollten wir nur für den englischsprachigen Raum nutzen. Für die deutsche Seite hatten wir bereits einen leicht merkbaren Namen in unserem Domain-Namen Bestand und eine weitere Suche ersparte sich daher.

Eine weitere Notwendigkeit war die Wahl der Firmenart. Sollten wir eine Aktiengesellschaft gründen, als Einzelunternehmer fungieren oder vielleicht eher etwas in Richtung einer GmbH (Gesellschaft mit beschränkter Haftung)? Die steuerliche Behandlung war natürlich auch von Bedeutung und nach einigen Nachforschungen entschieden wir uns für die Rechtsform einer LLC (Limited Liability Company – grob vergleichbar mit einer deutschen GmbH).

Am 4. April 2002 fuhr ich nach Downtown Denver, um die Firma registrieren zu lassen. Erst ging es zum State of Colorado. Ein Formular drei Mal ausfüllen – das war es schon. Das hatte ich bereits zu Hause gemacht – man konnte sich vorab alle notwendigen Formulare aus dem Internet herunterladen. Im Büro des State of Colorado angekommen, zog ich eine Nummer und setzte mich hin, um warten. Nach 5 Minuten war ich schon an der Reihe. Zack, Zack, Zack – schon war die nette Dame durch das Formular 'gehuscht'. Dann wurde ich gefragt, ob ich $ 50 Dollar zahlen will und eine Wartezeit von 3-4 Tage bis zur Registrierung hätte oder aber ob ich $100 zahlen will und die Registrierung direkt erledigt hätte. Die Wahl fiel mir nicht schwer - $ 100 und die Firma wäre direkt eingetragen – was soll man da noch groß warten?! Nach insgesamt 15 Minuten verließ ich das Büro des State of Colorado wieder – als „President" der eigenen Firma.

Weiter ging es zur Stadt Denver wegen einer weiteren Business License – so dachte ich zumindest. Dort angekommen fragte mich der Beamte ein paar Fragen (Anzahl der Angestellten, ob ich nur Dinge per Internet vertreibe und ob es richtige Güter oder ein Service wäre, etc.). Nachdem ich alle Fragen beantwortet hatte, reichte er mir meinen Antrag einfach so zurück und sagte: "You don't need this kind of license! You're all set. Good luck with your new business." (Übersetzung: Sie brauchen diese Lizenz gar nicht. Fertig. Viel Glück mit Ihrer neuen Firma!"

Wow! Cool! Das war alles? So unkompliziert hatte ich mir das nicht vorgestellt. Egal. Mir war es so sehr recht. Sparte mir Zeit und Geld.

Jetzt wollte ich mich noch schnell um ein Bankkonto kümmern. Als USA-verrückter Mensch fiel die Wahl sehr leicht – die US Bank hatte ganz günstige

Konditionen für ein Geschäftskonto und eine kleine Filiale liegt nur 2 Minuten von unserem Haus entfernt. Bequemer geht es fast wirklich nicht mehr. Nach 20 Minuten in der Bank war auch die Sache mit dem Konto erledigt. Jetzt ging es noch schnell zum Post Office, um ein Postfach zu eröffnen. Auch dies war kein Problem. Innerhalb eines halben Tages war es uns so gelungen, eine Firmengründung durchzuziehen und die wichtigsten Dinge der Infrastruktur aufzubauen.

Seit einigen Tagen bastelten wir auch mit Hilfe eines Freundes an unseren Webseiten. Dies sollte sich noch bis Mitte/Ende Mai hinziehen. Die deutsche Webseite würde zuerst online gehen – danach die US Seite.

Von hier aus noch ein großes "Danke!" an Guido für seine Mithilfe. Ohne Dich wären wir aufgeschmissen gewesen.

Anmerkung: Guido schaffte es ein paar Jahre später ebenfalls in die USA auszuwandern und lebt jetzt in Phoenix in Arizona. Er arbeitet dort als Software Entwickler für eine große Firma. Zuletzt habe ich ihn dort zum Mittagessen getroffen und wir hatten eine gute Zeit alte Erinnerungen aufzuwärmen und Neuigkeiten auszutauschen.

Mitte Mai ging es dann los, und wir hatten auch direkt das Glück, ein paar Kunden zu bekommen. Das motivierte! Wir wollten nicht allzu viel Geld ins Marketing stecken, sondern die Sache langsam wachsen lassen. Wie bereits erwähnt – wir hatten ja ein gutes Einkommen durch unsere normalen Jobs und mussten nicht direkt von der eigenen Firma leben. (Anmerkung: Das Thema „Selbständigkeit" wird später noch etwas ausführlicher behandelt.)

Jobs

Simone war vor einigen Monaten ein neuer Manager vor die Nase gesetzt worden. Er benahm sich wie ein ***** und die Arbeit fing an, ihr keinen besonderen Spaß mehr zu machen. Simone begann, sich Gedanken über eine Zukunft außerhalb der Gates Corporation zu machen. Neben dem schlechten Arbeitsklima kam eine erhebliche Verschlechterung des täglichen Berufsverkehrs dazu, der die Fahrt von und zur Arbeit sehr erschwerte. Sie war sich nicht sicher, ob sie das noch ewig mitmachen wollte.

Man lebt nur einmal und man sollte sich eigentlich nicht in eine Situation drängen lassen, in der man sich nicht wohl fühlt. Ihre Gedanken gingen also dahin, dass sie sich eine neue Stelle suchen würde. Ein 'Problem' war allerdings, dass im Dezember ihre Eltern zu Besuch kommen würden, und dass sie gerne mit ihnen nach Florida wollte. Nach langem hin und her entschieden wir uns, dass sie Ende November für Anfang Dezember kündigen werde und sich dann Anfang 2003 eine neue Stelle suchen wollte. Alles natürlich auch ein wenig abhängig davon, wie sich die Wirtschaft hier in den USA entwickeln würde.

Während des Sommers kam unsere Nachbarin Heidi auf Simone zu und fragte, ob sie Interesse hätte, mit ihr auf ein paar Handwerksmessen selbst hergestellte Produkte zu verkaufen. Vielleicht wäre man sogar in der Lage, das in ein eigenes Geschäft überzuleiten. Klar, warum nicht, sagte sich Simone. Außerdem kann man ein paar Dollar nebenbei ruhig gebrauchen. Also fingen sie an, sich mit dem Herstellen von handgenähten Körben und ähnlichen Produkten zu beschäftigen.

Gute Arbeit und Leistung machen sich in Amerika eher bezahlt als in Deutschland. Meine kontinuierlich gute Arbeit wurde auch weiter oben wahrgenommen. Ich selber bekam unverhofft ein Angebot von unserem Vorstand (!) für einen gut dotierten IT-Job in Maryland. Maryland? Hohe Luftfeuchtigkeit, viele Menschen (sehr, sehr viele Menschen) - Corporate Crap und innerbetriebliche politische Spielchen? Nein danke.

Da bleibe ich lieber in Denver. Es kommt nicht alle Tage vor, dass einem der Vorstand einer großen Firma einen guten Job anbietet, und es kommt sicherlich nicht häufig vor, dass man diesen ausschlägt, aber das war genau das, was ich machte. Ich schlug das Angebot aus. Ich hätte zwar wahrscheinlich mein Gehalt um 40 % - 50 % steigern können, aber ich wollte nicht nach Maryland.

Wäre es San Diego oder irgendwo anders gewesen - ich hätte wahrscheinlich zugegriffen, aber ....! Zum Glück nahm der Vorstand meine gut begründete Absage nicht negativ auf (dazu später mehr).

Bei einem Besuch bei den Tögels kamen Conni und Simone auf den Gedanken, einfach mal eine Auszeit zu nehmen und Urlaub zu machen. Ein Ziel war schnell ausgewählt – der Yellowstone National Park oben in Wyoming.

Anfang August ging es los. Campingausrüstung in den Mini-Van gepackt und los ging's. Brrrrr - waren die Nächte da oben noch (oder etwa schon wieder) kalt. So hatten sich die beiden das nicht unbedingt vorgestellt. Dazu kam, dass der Park vollgepackt mit Menschen war - Hauptsaison!

Egal, sie hatten trotzdem eine tolle Zeit! Auf dem Rückweg begegneten ihnen hunderte von Motorradfahrern auf ihren Harley Davidson Motorrädern. Mensch, ja - Sturgis in South Dakota lag ja gleich um die Ecke (für US-Verhältnisse) - dort findet ja jedes Jahr im August das größte Treffen der Harley Davidson Motorradfans statt. Echt Wahnsinn, was für Kisten sie da auf dem Highway sahen.

Prompt kam die 'Schnapsidee' auf, dass sie den Motorradführerschein machen wollten. Schnapsidee?

Nein! Das war etwas, was Conni und Simone wirklich machen würden. No matter what!

Zudem kostet so etwas hier in den USA ja nur einen Bruchteil von dem, was es in Deutschland kostet. Kaum zurück meldete sich Conni auch schon - für schlappe $ 200 könnten sie einen mehrtägigen Kurs besuchen, der die Theorie und Praxis abdecken würde. Alles klar - für Mitte September wurde gebucht.

Schließlich waren wir auch nach Amerika gegangen, um unsere Träume wahr werden zu lassen. Einer von Simones Träumen war es immer schon gewesen, den Motorradführerschein zu machen und ein eigenes Motorrad zu haben. Jetzt stand sie kurz davor, diesen Traum wahr werden zu lassen (freu!!).

Conni und Simone bestanden die Führerscheinprüfung auf Anhieb. Conni war danach direkt dabei, sich nach einem Motorrad umzuschauen, während wir erst mal Kassensturz machen wollten. Konnten wir uns das überhaupt leisten? Vor allem, wenn Simone ihre Arbeit an den Nagel hängen würde – wie würden wir finanziell dastehen?

Besuch aus Deutschland

Erst mal blieb keine Zeit darüber nachzudenken – Mein Bruder Florian kam zu Besuch aus Deutschland. Wir, Christoph und Florian, machten uns auf den Weg gen Westen.

Wollte ich meinem Bruder doch endlich mal ein paar Attraktionen außerhalb Colorados zeigen. Moab in Utah war das Ziel. Dort lagen der Arches National Park und der Canyonlands National Park. Zuvor führte die Fahrt am Colorado River entlang durch die atemberaubende Landschaft des Colorado Plateau's. Florian war so beeindruckt, dass er Abwechslung in einer mitgebrachten Computerzeitschrift suchte. Zum Glück konnte ich ihn überzeugen, doch auch mal aus dem Fenster zu gucken.

Na ja, nicht jedem liegt Amerika so wie mir selbst und ich gebe selber zu – die Vielfalt der Landschaft hier ist vielleicht für den einen oder anderen auch erdrückend. Anyway – ich zeigte Florian die wichtigsten Dinge in beiden Nationalparks und er war doch sehr beeindruckt und es hat ihm gut gefallen.

Weiter ging die Tour durch das Monument Valley, 4 Corners, Durango zu den Great Sand Dunes im Süden Colorados. Diese Dünen sind die größten Sanddünen Nordamerikas – auf knapp 2000 Meter Höhe am Fuße der Berge.

Mehrere hundert Meter hoch liegen sie dort und warteten auf die Besteigung durch uns.

Na ja, so Dünensand ist ziemlich nachgiebig und entsprechend schwer war der Aufstieg. Dann dachten wir, wir wären endlich oben angekommen, doch als wir dann auf dem Gipfel der gerade erklommenen Düne standen, tauchte dahinter eine noch höhere Sanddüne auf. Das ließen wir uns aber nicht gefallen und so machten wir uns noch auf den Weg, auch diese Herausforderung zu schaffen.

Ich kann nur sagen – es war extrem anstrengend, aber es war es wert. Wenn man dann nämlich einmal oben auf der höchsten Düne steht und sieht, wie weitläufig dieses "Sandgebiet" ist, dann lässt einen das die gesamte Anstrengung des Aufstiegs vergessen.

Hinweis an interessierte Leser, die das eventuell auch mal nachmachen wollen. Im Sommer erhitzt sich der Sand sehr schnell und macht den Aufstieg zur Tortur. Die beste Jahreszeit für den Aufstieg ist Anfang bis Ende Mai sowie ab der zweiten Septemberhälfte.

Nehmt genügend Wasser mit für unterwegs, und Sonnenschutz ist für Haut und Augen notwendig.

Der Rückweg war bei weitem nicht so anstrengend wie der Aufstieg. Wir versuchten uns im Laufen und Springen bergab und hatten ein Heidenspaß.

Zurück ging es nach Highlands Ranch und es war eine Fahrt vom Sommer in den Winter – innerhalb von nur 4 Stunden. 20 Grad Temperaturunterschied und Regen statt Sonne – Brrrrrrrrr! Nach einem Tag Wolken kam dann aber wieder die Sonne heraus und alles war gut.

Aldi & Motorrad

Ein paar Tage nach Florians Abreise musste Simone auf eine Geschäftsreise nach Illinois. Dort angekommen stieß sie doch tatsächlich auf einen Aldi Markt. 1997 hatten wir mal Aldi in Pennsylvania gesehen, aber nach so langer Zeit war es echt eine Überraschung für Simone, mal wieder einen Aldi Markt in natura zu sehen. Leider fehlte ihr die Zeit, um hineinzugehen und das Sortiment zu begutachten. Es gibt nämlich keinen Aldi in Colorado. Ich selber habe seit 1999 keinen Aldi Markt mehr von Innen oder Außen gesehen.

Nach 4 Tagen Illinois ging es zurück nach Colorado. Hier fühlte sie sich wieder wohler. Mehr Sonne, besseres Klima. Jetzt stand Simone der Sinn nach Motorrad. Conni hat sich bereits eins gekauft und sie wollte jetzt auch eines. Wir machten uns auf die Suche und es stand tatsächlich eine gesuchte Maschine in der Zeitung. Simone wollte für den Anfang etwas leichtes, handliches als Motorrad, was man als Anfänger gut handhaben kann. Die Maschine, eine 250er Honda, war beinahe ein Jahr nicht mehr von der Besitzerin gefahren worden und hatte nur 370 Meilen auf dem Tacho. Preis und Zustand der Maschine passten aber

nicht zusammen und so ordneten wir das unter
"Verschnitt" ein.

Am nächsten Tag hielt Simone auf dem Rückweg von
der Arbeit bei einem Honda-Händler an, und er hatte
tatsächlich eine Maschine gleichen Typs wie die vom
Tag zuvor gebraucht im Bestand. Sie fuhr nach Hause
und zusammen kamen wir zurück, um uns das
Motorrad noch einmal genauer anzusehen. Gemeinsam
inspizierten wir die Maschine und machten dann ein
Angebot, welches der Händler nach einigem Hin und
Her auch akzeptierte. Woo Hoo – Simone hatte ein
eigenes Motorrad! Wahnsinn! Wir erledigten den
üblichen Papierkram und beschlossen aber, das
Motorrad erst am nächsten Tag abzuholen, damit
Simone auch passende Schutzkleidung mitbringen
konnte.

Am nächsten Tag holten wir die Maschine ab und
bisher läuft sie (besser: fährt sie) wunderbar.

I am on fire - Der Mini-Van brennt

Unser grüner Mini-Van – seit 2 Jahren unser treues Fortbewegungsmittel. Fuhr ich doch heute wie gewohnt in der Mittagspause nach Hause, um mich um unseren Wuffi zu kümmern.

Wie üblich fuhr ich auf der I-25 (Interstate Highway) nach Süden, als der Wagen einen ganz kurzen Moment ruckelte. Mir rutschte das Herz schon fast in die Hose – nur nicht mitten auf dem Highway eine Panne haben - aber der Schreck dauerte nur 1-2 Sekunden, dann fuhr der Mini-Van ohne Probleme weiter. Zu Hause angekommen - no problem, und ich machte mir keine weiteren Gedanken über den Zwischenfall.

Wie gewohnt kümmerte ich mich schnell um Aspen. Als ich dann zurückfahren wollte zur Arbeit, ging beim Herausrollen aus der Garage der Motor aus. "Hm, nicht gut!" dachte ich mir. Ich bin die Einfahrt ganz heruntergerollt und habe den Motor wieder neu gestartet. Das Auto ruckelte direkt wieder und der Motor ging aus. Noch mal neu gestartet und ein wenig Gas gegeben, als plötzlich kräftig Rauch unter der Motorhaube hervor quoll. "Hm, wirklich nicht gut!" dachte ich mir. Schnell machte ich den Motor aus, zog den Hebel für die Motorhaube und sprang aus dem Auto, um vorne nach dem Rechten zu schauen. Ganz vorsichtig hob ich die Motorhaube nur leicht an und bückte mich, um zu sehen, was da Sache war.

"Holy Smokes" - kräftiger Qualm schlug mir trotz der schmalen Öffnung entgegen. Von der Seite her hob ich die Motorhaube ganz an und hakte sie ein, als der Rauch ein wenig lichter wurde. Mehr Qualm und kleine, nette 'Flämmchen' waren zu sehen.

"Hm, zuschauen und mir die Finger wärmen oder sollte ich Feuer löschen?" – das war die Frage. Ich entschied mich also für Feuerlöschen, rannte ins Haus und holte Wasser und kippte es über den Flammenherd. An den Feuerlöscher, der in der Garage stand, dachte ich in diesem Moment gar nicht. Es zischte kräftig und statt Rauch stieg mir Wasserdampf entgegen. Sicherlich nicht der effektivste Weg das Feuer zu löschen und sicherlich auch nicht der beste Weg, um es zu löschen – aber das Ergebnis zählt und das war, dass das Feuer gelöscht war. Was war also passiert? Ich konnte nichts erkennen.

Gut, dass dies alles direkt vor unserem Haus passierte. Unser Nachbar Rob, der wie jeden Tag von zu Hause aus in seinem Home Office arbeitet, hatte alles gesehen. Auch er war auf dem Sprung gewesen, um notfalls mit seinem Feuerlöscher einzugreifen. Ich rief also den Automobildienst an und bestellte einen Abschleppwagen.

Nachdem ich mich (bzw. den Mini-Van) von AAA (AAA = amerikanische Version des ADAC) zum nächsten Dodge-Händler habe schleppen lassen, wusste ich auch ein wenig mehr. Offenbar hat der AC Kompressor (Klimaanlagen Kompressor) den Geist aufgegeben. Da das Ding durch einen Riemen (ähnlich wie der Keilriemen) angetrieben wird und der AC Kompressor nicht nur einfach den Geist aufgab, sondern sich entschied, gleich auch die ganze Welle zu blockieren, die durch den Riemen angetrieben wird, hatte dies den Brand ausgelöst.

Glücklicherweise war unser Mini-Van noch ganze 900 Meilen innerhalb der Werksgarantie, so dass die jetzt anfallende Reparatur noch auf Kosten von Dodge ging. Beim letzten Autoproblem waren wir mit dem Jeep gerade 3 Tage außerhalb der Garantie - dieses Mal hatten wir ein wenig mehr Glück. Nur einen Tag später war das Ganze repariert und wir waren wieder mobil.

Der Keller-Ausbau

Schon seit längerer Zeit waren wir am Überlegen, ob wir nicht einen zusätzlichen Raum im Haus gebrauchen könnten. A) würde das den Wert unseres Hauses etwas steigern und B) erwarteten wir zu Weihnachten mehrere Besucher, und da würde sich ein weiteres Zimmer gut bewähren können.

Dienstag nachmittags fuhr ich zum Bauamt in Castle Rock und beantragte die Baugenehmigung. Freitags gegen Mittag rief ich dort an, um zu sehen, ob die Genehmigung erteilt war. Freitag Nachmittag in einer Behörde stellt man sich ja eigentlich so vor, dass die Angestellten nur noch auf den Feierabend warten und ins Weekend verschwinden wollen - so kannte ich es zumindest aus Deutschland (Einwohnermeldeamt, Finanzamt, etc.).

Die Sachbearbeiterin war nicht am Platz. Die nette Dame an der Rezeption überprüfte den Status im Computer = Status pending (wartend). Ich bekam gesagt, dass es normalerweise noch 1 weiteren Tag dauern wird. Das wäre Montag. Da ich nicht wusste, wie die Behörden hier so freitags drauf sind, sagte ich, dass ich dann eben bis Montag warten würde. "Nix da!"

bekam ich als Antwort "ich schaue mal gleich nach, wo die Akte ist!" - Ich sage noch, das wäre nicht notwendig, aber da war ich auch schon "on hold" in der Warteschleife.

3 Minuten später kommt sie wieder ans Telefon und sagt, dass ich meine Permit (Genehmigung) abholen kann, und dass es $ 37,50 kostet und ich bis 16 Uhr Zeit habe. Wow! Das war echt eine Überraschung für mich. So unkompliziert und hilfsbereit hatte ich die hiesigen Behördenangestellten nicht erwartet. Da sollten sich deutsche Behörden eventuell mal eine Scheibe von abschneiden.

Rob und Heidi, unsere Nachbarn, erklärten sich spontan bereit, uns beim Kellerausbau zu helfen. Am folgenden Samstag ging es schon los. Schnell wurde der Keller vermessen und dann ging es los zum Home Depot - einem großen Baumarkt, um Holz zu kaufen. Zu unserem Glück war genau das Holz, das wir benötigten, zum Sonderpreis erhältlich - wesentlich preiswerter als wir es eine Woche vorher gesehen hatten. Nach etwa 30 Minuten hatten wir alles, was wir brauchten und machten uns auf den Weg zur Kasse. Holz, eine Holztür und viel Kleinkram.

Jetzt wollten wir doch mal sehen, was alles so in einen Mini-Van passt. Durch geschicktes Verteilen des Holzes passte alles wunderbar in dieses Auto. Da wir zu viele 12 Fuß lange Bretter hatten und wir diese nicht schräg aufs Armaturenbrett legen wollten, ließen wir sie hinten überstehen. Kein Problem! Alles wurde fest verzurrt und los ging's.

Nach der ersten Kurve schauten wir noch mal nach hinten, ob auch alles noch an seinem Platz war. Irgendetwas fehlte .....! "Die Tür! Wir haben die Tür stehen lassen!" rief ich - beim Einladen hatten wir die zuvor gekaufte Holztüre gegen eine Mauer gelehnt. Den Umständen entsprechend schnell fuhren wir wieder dahin, wo wir eingeladen hatten. Schon sahen wir den ersten Interessenten für unsere Tür, aber so leicht ließen wir uns unsere Tür nicht 'abjagen'. Schnell schnappten wir uns unsere Tür und luden sie auch noch in den Mini-Van.

Zu Hause angekommen luden wir alles Holz in die Garage und machten uns ans Werk. Aufgrund der Bauvorschriften mussten wir hängende Wände einziehen. Der Erdboden in Kellerhöhe hier dehnt sich nämlich aus, wenn er nass werden sollte. Das könnte unter Umständen heißen, dass sich dadurch der Kellerboden kurzfristig mal heben kann.

Durch hängende Wände umgeht man Schäden, wenn es wirklich mal passieren würde. Innerhalb weniger Stunden hatten wir die Hälfte der 'Rohbau-Holzarbeiten' erledigt.

Wir gönnten uns eine Pause und orderten Pizza für uns alle. Nach dieser kräftigen Stärkung machten wir uns wieder an die Arbeit. Am Ende des Tages hatten wir 2 hängende Wände komplett fertig. Rob und Heidi luden uns zu ihnen rüber in den Hot Tub ein, damit wir unsere geschundenen Knochen im heißen Wasser relaxen konnten. Das ließen wir uns nicht zweimal vorschlagen und wenig später saßen wir alle im heißen, sprudelnden Wasser und genossen den Blick auf die Rocky Mountains.

Die folgenden Wochenenden waren mit anstrengender Arbeit im Keller ausgefüllt. Je nach 'Bauabschnitt' mussten wir dann das County anrufen und unseren Baufortschritt absegnen lassen. Da wir die Elektrik selber machten, kam es zwischendurch ein wenig zu Verzögerungen. Schließlich hatten wir dies noch nie gemacht. Mit der Hilfe zweier Bücher und ein wenig gesundem Menschenverstand und hilfreichen Hinweisen von Rob & Heidi kamen wir aber gut voran. Doch bei der ersten Elektrik-Inspizierung durchs County fielen wir durch. Was war geschehen? Der County Inspektor verlangte, dass alles bereits angeschlossen war – obwohl laut Bauvorschriften im ersten Schritt nur die Kabel eingezogen werden – nicht aber angeschlossen werden. Offenbar verlangen die Inspektoren aber diesen zusätzlichen Schritt, wenn die Elektrik nicht durch einen Fachbetrieb eingebaut wird. Oh, well – also schlossen wir alles an und setzten die Sicherung ein.

Ein Wochenende später war die Elektrik dann einsatzfähig und wir bestellten die Abnahme. Zuvor hatten wir einige Probleme aus dem Weg räumen müssen, da die eingebauten Leitungen teilweise sehr schlecht verlegt waren – teilweise sogar falsch verlegt waren. So sehr der Inspektor auch suchte – alles funktionierte einwandfrei und er gab uns die Abnahme. Wie wir später von Nachbarn herausfanden – derselbe Inspektor, der bei uns war, war früher einer der Elektriker, der in unserer Siedlung die Häuser in Bezug auf die Elektrik gebaut hatte. Gut, dass wir bei der Abnahme mit keinem Wort die vorgefundenen Fehler erwähnt haben. Das hätte auch ins Auge gehen können.

Weihnachten 2002

Simones Eltern kamen zu Besuch. Zusammen mit Simone wollten sie für eine Woche nach Florida und dort eine kleine Rundreise machen. So ging es wenige Tage nach ihrer Ankunft weiter nach Fort Lauderdale. Leider war es nicht so warm wie erhofft – Florida war von einer Kaltfront etwas abgekühlt worden. Na ja, dennoch kann man eigentlich über Tageshöchsttemperaturen von 15 Grad Celsius und Sonne im Dezember nicht klagen – obwohl natürlich 20-25 Grad Celsius schöner gewesen wären.

Alle hatten aber eine tolle Zeit. Alligatoren, Disney, Florida Keys, Cape Canaveral waren die Hauptziele der Rundreise. Höhepunkt war aber unter anderem ein Besuch in den Everglades und das Erlebnis, praktisch über einen der Alligatoren hinweg steigen zu müssen, weil er mitten im Weg lag.

Kaum waren sie von der Rundreise zurück, spannten wir Simones Vater für die Arbeit im Keller ein.

Wir hatten mittlerweile die Rigipsplatten installiert und mussten diese jetzt verputzen und streichen. Die Zeit wurde knapp, weil 2 Tage vor Weihnachten weiterer Besuch aus Deutschland erwartet wurde und wir den neuen Raum zumindest halbwegs bewohnbar haben wollten. Mit vielen Nachtstunden Arbeit und gemeinschaftlichem Einsatz schafften wir es aber, den Raum rechtzeitig bewohnbar zu haben. Weihnachten konnte kommen (und mit ihm die Besucher).

Januar 2003

Alle Besucher waren erfolgreich wieder abgereist und der Alltag holte uns schnell wieder ein.

Das Geschäftsvolumen unserer kleinen Firma nahm erfreulicherweise zu und es kam vermehrt lokales Geschäft rein. Für ein Geschäft, das so ziemlich kein Geld für Marketing ausgab, ist das ziemlich gut.

Beruflich sah es bei meinem Arbeitgeber nicht mehr so gut aus. Umstrukturierungen in New York brachten die falschen Leute an die interne Macht. Mein Arbeitgeber hatte über Jahre hinweg ähnliche Produkte entwickelt – in mehrfacher Ausführung. Interne Gruppen bekämpften sich gegenseitig. Bisher waren wir immer gut davon gekommen und hatten das bessere Produkt. Jetzt bekamen wir als neuen Division Vorstands-Chef den vorherigen Chef unseres internen Konkurrenzproduktes vorgesetzt. Der alte Vorstand (der mir den Job in Maryland angeboten hatte) wurde abgeschoben und erhielt aber dann die Möglichkeit, firmenintern zu wechseln. Zum Besseren, wie sich später herausstellen sollte.

Man merkte sofort die Veränderungen - die Kommunikation mit New York brach buchstäblich zusammen. War es an der Zeit, sich nach einem neuen Job umzuschauen? Unser Chef hier vor Ort meinte, wir sollten erst mal abwarten und sehen, wie es weitergeht. Nichts würde so heiß gegessen werden, wie es gekocht würde. Da auf dem Arbeitsmarkt hier in Denver eh keine neuen Stellen auftauchten, war auch nicht viel zu machen. Also arbeiteten wir weiter an der Release unseres neuen Produktes.

In New York und Maryland wurden zum gleichen Zeitpunkt wieder Entlassungen vorgenommen und so wie es aussah, wäre auch der vormals angebotene IT-Job in Maryland eliminiert worden. Schwein gehabt. Amerika meinte es offenbar weiterhin gut mit uns.

Let's go Big

Der Mini-Van fing an, mehr Probleme zu machen und wir hatten keinen großen Spaß mehr an der Kiste. Mit Ablauf der Garantie (3 Jahre) ließ offenbar auch spürbar die Qualität nach. Ein Teil nach dem anderen gab den Geist auf und die Krönung war dann noch konstanter Ölverlust. Der Händler verweigerte die Reparatur noch unter Garantie auszuführen, obwohl wir gerade erst 1000 Meilen außerhalb der Werksgarantie waren. Keine gute Werbung für Daimler-Chrysler. Eigentlich hatten wir den Dodge Durango als mögliches neues Auto in Erwägung gezogen, aber nach den Erfahrungen mit dem Dodge Grand Caravan eliminierten wir den Durango von der Liste der möglichen Alternativen.

Simone bekam durch ihren Arbeitgeber Rabatte bei allen großen Autoherstellern. Wir warfen ein Auge auf den Ford F-150 SuperCrew Pickup Truck. Der F-150 SuperCrew bietet Platz für bis zu 6 Personen, und die Ladefläche ist auch noch ausreichend groß. Per Zufall stießen wir bei einem Händler in der Nähe noch auf ein nigelnagelneues 2002er Modell mit einer sehr guten Ausstattung. Dazu gab es einige Herstellerrabatte, die das Ganze kombiniert mit dem angesprochenen Rabatt zu einem echten Schnäppchen werden ließen. Da der Wagen schon länger bei diesem Händler stand und er längst 2003 Modelle verkaufte, konnten wir einen sehr guten Preis aushandeln.

Mit leichter Hand wechselten wir so vom 6 Zylinder 3,3 Liter Dodge Grand Caravan zu einem F-150 SuperCrew 4,6 Liter V8 als neues Haupttransportmittel.

Ja, der Spritverbrauch würde in die Höhe gehen, aber das war uns damals noch egal. Den teilweise extremen deutschen Ökowahnsinn machten wir nicht mit und schließlich sind die Benzinpreise hier in den USA, selbst wenn sie teuer sind, immer noch sehr preiswert, wenn man sie mit den deutschen 'steuerlich verbesserten' Benzinpreisen vergleicht.

Im Schnitt liegen wir derzeit so bei 14-16 Liter Verbrauch auf 100 km – inklusive ständigem Betrieb der Klimaanlage 2/3 des Jahres.

Für einen 4-Wheel-Drive 2,5 Tonner Benziner mit der Aerodynamik einer Wand ist das eigentlich sehr gut. Aber – wir wollten den Wagen ja nicht wegen des höheren Benzinverbrauchs haben, sondern auch weil er zu dem Zeitpunkt das beste Auto für uns war und zudem etwas mehr Sicherheit anbot als ein normaler PKW (dazu später mehr).

Update April 2013: Unser Ford F-150 ist so ziemlich unkaputtbar und wir fahren ihn immer noch. Das Fahrzeug hat jetzt etwas über 100.000 Meilen auf dem Tacho, aber außer normalen Inspektionen und normalem Verschleiß hatten wir nur ein einziges Mal Grund in die Reparatur-Werkstatt zu fahren.

Got snow?

Habt Ihr Schnee? Diese Frage stellten wir uns im März 2003. Montagabend fing es an zu schneien und es sollte die nächsten 2 Tage nicht mehr aufhören. Nun ja - 2 Tage Schneefall sind an und für sich nichts Ungewöhnliches, aber dieser Schneesturm war anders. Die Meteorologen nannten ihn den

"Perfect Storm"

Wir wachten am Dienstagmorgen auf und hatten etwa 25 Zentimeter Schneefall über Nacht gehabt. Erst überlegten wir noch, ob wir es wagen sollten, zur Arbeit zu fahren. Hin wären wir wahrscheinlich noch gekommen - aber zurück wäre äußerst fraglich gewesen. So blieben wir zu Hause und arbeiteten via Internet und VPN-Zugang zum Firmennetzwerk vom heimischen Schreibtisch. Zwischendurch gingen wir mit dem Hund und schaufelten Schnee. Viel Schnee, um genau zu sein. Bis Dienstagabend hatten wir etwa 50 Zentimeter Neu-Schnee vor der Haustüre liegen. Wir schaufelten die Einfahrt alle 2 Stunden frei und der Schneeberg, den wir anhäuften, wuchs und wuchs.

Das letzte Mal befreiten wir die Einfahrt abends um 9.00 Uhr vom Schnee. Am nächsten Morgen lagen dort erneut 40 Zentimeter Schnee. Also schaufelten wir auch diese 40 Zentimeter Schnee weg. Der Schnee war extrem nass und somit sehr, sehr schwer. Uns taten die Arme noch vom Vortag weh, und es schneite immer noch.

Aspen, unser Wuffi, versank mittlerweile im Schnee und das erschwerte es ihr, ihren natürlichen Bedürfnissen nachzugehen. Im Garten buddelten wir eine Art Tunnel durch den Schnee und klopften dann da, wo sonst Rasen ist, den Schnee mit der Schaufel platt, sodass eine glatte Fläche entstand. So konnte Aspen wenigstens ein wenig raus. Der Straßenverkehr war zusammengebrochen und nichts ging mehr. So konnten wir Aspen mitten auf dem Highlands Ranch Parkway spazieren führen. Der Highlands Ranch Parkway war gelegentlich noch geräumt worden und man konnte zumindest halbwegs normal dort gehen. Der Highlands Ranch Parkway ist eine 6-spurige Straße die durch Highlands Ranch führt. Alle Seitenstraßen waren komplett dicht und praktisch unbefahrbar.

Don, unser Nachbar, kam aus dem Haus und sprang in den Schnee an der Seite seines Hauses. Ich fragte, was los wäre. Er hatte gerade im Radio gehört, dass man die Gasuhren außen am Haus freihalten sollte, da dort ein Ventil sei, das Luftzufuhr benötigte. Es könnte ansonsten zu Problemen mit der Gasversorgung zur Heizung kommen und Gas könnte unter Umständen austreten. Hey, das wäre nicht gut und so sprang ich ebenfalls in den tiefen Schnee an der Hausseite bei uns und buddelte unsere Gasuhr frei. Dasselbe taten wir dann bei unseren Nachbarn. Es reichte ja, wenn 1-2 Leute sich durch den tiefen Schnee wühlten.

2 jüngere Nachbarn wollten sich dem Schicksal des Eingeschneit seins nicht so leicht ergeben. Mit ihrem nagelneuen SUV-Geländewagen und zwei Schneeschaufeln machten sie sich an die Arbeit und schafften es fast bis zum Highlands Ranch Parkway, aber dann ereilte auch sie das Schicksal und sie steckten fest. Der Schnee war einfach zu hoch. Jedenfalls schafften sie es irgendwie auch wieder zurück zum Haus – inklusive Auto.

Gegen Mittag ließ der Schneefall allmählich nach. Es dauerte aber bis nachmittags um 4.00 Uhr, bis der Schneefall komplett aufhörte. Es hatte sich bei uns auf 48 Inch (= 122 Zentimeter) summiert (Durchschnitt).

Carol, unsere Nachbarin, war hochschwanger und für diesen Freitag ausgezählt. Bei der jetzigen Lage wäre es unmöglich gewesen, sie ins Krankenhaus zu schaffen. Ein anderer Nachbar holte sein Schneemobil aus der

Garage und fuhr damit zum nächsten größeren Highway und wartete auf einen Schneeräumer. Er bat den Fahrer, die Seitenstraße bis zu Carols Haus zu räumen, damit sie im Notfall zum Krankenhaus gebracht werden konnte. Wir hatten Glück - unser Haus lag vor dem von Carol und so wurde die Straße auch vor unserem Haus geräumt – zu einem schweren Preis. Der Schneepflug drückte den Schnee zwar nach vorne weg, kreierte so aber eine 1,30 Meter hohe Seitenwand rechts und links. Noch schlimmer traf es den Nachbarn hinter Carols Haus – er hatte plötzlich einen 5 Meter hohen Schneehaufen direkt vor seiner Einfahrt, den der Schneeräumer da auch einfach liegen ließ.

Egal – wir zumindest sahen Licht am Ende des Tunnels und begannen die harte Arbeit unsere Einfahrt komplett freizuschaufeln und einen 'Durchbruch' zur Straße zu schaffen. Dasselbige taten alle anderen Nachbarn auch, deren Grundstück an dem Stück Straße lag, das der Schneeräumer frei geräumt hatte. Es wurde eine Gemeinschaftsarbeit. Alle Nachbarn halfen sich gegenseitig. Ein Nachbar hatte zudem eine Schneefräse, aber kein Benzin mehr. Wir hatten noch einen Vorrat Benzin von unserem Rasenmäher vom letzten Sommer und auch 2-Takt-Öl für das Mischungsverhältnis. Uns half das zwar nicht mehr, aber anderen Nachbarn konnte so die Schaufelarbeit ein wenig erleichtert werden. Am Ende dieses langen Tages hatten wir einen riesigen Schneehaufen von knapp 3 Meter Höhe im Vorgarten liegen, aber unsere Einfahrt und die Straße vor unserem Haus waren frei und konnten befahren werden.

Donnerstagmorgen fuhren wir also zur Arbeit - als einige der wenigen überhaupt. Highway-Auffahrten und Abfahrten waren teilweise noch zu. Überall blockierten Fahrzeuge die Fahrspuren, und nur das Nötigste war geräumt und freigehalten worden. Als ich auf die Interstate 25 fahren wollte, war die Auffahrt vom anderen Highway noch komplett zu. Ein UPS-Truck und ein Bus waren stecken geblieben und die Schneeräumer hatten wohl schon am Dienstag aufgegeben diese freizubekommen.

Irgendwie kam ich aber doch über Umwege zum Office. Der Parkplatz war noch voller Schnee und ein Mini-Schneepflug steckte mitten im Schnee fest – kein Benzin mehr. Mit dem Truck rammte ich mir einen kleinen Weg durch den Schnee und parkte dort, wo normalerweise die Parkbuchten sein mussten. Dann schaufelte ich mir einen Weg zur Tür am Gebäude. Geschafft.

An diesem Tag war ich der Einzige im Büro unserer Firma und einer von 3 Leuten im gesamten Gebäude überhaupt. Ich erledigte das Notwendigste, was körperliche Anwesenheit im Office verlangte, und fuhr nach ein paar Stunden wieder nach Hause. Simone hatte es ein wenig besser gehabt und war auf weniger Hindernisse auf dem Weg zur Firma gestoßen. Aber auch sie kam nach ein paar Stunden nach Hause.

In den Nachrichten hörten wir an diesem Tag, dass mehrere Gebäude unter der Schneelast eingestürzt seien. Bilder aus der ganzen Stadt zeigten das gesamte Ausmaß dieses Sturmes. Wahnsinn. Laut dem meteorologischen Wetteramt war dies der zweitstärkste Schneesturm seit Beginn der Aufzeichnung der Wetterdaten für Colorado gewesen – und wir waren dabei.

In all den Jahren die wir noch in Denver verbringen sollten, hatten wir nie wieder einen solchen Schneesturm mit so viel Schnee.

US Citizenship

Im Juli 2002 hatte ich den Antrag auf Einbürgerung als US Bürger gestellt. Ende Februar hatte ich bereits eine Einladung für das notwendige Interview und den Citizenship-Test erhalten, doch war dieses Interview wenige Tage später von der Einwanderungsbehörde wieder abgesagt worden. Ein Grund wurde mir nie genannt.

Ende April erhielt ich eine neue Einladung für den Einbürgerungstest und das Interview für den 14. Mai. Aufgrund der bereits vorher erfahrenen Absage versuchte ich, nicht zu viel Hoffnungen für das neue Interview aufzubauen. Es ging aber alles glatt und der 14. Mai 2003 kam.

Mein Interviewtermin war auf 9.30 Uhr morgens festgesetzt worden. Da es normalerweise lange Wartezeiten beim Einlass in das Gebäude der Einwanderungsbehörde gibt, war ich bereits um 6.45 Uhr dort. Als ich ankam, standen aber schon etwa 250 Leute in einer Warteschlange vor dem Gebäude.

Also parkte ich den Wagen und wollte mich anstellen. Am Gebäude selber hingen aber Hinweiszettel, die besagten, dass Besucher mit festgesetzten Terminen sich nicht anstellen brauchen, sondern direkt den Security Guard ansprechen sollen und so um Einlass zu bitten. Also hatte ich plötzlich viel Zeit und suchte mir ein Burger King, um ein wenig zu frühstücken.

Gegen 8.30 Uhr betrat ich dann das Gebäude der Einwanderungsbehörde und wartete auf meinen Termin. Neben mir saß ein Anwalt mit seinem Mandanten und bewertete für seinen Mandanten alle Beamten, die nach vorne kamen, und Leute aufriefen, die einen Termin hatten. So ziemlich alle Beamten der Einwanderungsbehörde, die auftauchten, wurden positiv bewertet. Als ich mit 40 Minuten Verspätung aufgerufen wurde, sagte der Anwalt nichts zu seinem Mandanten.

Der BCIS Beamte (Bureau of Citizenship and Immigration Services = Einwanderungsbehörde) stellte sich vor und ich merkte direkt, dass ich einen totalen Bürokraten vor mir hatte, der wahrscheinlich beim Autofahren jedes Mal erst die Bedienungsanleitung liest, bevor er losfährt.

Er ließ mich schwören, dass ich nur die Wahrheit und nichts anderes erzählen würde - no problem. Er erklärte den geplanten Ablauf des Interviews und wir starteten mit dem Schreibtest, den jeder zukünftige US-Bürger bestehen muss.

"Today is a sunny day."

Das war natürlich kein Problem. Als nächstes fing der Beamte dann mit den Fragen zum Citizenship-Test an. Geschichte der USA und Fragen zum politischen System muss man beantworten. Die Fragen wurden mündlich gestellt und man muss 6 von 10 Fragen richtig beantworten. Die folgenden Fragen wurden mir gestellt:

1) What was the name of the ship that brought the pilgrims over here?

2) What was the first holiday celebrated by the pilgrims?

3) What month is the president of the United States inaugurated?

4) In which month do we vote for the president?

5) Who will become president if the president and the vice president die?

6) Who is vice president of the United States today?

Da ich alle 6 Fragen richtig beantwortete, verzichtete er auf das Stellen weiterer Fragen - Anforderung erfüllt.

Als nächstes musste ich meinen Führerschein und Reisepass vorzeigen, und meine in der Bewerbung gemachten Angaben zu Auslandsaufenthalten wurden überprüft. Anschließend ging der Beamte mit mir die Bewerbung noch einmal Frage für Frage durch.

Dann stellte er mir plötzlich eine Frage, die absolut nicht zum Prozess der Einbürgerung passte und mir einen eiskalten Schauer den Rücken runterlaufen ließ.

"Do you know what deportation means?"

"Wissen Sie, was Abschiebung bedeutet?"

Innerlich war ich am Kochen, aber ich blieb ruhig und antwortete.

"Yes, I do."

"Ja, ich weiß, was es bedeutet."

Was sollte diese Frage plötzlich? Was war hier los? In meinem Kopf rasten die Gedanken nur so hin und her. Stand mein Traum hier zur Disposition?

"Please explain what it means."

"Bitte erklären Sie mir die Bedeutung."

Also erklärte ich, was 'Deportation' bedeutete.

"If it would hit me – you would kick me out of the country."

"Wenn es mich betreffen würde – dann würden sie mich des Landes verweisen."

Er sagte daraufhin:

"Exactly. We would send you back to the country you came from."

"Genau. Wir würden Sie in das Land ausweisen, aus dem Sie gekommen sind. "

Als ob nichts gewesen wäre, setzte er das Interview fort. Wenige Minuten später teilte er mir mit, dass er heute noch keine Entscheidung bezüglich meiner Einbürgerung treffen könnte. Meine temporäre Abwesenheit im Jahr 1997 (212 Tage) ließe nicht 100%ig erkennen, ob ich die 'Residency abandoned' hätte oder nicht (eine der Vorschriften bei der Einbürgerung - man darf bis zu 360 Tage außerhalb der USA sein, sofern es nachvollziehbar ist / hier: Auswanderungsvorbereitung, Einhaltung von deutschen Kündigungsfristen, etc.). Auf mein Nachfragen hin bekam ich keine genauen Angaben und merkte nur, dass jede weitere Frage nicht willkommen war.

Also beendeten wir das Ganze und ich fuhr nach Hause - wie vor den Kopf gestoßen. In ein paar Wochen würde ich wieder von der Einwanderungsbehörde hören - so wurde mir gesagt. Den Rest des Tages suchte ich in alten Unterlagen nach weiteren 'Beweisen', die meine Einwanderungsabsicht unterstützen sollten, und schrieb einen 4 Seiten langen Brief an die Einwanderungsbehörde. Ich wollte nicht kampflos aufgeben.

Die nächsten 2 Nächte verbrachte ich so ziemlich schlaflos.

Am Freitag dem 16. Mai holte ich wie gewöhnlich die Post aus dem Briefkasten. Obenauf lag ein Brief der Einwanderungsbehörde. Was nun? War das meine Ausweisung? Eine Absage bezüglich meiner Bewerbung (würde bedeuten, dass ich noch mal ein gutes Jahr warten müsste)? Mit zitternden Knien setzte ich mich hin und öffnete den Brief.

Meine Hände zitterten, als ich folgenden Satz las:

Congratulations. At this time it looks like you met all the requirements of the naturalization process. Your application has been approved.

Ein Wirbelsturm der Gefühle ging über mich hinweg. Wie bitte? Ich kam mir vor wie auf einem anderen Planeten. Wahnsinn. Dieser blöde Beamte hatte den Brief am selben Mittwoch abgeschickt, an dem das Interview war. Ich konnte es nicht fassen. Ein Traum wurde wahr! Auf diesen Moment habe ich sehr, sehr lange hingearbeitet und darauf gehofft, dass er wahr würde.

Es war ein zweiter Brief in dem Umschlag - die Einladung zur Ceremony of Oath für den 23. Mai 2003. Schluck – das wäre bereits in einer Woche.

Yahoooooooo! Ich war auf Wolke 7. Ich hätte die ganze Welt umarmen können. Unglaublich.

Die Zeit bis zum 23. Mai verging wie im Flug (merkwürdig eigentlich - normalerweise kriecht die Zeit dann nur so). Nervös war ich immer noch, denn schließlich war auch mein Interview schon einmal abgesagt worden.

Dann war es endlich soweit - der 23. Mai 2003 war da. Der Tag, an dem Träume wahr werden.

Bei der Ceremony of Oath wurden auch tatsächlich noch 2 Leute wieder nach Hause geschickt. Zum Glück war ich keiner davon.

Die Zeromonie lief wie folgt ab: Einlass 11.30 Uhr - Vorlage der Green Card und des Einladungsbriefes.

Irgendwie wurde ich dann sogar in die erste Reihe gesetzt - freier Blick auf die Flagge. Cool.

Nachdem dann alle Kandidaten überprüft worden waren, ging es los. 65 Kandidaten aus 32 Ländern waren anwesend. Ein Abteilungsleiter (?) der Einwanderungsbehörde (nachfolgen BCIS Officer genannt) führte durch die Zeremonie. Als Erstes wurde die National Anthem "The Star-Spangled Banner" (Nationalhymne) gespielt und jeder sollte - soweit möglich - mitsingen.

Dann stellte sich der BCIS Officer vor und gab sich auch richtig Mühe, die Zeremonie zu etwas Besonderem zu machen. Die 'Diversity' (Vielfalt) of America wurde erklärt und was Amerika so faszinierend macht.

Dazu machte er dann noch mal einen improvisierten Citizenship Test für Anfänger. Alles sehr locker und wirklich gut und professionell gemacht. Man merkte, dass er Freude an diesem Tun hatte.

Dann wurde es ernst - aufstehen, rechte Hand heben und dann den Schwur auf die Verfassung (Oath of Allegiance) sprechen und direkt danach auch noch auf die Flagge. Ein wirklich feierlicher Moment und ich denke mal, dass nicht nur mir dabei sehr warm ums Herz wurde.

Oath of Allegiance

"I hereby declare, on oath, that I absolutely and entirely renounce and abjure all allegiance and fidelity to any foreign prince, potentate, state, or sovereignty of whom or which I have heretofore been a subject or citizen; that I will support and defend the Constitution and laws of the United States of America against all enemies, foreign and domestic; that I will bear true faith and allegiance to the same; that I will bear arms on behalf of the United States when required by the law; that I will perform noncombatant service in the Armed Forces of the United States when required by the law; that I will perform work of national importance under civilian direction when required by the law; and that I take this obligation freely without any mental reservation or purpose of evasion; so help me God."

Pledge of Allegiance to the flag of the United States of America

"I Pledge Allegiance to the flag of the United States of America and to the Republic for which it stands, one Nation under God, indivisible, with liberty and justice for all."

Der BCIS Officer gratulierte uns und alle Besucher klatschten und wir, die neuen Citizens, schüttelten unseren jeweiligen Nachbarn die Hände und gratulierten. Absolutely awesome!!!!!!

Unbeschreiblich das Gefühl. Für jemanden der die US Citizenship nur haben will, damit er nicht rausgeschmissen wird - okay - aber wenn man auf diesen Moment aus den richtigen Gründen gewartet hat, dann ist es absolut unbeschreiblich, wie man sich fühlt.

Dann schnappte sich der BCIS Officer einen kleinen Jungen aus der Zuschauergruppe und machte ihn zum Verantwortlichen der 'Certificate of Naturalization'-Ausgabe. Der BCIS Officer sagte dem kleinen Jungen auch, wenn die Person an der Reihe sei, für die der kleine Junge da war, solle er Bescheid sagen.

Ich war etwa 16. bei der Vergabe - feierlich wurde mir die Urkunde überreicht und die Hand geschüttelt. Ich hatte eine Gänsehaut. Ich hatte einen weiteren Lebenstraum für mich verwirklicht.

Besagter kleine Junge war wegen seiner Grandma dort - war echt klasse, denn der kleine Junge durfte seiner Grandma das Certificate of Naturalization überreichen. Die war natürlich extrem gerührt. Das alles trug dazu bei, dass diese Zeremonie wohl unvergessen bleiben wird.

Eine Sache noch, die mir immer in Erinnerung bleiben wird. Der BCIS Officer sagte folgende Sache.

"Ich schaue hier auf 65 Leute aus 32 Ländern. Alle Hautfarben sind vertreten. Was ist der Unterschied zwischen den USA und anderen Ländern (das bitte mit Eurem Heimatland oder Land Eurer Wahl ersetzen), wenn man hier plötzlich in diesen Raum käme und diese Menschen sieht?" (Ich nehme der Form halber mal Deutschland, um die obige Frage zu beantworten.)

Antwort Deutschland: Ein Raum voller Ausländer

Antwort USA: Ein Raum voller Amerikaner

Die USA bieten aufgrund ihrer Vielfalt Menschen aller Hautfarben aus aller Welt ein Zuhause und fördern diese Vielfalt. Diese Vielfalt in dieser Anzahl gibt es nur hier. Das ist ein großer Unterschied zu anderen Ländern dieser Welt. Ich persönlich finde diesen Vergleich sehr passend.

That's it - I am American now. Proud to be an American.

Pickup Trucks sind Cool

Das Leben hält manchmal Überraschungen für jeden von uns parat, auf die man nicht direkt vorbereitet ist. Auf manche dieser Dinge kann man sich vorbereiten – auf manche nicht.

Simone war mit unserem Pickup Truck unterwegs und stand an einer roten Ampel und wartete auf eine Möglichkeit, rechts abbiegen zu können.

Der Querverkehr hatte noch grün. Von Norden näherte sich ein alter Jeep Cherokee , während aus der entgegengesetzten Richtung ein Oldsmobile kam. Der Cherokee wollte links abbiegen und missachtete die Vorfahrt des Oldsmobiles. Beide Fahrzeuge krachten mit relativ hoher Geschwindigkeit aufeinander.

Die Wucht des Zusammenstoßes ließ den Cherokee unkontrolliert durch die Gegend schleudern. Der Cherokee landete in unserem Pickup Truck, in dem Simone noch immer auf Grün wartete, um abbiegen zu können. Hier war der Schleudervorgang dann beendet.

Der Cherokee war ein Totalschaden und alle 3 Insassen waren mittel- bis schwerverletzt. Die Beifahrerin musste von der Feuerwehr aus dem Auto geschnitten werden.

Der Oldsmobile war ebenfalls schrottreif. Der Fahrer war verletzt, aber in weitaus besserer Kondition als die Insassen des Cherokees. Der Airbag hat ihm wohl sehr geholfen, während der Cherokee keine Airbags hatte.

Simone war unverletzt und unser Truck hatte nur geringen Schaden zu verzeichnen. Unser Truck liegt mit dem Fahrwerk und durch die großen Reifen so hoch, sodass der Cherokee nur sehr weit unten getroffen hatte - da wo der stabile Rahmen aus gutem Detroiter Stahl sitzt. Der Truck ist insgesamt ein extrem stabiles und robustes Auto und auf Nutzlasten ausgelegt - daher die stabile Bauweise.

Die Geländefähigkeit und die großen Räder geben ihm eine sehr große Bodenfreiheit, sodass man schon fast eine Trittleiter braucht, um einzusteigen. Aufgrund dessen war der Aufprall des Cherokees für uns nicht so extrem, wie es bei einem normalen PKW gewesen wäre. Wäre unser Mini-Van da gewesen - der Cherokee hätte wohl die Tür komplett getroffen und den Fahrer (Simone) gefährdet. So war der Aufprall unterhalb der Fahrerkabine und Simone ist nichts passiert. Das war einer der Gründe, warum wir solch ein Auto haben wollten, und das etwas höhere Investment hat sich voll bezahlt gemacht. Nach dieser Sache kommen für uns Kleinwagen einfach nicht mehr in Frage.

Es dauerte 2 Stunden, bis die Polizei den Unfall abgewickelt hatte und die beiden Schrottautos abtransportiert waren. Unser Truck war voll fahrfähig.

Zu unserem Pech war die Unfallverursacherin nicht versichert und so musste unsere Versicherung für den Schaden aufkommen – und wir mussten unsere Selbstbeteiligung ($ 500,00) bezahlen und hatten dazu die ganze Lauferei. Sehr ärgerlich. Das ist einer der Nachteile hier in den USA – Autos sind nicht versichert und können trotzdem im Straßenverkehr bewegt werden. Ein Umstand, den man wissen sollte und beim Abschluss der eigenen Versicherung berücksichtigt. Man weiß nie, wann und wo es einen mal erwischt, aber für die teureren Dinge wie einen PKW. den man benötigt, um sein Geld zu verdienen, lohnt sich eine Vollkaskoversicherung.

We love our big pickup truck.

Job Trouble

Die Probleme mit der Jobsicherheit bei meinem derzeitigen Arbeitgeber waren seit Januar nicht besser geworden. Mein Chef riet uns, die Augen nach anderen Jobs offen zu halten und eine gute Möglichkeit zu ergreifen.

Der Vorstand, der im Januar ausgebootet worden war – dieselbe Person, die mir letztes Jahr einen hoch bezahlten Job in Maryland angeboten hatte – arbeitete jetzt als CTO (Chief Technology Officer) für eine Firma hier in Denver – genauer gesagt gerade mal 5 Minuten vom jetzigen Arbeitsplatz entfernt. Die Firma gehört zur gleichen Holding, der auch mein Noch-Job-Arbeitgeber zugehörte.

In der Firma wurde eine gute Stelle frei und mein Chef motivierte mich, mich auf diese Stelle zu bewerben. Es wäre eine echte Herausforderung gewesen und ich war mir nicht sicher, ob ich es versuchen sollte. Vom CTO dort drüben konnte ich zum damaligen Zeitpunkt noch keine Hilfe erwarten, und mein Chef sprach mit dem Vice-President, der für die Einstellung verantwortlich war, um eventuell ein Vorstellungsgespräch zu ermöglichen. Das jedenfalls klappte.

Das Gespräch machte aber klar, dass der VP jemanden mit wesentlich mehr Erfahrung suchte. Offenbar hatte ich aber ausreichend guten Eindruck hinterlassen, dass ich für eine andere Position in der anderen Firma in Erwägung gezogen wurde.

Die Person, die die Stelle bekommen hatte, auf die ich mich beworben hatte, rief mich nach ein paar Wochen an und wollte mich zum Interview (Vorstellungsgespräch) einladen. Auch hier machte ich offenbar einen guten Eindruck, denn nach einem weiteren Interview bekam ich ein gutes Jobangebot. Da ich meinem Noch-Chef die ganze Zeit über alles informiert hatte, erwartete ich keine Probleme. Jeder erwartete sowieso, dass das Denver Office meiner Firma über kurz oder lang dicht gemacht würde.

Ich akzeptierte das Jobangebot und handelte eine 3-wöchige Kündigungsfrist mit dem neuen Arbeitgeber aus – inklusive einer Option auf noch ein paar Tage mehr, damit ich meiner Noch-Firma und Kollegen ausreichend Zeit und Hilfe geben konnte, den Übergang und meine Jobfunktionen abzudecken. Da beide Firmen zwar separate Einheiten waren, aber zur selben Holding gehörten, war das kein Problem.

So stand ich also am nächsten Morgen im Büro meines Chefs und teilte ihm meine Kündigung und die Kündigungsfrist mit und dass ich halt alles tun würde, um den Übergang zu erleichtern (Blablabla).

Der Chef, der mich ein paar Tage vorher noch motivierte hatte, andere Möglichkeiten auszukundschaften und ein gutes Jobangebot ja anzunehmen, machte eine 180-Grad-Wende.

Was jetzt folgte, hätte normalerweise dazu geführt, dass ich noch am gleichen Tag komplett gegangen wäre. Da aber die beiden Firmen zur selben Holding gehören, konnte ich nicht so reagieren, wie ich es sonst gemacht hätte.

Mein Chef geriet völlig außer Kontrolle und stellte meine kompletten Leistungen und Arbeitseinstellung der letzten 4 Jahre in Frage. Anstatt für die Übergangszeit zu planen, wollte er neue Projekte erledigt haben. Sachen, für die man normalerweise ein paar Wochen und Monate plant und testet, sollte ich noch innerhalb der 3 Wochen erledigen. Er schickte auch gleich eine E-Mail an die andere Firma und kündigte an, dass ich wahrscheinlich nicht in der angegebenen Zeit anfangen könne - ohne einen exakten Zeitrahmen zu nennen oder mit mir zu sprechen. In einem Meeting 2 Stunden nachdem das

Schicksal seinen Lauf genommen hatte, teilte ich ihm mit, dass er all meine Unterstützung habe, meine bestehenden Jobfunktionen abzudecken und auf andere Teammitglieder zu übertragen, aber dass ich nicht für die neuen Projekte zur Verfügung stehen würde, da sie die komplette Infrastruktur ändern und Training und neues Wissen verlangen würden. Ich wollte nicht komplett ausgebrannt beim neuen Arbeitgeber auftauchen und den neuen Job so riskieren. Offenbar konnte mein Chef keine Widerworte ertragen und geriet völlig außer Kontrolle. Er hätte mich befördert und die ganze Zeit unterstützt und das wäre also mein Dank. Das ließ ich natürlich nicht so ungesagt auf mir sitzen und da Zeugen dabei waren, stellte ich noch mal klar, dass ich alles Notwendige tun werde, um meine Jobfunktionen abzudecken und zu übertragen. Er hatte 3 Wochen Zeit von mir bekommen (üblich sind 2 Wochen beim Arbeitgeberwechsel in den USA) und die Option auf noch ein paar Tage mehr. Am Abend des selben Tages schrieb er mir noch eine E-Mail und stellte sich ins Sonnenlicht und mich in den Schatten und wie undankbar ich doch wäre. Whatever ......

Ich war drauf und dran zu gehen – und zwar sofort. Ich hatte Zeugen, ich hatte das Recht auf meiner Seite – ich hätte gut klagen können – mit Aussicht auf Erfolg. Aber ich wollte auch den neuen Job und der wäre unweigerlich flöten gegangen. So biss ich die Zähne zusammen und entschied, so lange wie möglich durchzuhalten. Nicht Dienst nach Vorschrift zu machen, sondern wie bisher 110 % zu geben – aber mit einem Limit.

Mein Chef sprach nicht mehr mit mir. Meine E-Mail-Inbox quoll über mit Forderungen nach diesem und jenem. Er wollte dokumentiert haben, was ich wie mache und wie mein Arbeitstag überhaupt aussieht. Und und und ….. – ich lieferte ihm alles so ausführlich wie möglich, um ihm von vornherein den Wind aus den Segeln zu nehmen.

3 Tage nach der Kündigung bekam mein Chef eine E-Mail vom CTO der anderen Firma – fragend nach einem verbindlichen Datum meines letzten Arbeitstages, und auch der VP mit dem ich zuerst dort drüben gesprochen hatte, verlangte wohl ein verbindliches Datum. Das half mir und es wurde festgelegt, dass das ursprünglich von mir anvisierte Datum auch mein letzter Tag sein würde. Die Freigabe meines Chefs klang entsprechend – wie eine minderwertige Ware wurde ich weitergereicht.

Nach 1,5 Wochen Ignorierens entschied er, dass Netzwerk und Domain Administration ja gar nicht so schwer sein könnten und er versuchte, sein Wissen anzubringen. Er verbrachte die halbe Nacht damit, etwas zu machen und gab dann wohl entnervt auf. Am nächsten Morgen bemerkte ich, was er gemacht hatte. User beschwerten sich über Probleme mit gewissen Dingen auf dem Netzwerk. 10 Minuten später war das Problem gelöst. Ich konnte mir nicht verkneifen, eine E-Mail an das gesamte Office zu schicken und mitzuteilen, dass das Problem X repariert sei und das Firmennetzwerk wieder voll einsatzfähig war. Ich nannte keine Namen und nicht den Grund für das Problem, aber jeder wusste, was passiert war. Revenge can be soo sweet.

Jetzt realisierte mein Chef offenbar, dass es a) Dinge gibt, die man eben nicht so schnell ersetzen kann, wenn man kein Fachwissen hat und b), dass er mit richtiger Kommunikation weitaus mehr erreichen kann, als nur per E-Mail. Also sprach er wieder mit mir - zumindest auf beruflichem Level.

Bobbie, eine befreundete Arbeitskollegin, erzählte mir, dass mein Chef sie gefragt hatte, ob sie wüsste, ob ich irgendwelche 'bösen Dinge' als Racheakt planen würde. Absolut unglaublich irgendwie, aber vielleicht auch ein Anzeichen dafür, wie 'sick-minded' mein Boss mittlerweile war.

Ein paar Tage später wollte er erneut etwas probieren und ich sollte es für ihn tun. Da dies ein Schritt war, der die komplette Infrastruktur des Netzwerkes in Frage stellen konnte, wies ich auf die Risiken hin, die aber so vom Tisch geputzt wurden. Okay – ich nahm die Änderungen vor und zum Glück lief alles einwandfrei über die Bühne. Das brachte mir zumindest ein wenig Ruhepause ein.

Vorletzter Arbeitstag

Mein Chef hielt die derzeitige Absicherung bezüglich unseres Domain Systems (Active Directory) für übertrieben. Ich hatte das System auf Geschwindigkeit und Ausfall einer oder mehrerer Komponenten ausgelegt. Ein Serverausfall würde praktisch unbemerkt vom System aufgefangen und kein User würde etwas davon mitbekommen.

Mein Chef meinte, dass ein einziger Server dies auch tun könnte und begann unkontrolliert Änderungen vorzunehmen. 30 Minuten später konnte sich niemand mehr an seinem Computer einloggen. Mein Noch-Chef traute auch unserem Microsoft Email Exchange Server 2000 nicht mehr und wollte auf die Beta Version von Exchange Server 2003 aufrüsten – schließlich hatte er soviel Gutes darüber auf Microsofts Webseite gelesen.

Well, good luck. Ich zeigte ihm, wie er das erst genannte Problem lösen kann und teilte ihm gleichzeitig mit, dass ich nach 5.00 Uhr nachmittags nicht mehr zur Verfügung stehen könnte. Mein Bruder war in der Stadt und es war sein letzter Abend und da würde ich bestimmt nicht künstlich erzeugte Probleme lösen wollen - natürlich habe ich es etwas diskreter ausgedrückt, als ich ihm dies sagte.

Am nächsten Morgen kam ich wie gewohnt um 6.00 Uhr ins Büro – mein Chef war immer noch da – seit dem Vortag. Er hatte endlich alles repariert und den 'alten' (1,5 Jahre) Exchange Server gegen die beschriebene Beta-Version ausgetauscht – so ließ er mich zumindest wissen. Ich möge doch bitte meine E-Mail überprüfen und ihm noch schnell sagen, ob es einwandfrei funktioniert. No problem – funktionierte sogar einwandfrei.

Dann ging er nach Hause schlafen. So hatte er wenigstens auch eine gute Entschuldigung, nicht zum 'Good-Bye Lunch' mit mir und den Arbeitskollegen gehen zu müssen. So saßen wir mittags bei C.B. & Pott's und alle konnten ungestört reden oder sogar auch ein Bierchen trinken. Sue, meine vorherige Managerin, die bereits vor ein paar Monaten zur gleichen Firma gewechselt war, kam auch zum Lunch und wurde Zeuge des 'Frust-Abladens' einiger Kollegen.

Sie war mächtig überrascht, wie weit die Moral mittlerweile gesunken war.

Als wir vom Lunch zurück ins Büro kamen, war unser Chef dort und tat als wäre nichts gewesen. Nach ein paar Minuten kam er an und wir starteten die offizielle Übergabe aller notwendigen und noch verbliebenen Dinge. Er hielt sich an vielen unnötigen Dingen auf und so zog sich das Ganze hin. Dann wurde mir die der notwendige Papierkram von HR (Human Resources / Personalabteilung) überreicht – inklusive eines Schecks für meinen nicht in Anspruch genommenen Urlaub. Seit 3 Wochen hatte ich vergeblich versucht, herauszufinden, ob mein Urlaubsanspruch auf die andere Firma übertragen wird oder ob ich ihn ausgezahlt bekomme. Ist doch nett, wie sich manche Leute und Firmen verhalten, wenn man intern wechselt. Sehr schade.

Na ja, um 3.30 Uhr nachmittags war es dann ausgestanden. Ich packte meine noch verbliebenen Dinge ein, verabschiedete mich von jedem und verließ den Ort des Grauens. Bobbie begleitete mich zum Auto und wir ließen die vergangene Zeit noch einmal Revue passieren. Man konnte wirklich nur den Kopf schütteln. Jedenfalls habe ich dort Freundschaften geschlossen, die auch diesen Arbeitgeberwechsel überstanden haben.

Erleichtert, dass alles vorbei war, fuhr ich nach Hause. Auf dem Weg nach Hause warf ich alle 'Ballast' über Bord, die sich in den vergangenen 3 Wochen aufgebaut hatte. Am selben Abend wurde ich krank und so startete ich den neuen Job mit einer sehr heftigen Erkältung. Nicht der Start, den ich mir erhofft hatte, aber irgendwie hangelte ich mich trotzdem mit einer guten Leistung durch die erste Woche.

Da ich jetzt mittags nicht mehr die Zeit haben würde, nach Hause zu Aspen zu fahren, hatten wir vor ein paar Tagen eine Pet Door (Hundetüre) gekauft, sodass Aspen selbstständig in den Garten gehen konnte. Noch benötigt sie ein wenig Training, bis das reibungslos klappt, aber sie macht Fortschritte. Durch den geänderten Tagesablauf hält sie aber dennoch mit dem notwendigen Bedürfnis sehr gut bis nachmittags aus. Jetzt - nach 3 Wochen im neuen Job - hat sich alles einigermaßen gut eingependelt.

Dennoch hat dieses Erlebnis in Bezug auf den Jobwechsel einen faden Nachgeschmack bei uns hinterlassen. Der Gedanke, sich doch komplett selbstständig zu machen, hört sich immer attraktiver an und wir werden diesen Gedanken in den nächsten Wochen und Monaten aufgreifen und vielleicht realisieren. Unser jetziges Business ist ja mehr als part-time Business ausgelegt und der Markt hat extrem viel Konkurrenz. Ob wir das zusammen full-time machen können und wollen, wissen wir noch nicht. Es muss ja auch nicht ein großes Geschäft sein, das einen großen Paycheck bringt, sondern mehrere kleine Dinge könnten es auch tun. Zusammen kombiniert erhält man dann das gleiche Einkommen und hat mehrere Standbeine. Wir werden also mal genauer drüber nachdenken müssen, was wir wie machen könnten.

Bärenhunger

Am 18. Juli hatten wir uns mit der Familie Tögel zum Camping verabredet. Mein Bruder Philipp war ja aus Deutschland hier und so wollten wir alle zum Camping in die Berge und eventuell ein wenig Wildwasser Rafting machen.

Knapp 1 Stunde außerhalb von Canon City hatten Conni & Peter Tögel einen netten Campingplatz aufgetan. So fuhren wir Freitag nachmittags los, um sie dort zu treffen. Wir hatten unseren Grill hinten auf den Pickup Truck gepackt und als wir am Campingplatz ankamen, wurden erst mal ein paar große, BSE-freie Steaks auf den Grill geworfen. Ein bisschen Kultur muss man sich ja schließlich gönnen, wenn man soweit ab vom Schuss ist.

Es wurde dunkel und wir bereiteten alles für die Nacht vor. 3 Campinglaternen sorgten für Licht. Den gesäuberten Grill hatten wir abseits der Zelte platziert, für den Fall, dass wir Besuch eines Naturbewohners bekommen sollten. Der Campingplatzbesitzer hatte berichtet das vor wenigen Tagen ein Bär in der Nähe gesehen worden war. Wir machten gelegentlich Witze, wie wir den Bär zum Essen einladen würden, wen von uns er zuerst fressen würde und warum und ähnliches.

Die Kids und Peter waren schon im Bett, während Conni, Simone und ich noch draußen saßen und ein wenig quatschten. Die Kühlboxen mit den Nahrungsmitteln waren in den Autos zum Schutz vor Bären verstaut und auch sonst war nichts mehr draußen, das irgendwie nach Futter roch. Aspen, unser berühmter Wachhund, lag ebenfalls draußen und schlief bzw. lauschte gelegentlich auf Geräusche in der ungewohnten Umgebung.

Gelegentlich hörten wir Geräusche aus dem Wald - aber nichts Gravierendes. Aspen spitzte mittlerweile die Ohren mehr und mehr. Plötzlich sprang Aspen wie von der Tarantel gestochen auf und zog wie wild an der Leine, um hinters Zelt zu gelangen. Gleichzeitig hörten wir ein sehr lautes Knacken und Krachen direkt hinter unserem Zelt (dort waren ein paar Büsche und niedrig gewachsene Bäume). Der Bär war da!

Wir machten einen höllischen Krach, um den Bären zu verjagen und das schien zu funktionieren. Mit lautem 'Holter und Gepolter' machte sich der Bär dann zum Glück von dannen. Wir machten noch 1-2 Minuten laut Krach und holten die Kids aus den Zelten. Philipp ärgerte sich furchtbar – weil er den Bären nicht gesehen hatte. Er hatte schon geschlafen.

Aspen hatte nicht ein einziges Mal gebellt – dennoch waren wir sehr froh, sie bei uns zu haben. Sie war doch sehr wachsam gewesen und uns vorgewarnt. Wir hatten alle einen mächtigen Schrecken in unseren Gliedern sitzen.

Uns jedenfalls war die Lage zu unsicher und so packten wir alle Sachen mitten in der Nacht wieder zusammen, schmissen alles hinten auf den Pickup Truck und fuhren in der Dunkelheit nach Colorado Springs und übernachteten dann dort bei Conni & Peter.

Statt Wildwasser Rafting machten wir so am nächsten Tag ein BBQ im nahe gelegenen Fox Run Park und 'vergrillten' ein paar weitere Steaks und Hotdogs, um unseren Bärenhunger zu stillen. Da wir alle in der vergangenen Nacht zu wenig Schlaf hatten, beschlossen wir, das Camping Wochenende schon heute Nachmittag abzubrechen und den Abend zu Hause zu verbringen.

Der neue Job

Am 28. Juli fing ich mit der Arbeit bei meinem neuen
Arbeitgeber an. Die Unterschiede zum vorherigen
Arbeitsplatz waren erheblich. Hatte ich vorher zwar
viele Server zu „versorgen", waren es aber immer
weniger als 20 Mitarbeiter gewesen, um die ich mich zu
kümmern hatte. Jetzt fand ich mich plötzlich in einer
Firma mit 500 Mitarbeitern wieder. Aber das war nicht
der einzige Unterschied.

Ich war geschockt über die Art, wie gewisse Dinge
bisher in dieser Firma gehandhabt wurden. Gerade
vom Standpunkt eines Computer-System-
Administrators standen mir die wenigen, noch
verbliebenen Haare zu Berge. Betriebssystem-Updates
und Patches waren offenbar Fremdwörter und das
letzte Mal, dass ein organisierter Anlauf gemacht
worden war, die Workstations der Mitarbeiter
upzudaten, war offenbar eineinhalb bis zwei Jahre her.
Service-Pack-Updates waren ebenfalls nicht installiert
worden.

Viele Server liefen zudem noch auf dem alten Windows
NT 4 Betriebssystem – mit all den verbundenen
Problemen dieses Betriebssystems. Uptime und

Stabilität für Produkte waren offenbar Nebensache und Produktmanagement interessierte es auch nicht, dass ihre Produkte regelmäßig abstürzten. Die Programmierer arbeiten immer noch mit alten Programmier-Tools und alten Softwarepaketen. Ich erinnere mich an den Tag, als ein Senior-Programmierer in meinem Cubicle auftauchte und mich aufforderte, das Passwort für eine neue Datenbank zu entfernen, da er nicht in der Lage war den User-ID und das Passwort mit seinen Skripten zu übertragen und sein Web-Produkt daher zukünftig nicht mehr funktionieren würde (wir sprechen hier über die Development/Beta-Umgebung eines Produktes und den einfachen Vorgang, einen User-ID/Passwort in ein Skript/API Call zu programmieren). Ich fiel vor „Schreck" fast vom Stuhl (gelacht habe ich, als der Programmierer wieder weg war). Der Typ verdiente wahrscheinlich $ 30.000 mehr pro Jahr als ich und konnte so einen einfachen programmiertechnischen Schritt nicht machen. Unglaublich …

Eine meine neuen Aufgaben war es, diesen Saustall auf Vordermann zu bringen. Patch-Management war angesagt. Zuerst sollte ich mich darum kümmern, alle fehlenden Security-Patches (Sicherheits-Updates) auf allen Workstations/Computern zu installieren. Hierzu erhielt ich glücklicherweise Zugriff auf eine neue Software, die mir erlauben würde, alle Computer automatisch upzudaten. Dennoch war diese Aufgabe nicht sehr einfach – im Durchschnitt fehlten jedem Computer 64 Updates (das ganze mal 500). Diese Updates würde diverses Neustarten der Computer erfordern und konnte daher nur nachts durchgeführt werden. Das Dumme war nur, dass es in dieser Firma bisher üblich gewesen war, dass jeder seinen Computer nachts ausschaltet.

Na ja, der ganze Prozess war sehr schwerfällig und ich war überrascht, wie resistent 80 % der User gegenüber Veränderung waren. Leute, die morgens buchstäblich weinend in meinem Cubicle standen und sich beschwerten – unglaublich.

Das Beste war der Programmierer (ich weiss bis heute nicht wie er den Titel bekommen hat) der sich ganz fürchterlich beschwerte, dass sein Windows NT 4 Workstation Computer nach einem Update nicht mehr startete und mir die Schuld in die Schuhe schieben wollte (die Festplatte war kaputt gegangen – unabhängig von den Windows Updates). Als ich ihn scherzhafterweise fragte, warum er immer noch auf einem so einem alten Betriebssystem arbeite und nicht auf einem neuen, kam nur die Antwort, dass er es so am Bestem könnte.

Natürlich gehört wesentlich mehr dazu, um eine größere Firmen-Umgebung zu betreuen und instand zu halten und zur Veranschaulichung habe ich es hier sehr vereinfacht beschrieben. Ich hatte damals schon bei meinem vorherigen Arbeitgeber Upgrade-Strategien eingeführt – Betriebssystem und Patches.

Hier gab es hier in der Hinsicht einfach nichts. Aber auch als Programmierer hätte ich persönlich einen gewissen Anspruch (auf neuerer Technik zu arbeiten), aber auch von da kam keinerlei Druck auf die IT Abteilung mal an Upgrades zu denken.

Wie man sehen kann, war dort war einiges im Argen und vor mir lag viel Arbeit. Vielen Leuten gefiel nicht, dass ich „mit dem Stock so wild im Feuer herumstocherte" und für Aufruhr sorgte.

„Don't move my cheese." (Bloß keine Veränderung).

Na, prost Mahlzeit … wo war ich hier nur gelandet?

Net Services USA LLC – And now?

Über die letzten eineinhalb Jahre betrieb ich mein
eigenes kleines Teilzeitgeschäft. Wachstum war
langsam, aber stetig gewesen und ein kleiner Gewinn
wurde regelmäßig erwirtschaftet. In meinem alten Job
hatte ich ausreichend Zeit und Möglichkeit das
Geschäft auch tagsüber mit dem Nötigen zu versorgen.
Mit dem neuen Job funktionierte das leider nicht mehr
so.

Nach zwei Monaten im neuen Job hatte ich das Gefühl,
dass ich meinen eigenen Kunden tagsüber nicht
ausreichend helfen konnte, und dass die Qualität für
die Kunden nicht mehr gewährleistet war. Da ich
derzeit auch im Job sehr viel Überstunden machte und
auch nachts häufig angepiept wurde, um Probleme zu
reparieren, fühlte ich mich unter der Doppelbelastung
etwas gestresst. Ich war am überlegen, das Geschäft an
den Nagel zu hängen. Ich hatte wieder einen sicheren
Arbeitsplatz – wozu also noch das Geschäft? Zu dem
Zeitpunkt war ich geschäftlich unerfahren und wohl
auch durch meinen Jobwechsel sehr verunsichert –
heute (mit mehr Erfahrung) würde ich ganz anders
handeln. Langsam streckte ich meine Fühler aus, um zu
sehen, ob ich den Web Hosting-Teil des Geschäftes

verkaufen könnte und dann das Geschäft mit Ende des Jahres schließen würde.

Ich bot meinen Kundenstamm und den Serverplatz zum Kauf an und das Interesse war sehr groß. Ich wollte sicherstellen, dass meine Kunden gut versorgt sein würden und stellte gewisse Bedingungen, die der Käufer zu erfüllen hatte. Nach zwei Wochen glaubte ich, den passenden Käufer gefunden zu haben und die Abwicklung des Ganzen wurde eingeleitet. Weitere zwei Wochen später war die Übergabe der Kunden reibungslos abgewickelt. Ich genoss die nächsten Wochen die zusätzliche Freizeit. Ich hatte zwar noch ein paar Kunden behalten, aber das waren eigentlich nur Freunde, für die ich mich um Web Hosting und Web Design kümmerte.

Aber schon nach kurzer Zeit wurde die Ruhe jäh unterbrochen. Ein paar meiner ehemaligen Kunden beschwerten sich über den neuen Besitzer. Ich versuchte zu helfen, wo es möglich war, und nach einer Weile sah alles wieder ruhig aus. Doch wenige Wochen später ging das ganze Theater wieder los. Ein Kunde fragte sogar, ob ich ihn nicht wieder zurücknehmen würde. Dieser Kunde war bisher immer sehr ruhig gewesen und brauchte eigentlich nie Hilfe.

Es wäre also relativ leicht verdientes Geld ohne großen aktiven Aufwand (so dachte ich), wenn ich diesen einen Kunden wieder auf meinen eigenen Hosting Account packen würde. Ich stellte ein paar strikte Regeln und Bedingungen auf und bot sie dem Kunden an. Auf diese Weise wollte ich mich selber schützen und vermeiden, wieder dahin zu kommen, wo ich vorher auch war (Doppelbelastung Job und eigenes Business/Geschäft).

So kam es also, dass ich dann doch wieder einen zusätzlichen zahlenden Kunden hatte. Ich bezeichne diesen Kunden hier mal als den „Garagenmann", denn er sollte später noch für ein paar Episoden gut sein.

Das Jahr 2003 ging dann für das eigene Geschäft relativ reibungslos zu Ende. Update April 2013: Net Services USA LLC existiert natürlich immer noch, aber wer im Internet arbeitet, muss sich regelmäßig Veränderungen im Markt anpassen. Auch wenn diese Veränderungen manchmal echt kacke sind, man darf nicht aufgeben wenn man ein eigenes Geschäft betreibt.

Oh No – Aspen ....

Für die Woche um das Erntedankfest (letzte Woche im November) hatten wir Urlaub geplant. Wir wollten einfach mal für ein paar Tage in den Süden von Colorado fahren, um uns dort eventuell nach einem Stück Land umzusehen. Wir waren schon seit längerem am Überlegen, uns vielleicht dort unten ein großes Stück Land zu kaufen, um dann später dort mal eine kleine Ranch oder ein Bed & Breakfast zu bauen.

Am Sonntag vor der Abfahrt (die für Montag geplant war) war ich mit Aspen im Schnee spazieren. Bei Schneefall flippt der Wuffi immer ein wenig aus und rennt wie bekloppt durch die weiße Pracht. So natürlich auch diesmal. Nur diesmal ging etwas gründlich schief.

Aspen rannte wie wild, als plötzlich etwas riss und sie anfing zu humpeln. Sie hob das linke Hinterbein und konnte es nicht mehr benutzen. Dennoch rannte sie einfach weiter. Mit Mühe und Not konnte ich sie bremsen und sie halbwegs normal nach Hause bringen. Wir hatten zum Glück noch Schmerztabletten für den Hund im Haus. Ein Telefonat mit dem Tierarzt verschaffte uns Montagmorgen einen direkten Termin für Aspen. Der Montagmorgen brachte Aufklärung – Aspen hatte sich ihr Knie „zerlegt" und eine Operation war notwendig. Damit fiel unser Urlaub ins Wasser, aber das war uns egal. Der Wuffi ging vor. Die Operation fand am Dienstagmorgen statt. Als wir Aspen dann am Mittwochmorgen abholten, waren wir echt geschockt. Das ganze Hinterbein war kahlgeschoren und der Wuffi humpelte auf drei Beinen in den Warteraum. Sie wimmerte ganz jämmerlich und uns standen die Tränen in den Augen, als wir unseren Hund in diesem Zustand sahen.

Mit Mühe und Not bekamen wir Aspen in den Pickup-Truck und fuhren sie nach Hause. Die nächsten Tage waren eine qualvolle Erfahrung – nicht nur für den Hund. Da wir frei hatten, kümmerten wir uns natürlich sehr um das gebeutelte Tier und verwöhnten sie, wo wir nur konnten.

Der Tierarzt hatte sehr gute Arbeit geleistet. Die Wunde verheilte sehr gut und nach acht Tagen fing Aspen ganz langsam wieder an, das Bein auf den Boden zu setzen, um zu stehen. Nach zwei Wochen benutze sie es mehr oder weniger regelmäßig beim Laufen, hüpfte aber dennoch immer noch oft auf drei Beinen durch die Gegend, wenn es zu anstrengend wurde. Die Nachuntersuchungen ergaben, dass der Heilungsprozess sehr gut verlief. Im Verlauf des Jahres

2004 hatte Aspen hier und da mal wieder Probleme mit dem Bein, aber wir konnten die entsprechenden Situationen leicht identifizieren und dann zukünftig vermeiden. Wenn schlechtes Wetter reinzieht, scheint ihr Beinchen immer noch mal weh zu tun, aber im Großen und Ganzen ist Aspen wieder völlig okay. Aber dieser Vorfall hat uns dann doch gezeigt, wie sehr wir an diesem Tier hängen und wie sehr man sich daran gewöhnt hat, dass sie immer dabei ist.

Jobsuche für Simone

Simone's Job gefiel ihr immer weniger. Der eigentliche Job war okay, aber ihr Manager entwickelte sich immer mehr zu einer Plage. Schlechtes Management, Napoleonkomplex und einfach nur dämliches Verhalten von Seiten des Managers machten ihr einfach keinen Spaß mehr. Sie hatte mehr oder weniger regelmäßig schon Bewerbungen an Firmen versandt, aber der Arbeitsmarkt hier in Colorado war immer noch sehr schwach. Offizielle Statistiken bestätigten, dass wir noch immer sehr hinter dem landesweiten Trend auf dem Arbeitsmarkt herhinkten.

Im Dezember erwähnte unsere Nachbarin Sheila, dass an ihrer Arbeitsstelle eine Stelle in der Buchhaltung offen war. Irgendwie klang es wie ein Wink mit dem Zaunpfahl für Simone. Wir bereiteten die Bewerbung vor und verschickten sie direkt am nächsten Tag.

Anfang Januar 2004 bekam Simone tatsächlich eine Einladung zu einem Vorstellungsgespräch (amerik.: Job Interview) und bestand dieses auch. Schon wenige Tage später erhielt sie das Angebot für den Job. Die Firma ist im Prinzip die Verwaltung von Highlands Ranch, unserem Wohnort. Highlands Ranch ist offiziell keine Stadt, sondern wird eigentlich privat verwaltet und unterliegt ansonsten nur den Bestimmungen des Kreisgebietes (Douglas County). Die Verwaltung erfolgt durch die so genannte Community Association (Gemeindeverwaltung), einer nicht öffentlichen Institution, und für diese würde Simone bald arbeiten. Ich bin mir nicht sicher ob ein ähnliches Prinzip in Deutschland oder Europa existiert. Die neue Fahrt zur Arbeit würde sich auf 15 Minuten reduzieren und auch der Stress mit dem Manager würde vorbei sein. Simone war wie erlöst, als ihr das Angebot gemacht wurde.

2004 fing für uns also sehr Erfolg versprechend an.

Die unendliche Geschichte vom „Garagenmann"

Der zurückgekehrte Kunde meines eigenen Geschäftes machte 2004 zu einem sehr bemerkenswerten Jahr. In Erinnerung bleiben wird mir, dass ich eine Menge vom Besitzer lernen konnte. Das wiederum meine ich nicht unbedingt im positiven Sinne. Die Geschäftsbeziehung endete am 21. Dezember 2004 mit dem Abschalten seines Web Hosting Accounts.

Der Garagenmann benötigte im Laufe des Jahres 2004 ein paar Änderungen an seiner Webseite und beauftragte mich, dies zu tun. Halbwegs durch die Änderungen verstummte die Kommunikation plötzlich und ich hörte wochenlang nichts und musste die Arbeit stoppen.

So zog sich das Ganze von April bis Ende September. Im September hatte ich ihn endlich soweit, dass wir einen Abschnitt der Änderungen fertig hatten, und ich stellte ihm meine Rechnung für die von mir geleistete Arbeit. Diese Rechnung wurde erst einmal von ihm ignoriert. Drei Wochen nach Rechnungsstellung erhielt ich Samstag morgens einen Anruf von ihm mit der Bitte, die Änderungen der Webseite freizuschalten. Er wäre auf einer Hausmesse und wollte die neuen Seiten für Marketing benutzen. Er würde die Rechnung direkt am Montag begleichen. Ich hatte ähnliches für ihn schon einmal gemacht und war auch direkt bezahlt worden, und so stellte ich die neuen Webseiten auf den Server und schaltete sie live. Die nächsten Tage vergingen und kein Geld kam. Ich schickte eine Mahnung, aber es kam immer noch kein Geld. Ich verschickte eine weitere Mahnung und gab ihm zwei Geschäftstage Zeit, die Rechnung zu bezahlen oder ich würde seinen Account sperren. Es kam kein Geld und so sperrte ich kurzerhand den Account und teilte dies dem Garagenmann auch mit.

„Don't mess with me, Dude!"

Mein Webserver hat eine Standardseite für gesperrte Web Hosting Accounts, die den Besucher der Webseiten darauf verweist, doch bald wiederzukommen. Diese Seite weist aber auch den Besitzer des Accounts darauf hin, sich an meine Rechnungsabteilung zu wenden. Jedem Besucher der Webseite ist so klar, dass da jemand seine Rechnung nicht bezahlt hat.

Am nächsten Morgen klingelte mein Geschäftstelefon Sturm und ich hatte den erbosten Garagenmann an der Leitung. Aber anstatt sich darum zu kümmern, dass wir die Zahlung abwickeln konnten, wurde ich wild beschimpft und so kappte ich die Leitung. Sollte er sich erst einmal abkühlen.

Ich hatte dem Kunden einen Internet-Link zu meinem Kreditkarten-Prozessor geschickt, damit er zahlen konnte (falls er keinen Scheck schicken wollte). Aber es dauerte bis zum frühen Abend, bis die Zahlung bei mir eintrudelte. Ich schaltete den Account wieder frei und hoffte, dass zukünftige Rechnungen jetzt pünktlich bezahlt werden würden.

Der Garagenmann ist Handwerker und baut Schrank- und Regallösungen für Garagen und montiert diese auch. Er macht ziemlich gutes Geld – immer mit 50 Prozent Vorauskasse - und sein Geschäft läuft blendend. Ich brauchte kein schlechtes Gewissen haben, dass ich seine Webseite gesperrt hatte. Der Garagenmann benutzte seine Zulieferer zu seinem Vorteil und versuchte offenbar, seinen Gewinn auf Kosten Dritter zu maximieren. Ich war froh, dass ich mich nicht von ihm hatte einschüchtern lassen.

Der Garagenmann benötigte noch wenig Web Design-Arbeit und ich nahm mich der Sache an, wies ihn aber darauf hin, dass ich nicht mehr nach altbekannten „Nicht-Zahler-Verfahren" arbeiten würde, und das wurde akzeptiert. Es kam der Dezember 2004 und die nächste Rechnung wurde gestellt (inklusive der Gebühren für das Web Hosting fürs nächste Quartal). Der Garagenmann hatte 10 Geschäftstage Zeit, um mir das Geld zukommen zu lassen. Der letzte Tag der Frist (ein Freitag) kam und es war kein Scheck gekommen. Ich wartete noch bis Montagnachmittag, aber auch am Montag kam kein Scheck.

Am Montagabend kündigte ich dem Kunden die Geschäftsbeziehung und gab ihm neun Wochentage Zeit, sich einen anderen Web Host zu suchen. Ich sperrte den Account diesmal nicht, wies aber speziell darauf hin, dass ich jetzt keine Zahlung mehr von dem Kunden akzeptieren würde. Ich schickte ihm auch eine Kopie all seiner Dateien, damit er die Seite beim nächsten Web Host aufspielen konnte. Ich erhielt keine Antwort von dem Kunden, aber zwei Tage später kam ein Scheck von ihm. Ich schickte ihm den Scheck zurück und teile dem Kunden auch per E-Mail mit, dass ich meine Entscheidung nicht mehr ändern würde. Die Uhr tickte … noch sieben Tage für den Countdown.

Jeden Tag überprüfte ich, ob die Webseite schon umgezogen war, aber es tat sich nichts. Der letzte Tag war gekommen. Um 11.30 Uhr morgens erhielt ich eine E-Mail von einem anderen Web Designer, der für den Garagenmann sprach und um Aufschub für zwei weitere Wochen (!) bat. Ich schickte ihm eine Mail, in der ich erklärte, dass ich keinen Aufschub mehr gewähren konnte. Um 6.00 Uhr abends würde die Seite wie angekündigt abgeschaltet werden. Um 5.00 Uhr klingelte mein Telefon Sturm – der Garagenmann. Aber ich ließ den Anrufbeantworter sich der Sache annehmen. Schluss mit lustig. Um 7.00 Uhr abends schaltete ich die Webseite ab.

Vier Tage später bekam ich eine E-Mail von dem anderen Web Designer, der noch ein paar Fragen hatte. Diese wurden beantwortet und weitere zwei Tage später war der Garagenmann wieder online. Ich hoffte, dass jetzt alles erledigt war, aber es sollte noch besser kommen.

Eine Woche später meldete sich der Web Designer noch einmal bei mir. Ganz dezent deutete er an, dass der Garagenmann all seine E-Mails auf meinem Server gelassen hatte. Er hatte seine E-Mails zwar gelesen, aber immer online und nie eine Kopie zu seinem Computer geladen. Ich fiel vor Lachen vom Stuhl. Wie dämlich war der Typ eigentlich noch? Man muss sich das so vorstellen – er wusste, dass sein Account gekündigt war und am Tag X abgeschaltet werden würde. Er wartete bis zum letzten Tag, um sich um einen neuen Web Host zu kümmern UND er ließ all seine E-Mails auf meinem Server, wohl wissend, dass der Account abgeschaltet werden würde. Unglaublich!

Und in diesem Fall kann ich ehrlich sagen, dass der Kunde ein relativ gutes Wissen bezüglich Web Hosting und E-Mail hatte. Nur offenbar fehlte es ihm hier an etwas anderem. Ich hatte natürlich vorsichtshalber seinen Account auf einen Backup gepackt, bevor ich ihn gelöscht hatte, und konnte ihm so auch eine Kopie seiner E-Mails zukommen lassen.

Und seit diesem Tag habe ich nie wieder etwas vom Garagenmann und seinem neuen Web Designer gehört. Neben dem persönlichen Unterhaltungswert habe ich aber auch eine Menge Geschäftswissen aus diesem Fall gezogen. Manchmal sind es Geschichten wie diese, die neben Ärger und Arbeit auch ein wenig mehr parat haben.

Das eigene Geschäft – wie geht es weiter?

Wie schon früher erwähnt, hatte ich ja (fast) alle meine Kunden an einen anderen Web Host verkauft. Aber nicht nur der Garagenmann war für wertvolle Lektionen gut – auch der Käufer meines Kundenstammes war von besonderer Qualität.

Im Februar 2004 erhielt ich die nächste Welle von E-Mails ehemaliger Kunden. Sie waren sehr besorgt. Der neue Web Host hatte noch nicht einmal Geld verlangt, keine Rechnung geschickt und war nicht erreichbar. Sehr merkwürdig – was war da los? Ich schickte dem

Käufer eine E-Mail, und er entschuldigte sich und wollte sich um alles kümmern.

Eine Ex-Kundin, die ich auch von einem früheren Arbeitgeber (Quark) kannte, war unter den Kunden, die sich gemeldet hatten. Ich bot ihr Web Hosting auf meinem eigenen Server an, damit der Alptraum ein Ende hatte, und sie nahm das Angebot dankbar an.

April 2004

Ich bekam eine E-Mail vom Käufer meiner Kunden, die mich erstaunte. Er schrieb mir, dass er keine Lust mehr auf Web Hosting hätte und ob ich die Kunden wieder haben wollte – sonst müsste er ihnen mitteilen, dass sie sich einen anderen Web Host suchen müssten. Er schrieb auch, dass es sich vertan hätte und nicht gewusst hätte, dass „so viel" Kundenservice notwendig wäre (zumindest bei mir war nie viel Arbeit mit den Kunden angefallen, sodass ich doch ein wenig erstaunt war, so etwas zu hören).

Zu dem Zeitpunkt hatte ich noch immer nicht voll entschieden, in welche Richtung mein Geschäft gehen würde. Ich schrieb ihm zurück, dass seine Auffassung von Customer Service (Service am Kunden) wohl eine Überarbeitung benötigen würde, und dass er sich mal besser in deren Lage versetzen sollte, um zu verstehen, was sein Tun bedeuten würde. Das wirkte offenbar, denn drei Wochen später bekam ich eine E-Mail, dass er sich besonnen hätte und es jetzt richtig angehen würde. Offenbar dauerte es aber bis Juli 2004, denn seitdem habe ich nie wieder Beschwerden oder ähnliches gehört. Merkwürdige Leute – kaufen ein Geschäft und dann kümmern sie sich nicht darum.

Nach einer Woche Urlaub im Mai entschied ich mich, mein Business doch weiter zu verfolgen. So toll war mein neuer Job nicht und die politischen Spielchen im Betrieb gingen mir erheblich auf die Nerven. Man könnte wesentlich produktiver sein, wenn alle miteinander arbeiten würden und nicht gegeneinander. Derzeit zahlt der Job aber noch die Rechnungen und es gibt sicherlich schlimmere Plätze, um sein Geld zu verdienen.

Aber wie würde die Zukunft meines Geschäftes aussehen? Tagsüber Kunden versorgen war nur sehr eingeschränkt möglich. Ich musste meine Tätigkeit also auf Dinge verlegen, die weniger Aufmerksamkeit während des Tages verlangten und um die man sich abends kümmern konnte.

Seit dem frühen Sommer 2004 befindet sich Net Services USA LLC auf neuen Pfaden. Ich biete eingeschränkt wieder Web Hosting und Web Design an, habe aber angefangen, eigene Webseiten zu bauen, die

Einkommen produzieren sollen (und teilweise auch schon tun). Informationen und Wissen sind die Grundlagen dieser Webseiten. Einkommen wird aus Werbeeinnahmen und Dienstleistungen um die Webseiten herum erzielt. Die eigentlichen Inhalte – das Wissen und die Informationen – sind kostenlos erhältlich.

Die Inhalte sind nur in englischer Sprache erhältlich.

Die Neuausrichtung meiner Business-Strategie ermöglicht das Fortführen des eigenen Geschäftes und wird hoffentlich irgendwann dazu führen, dass ich komplett selber für mich arbeiten kann. Es geht auf diese Weise leider wesentlich langsamer voran als erhofft, aber ich denke, wir sind auf dem richtigen Weg. Ein kleiner Gewinn aus dem Geschäft für 2004 ist jedenfalls sehr motivierend.

Update April 2013: Net Services USA LLC is alive and kickin'. Letztes Jahr feierten wir das 10jährige Bestehen unserer eigenen Firma. Wie jedes Unternehmen gibt es mal gute und mal schlechte Jahre, aber wir lassen uns den Spaß an der eigenen Firma nicht nehmen.

Jahr 2004: Gibt es noch etwas Neues?

Noch mal ein kurzer Schwenk zurück ins Jahr 2004. Es
ist August 2004 und Simone und ich gehen an einem
warmen Sommerabend mit Aspen spazieren. „Wir sind
drei Tage drüber und auf dem Test ist ein kleiner Strich
zu sehen," sagt Simone.

.

.

.

Und so startet unser nächstes Abenteuer ... Nachwuchs
war unterwegs.

.

.

.

Die Geburt – Hallo 2005

Anfang April 2005 (36. Woche der Schwangerschaft) hatten wir für Simone einen Routinebesuch beim Arzt. Der Arzt machte einen abschließenden Ultraschall und stellte fest, dass das Fruchtwasser stark abgefallen war und dass das Baby im Vergleich zur Vorwoche offenbar Gewicht verloren hatte.

Der Arzt schaute uns an und sagte:

"It is time to have a baby."

"Es ist Zeit ein Baby zu haben."

Um Gefahr für den Kleinen zu vermeiden, musste die Geburt vorgezogen werden. Anstatt nach Hause zu fahren, wurden wir ins benachbarte Krankenhaus geschickt.

Eigentlich hatten wir uns den Tag frei genommen, um die abschließenden Schwangerschafts- und Geburtsvorbereitungen zu erledigen. Dass "abschließend" aber bedeutete, dass es Zeit ist, das Baby zu bekommen – so war das eigentlich nicht gemeint. Zum Glück war das benachbarte Krankenhaus genau das Krankenhaus, das wir für die Geburt ausgesucht hatten.

Der Arzt schickte uns also schnellstmöglich rüber zum Krankenhaus. Wir waren irgendwie wie versteinert und total baff. Im Krankenhaus angekommen meldeten wir uns bei der Aufnahme. Die hatten unsere Daten schon im Computer und nach zwei Minuten waren wir im Fahrstuhl zum dritten Stock – dort werden die Babys geboren. Die Geburtsstation im Krankenhaus hat gute Sicherheitsmaßnahmen, um Kindesentführungen zu verhindern. Wir wurden aber ohne große Umstände eingelassen, nachdem wir den Grund unseres Daseins erläutert hatten.

Simone wurde ein Zimmer zugewiesen. Alle Geburtszimmer sind Einzelzimmer mit Holzboden und entsprechen eben nicht dem typischen Krankenhausdesign, das man von normalen deutschen Kliniken gewohnt ist. Es wirkte eher wie ein Wohnzimmer. Eine Couch, ein Sessel, Fernseher, Videorekorder und ein paar Schränke waren im Zimmer. Dazu natürlich ein Bett, das dann ein wenig herausstach. Es war kein einfaches Bett sondern ein Multifunktionsbett, das verschiedene Positionen erlaubte und, wie wir später herausfanden, einiges mehr an Funktionalität zu bieten hatte.

Simone musste ein paar medizinische Formulare ausfüllen. Die Ärzte wollten ja auch sicherstellen, dass sie über Allergien und andere Probleme vorab Bescheid wussten.

Dann hieß es warten für uns. Wir nutzen den Moment und erstellten eine Liste mit Sachen, die Simone im Krankenhaus brauchen würde. Wir hatten ja nichts gepackt, geschweige denn bei uns, als wir hier ankamen.

Die Krankenschwester kam ins Zimmer und teilte uns den weiteren Ablauf mit. In zwei Stunden würde ein weiterer Ultraschallspezialist da sein, der eine abschließende Untersuchung und eine Fruchtwasserprobe nehmen würde. Dies gab mir ein wenig Zeit, schnell nach Hause zu fahren, um die notwendigen Sachen für Simone zu besorgen.

Ich fuhr nach Hause – relativ ruhig sogar – und arbeitete mich durch die Gedanken in meinem Kopf. Zu Hause angekommen, traf ich unsere Nachbarin und Freundin Heidi auf der Straße. Ich erzählte, was passiert war und sie bot sofort ihre Hilfe an. Die nahm ich dankbar an, da ich jemanden brauchte, der sich um unseren Wuffi Aspen kümmern würde. Heidi wollte auch mit zum Krankenhaus kommen. Wir verblieben so, dass ich im Haus alles Notwendige erledigen und mich dann bei ihr melden würde.

Im Haus selber merkte Aspen, dass irgendwas nicht stimmte. Sie flippte völlig aus und ich brauchte fast zehn wertvolle Minuten, bis ich den Hund unter Kontrolle hatte. Dann fing ich an, mich systematisch durch unsere Liste zu arbeiten. Nach knapp 30 Minuten hatte ich alles fertig. Sechs Mahlzeiten für den Wuffi standen vorbereitet im Kühlschrank. Ich rief Heidi an und als sie ankam, erklärte ich ihr alles Notwendige im Bezug auf Aspen.

Dann war es an der Zeit, wieder zum Krankenhaus zu fahren. Dort angekommen war Simone mittlerweile in einem Krankenhaus-Outfit. Nur wenige Minuten nach meiner Ankunft war der Ultraschallspezialist da. In einer abschließenden Untersuchung wurde der Befund des Frauenarztes vom Morgen bestätigt.

Der Fruchtwassertest wurde gemacht und das Ergebnis lag nach 45 Minuten vor. So wie es aussah, waren die Lungen des Babys voll entwickelt. Dies war ein kritischer Punkt für das weitere Vorgehen. Der Frauenarzt tauchte auf und nach kurzer Diskussion wurden die Wehen eingeleitet. Man stellt sich das sicherlich schneller vor als es in Wirklichkeit passiert. Es ist ein Vorgang, der viele Stunden dauert.

Wir waren ein klein wenig verwundert, als wir das erfuhren, denn erst hatte es den Eindruck gemacht, dass das Baby so schnell wie möglich raus muss. Der Nachmittag verging und so ganz langsam kamen die ersten Wehen. Sie waren nicht sehr stark und so etwa alle 60 bis 70 Minuten wurde die Dosis der Wehen auslösenden Medikamente erhöht. Am Monitor konnten wir die Wehen und den Herzschlag des Babys sehen. Als die Schmerzen der Wehen dann am späten Abend sehr groß wurden, bekam Simone ein Epidural (Rückenmarkspritze) gelegt. Dies würde ihr helfen, die stärkeren Wehen besser durchzustehen.

Nachdem das Epidural gelegt war, kam Simone gut durch die Wehen. Aber etwas anderes machte uns jetzt Sorgen. Der Herzschlag des Babys ging mit den Wehen dramatisch weit runter. Auch die anwesende Krankenschwester und eine Frauenärztin beobachteten das Ganze mit Sorge. Da die Fruchtwasserblase bereits früher eröffnet worden war, um dem Körper zu signalisieren, dass die Geburt ansteht, füllte man sie jetzt künstlich wieder mit Flüssigkeit auf. Simone wurde zudem an eine Sauerstoffmaske gehängt. Diese beiden Maßnahmen halfen dem Herzschlag des Babys. Die Frauenärztin entschied, die Wehen für eine Weile zu stoppen, um dem Baby eine Erholungspause zu gönnen.

Nach einer Stunde wurden die Wehen erneut eingeleitet. Das Baby machte sich ein wenig besser, aber als die Wehen stärker wurden, ging dasselbe Spiel von vorne los. Die Krankenschwester schien das ein wenig zu ignorieren und bei uns lagen dann nach durchgemachter Nacht die Nerven ein wenig blank. Gegen 6.30 Uhr morgens kam aber auch die Frauenärztin zu dem Schluss, dass es an der Zeit wäre, den Kleinen per Kaiserschnitt zu holen. Nach 16 langen Stunden kamen wir so also an den Punkt, dass eine Operation notwendig war. Für uns war der Fall nach kurzer Diskussion klar und wir stimmten zu. Zwar nicht leichten Herzens, aber die Gesundheit unseres Babys war uns natürlich sehr wichtig.

Simone wurde von der Krankenschwester für die Operation „präpariert". Ich zog mir derweilen die mir gebrachte OP-Kleidung an. Selbstverständlich wollte ich bei Simone sein und natürlich auch unseren Kleinen Kerl „begrüßen".

Dann ging es in den Operationssaal. Ich wurde auf einen Stuhl neben Simones Kopf verwiesen und konnte ihre Hand halten, aber auch gleichzeitig sehen, was das Ärzteteam da so trieb. Die Stimmung unter den Ärzten war locker und alle machten einen sehr professionellen und erfahrenen Eindruck. Eine Krankenschwester der

Neugeborenen-Intensivstation stand parat, um sich des Babys anzunehmen.

Es ging los und nach knapp zehn Minuten war es soweit. Unser Baby wurde ans Tageslicht gezogen. Und hier bekamen wir auch eine Erklärung für die Herzschlagprobleme des Kleinen – er hatte die Nabelschnur zweifach um den Hals, als er rausgezogen wurde. Während der Wehen hatte dies offenbar zu den beobachteten Problemen geführt.

Aber das war jetzt egal. Unser Sohn war gesund und munter. Wir wussten, dass wir ein kleines Baby hatten, denn dies war schon mehrfach während der Schwangerschaft angemerkt worden. Das Baby war immer im unteren Bereich der Werteskala für Körpergröße angesiedelt worden.

Am 9. April 2005 wurde unser Sohn Logan geboren. Das erste in Amerika geborene Familienmitglied unserer beiden Familienstämme.

Da er mit nur 36 Wochen Schwangerschaft als Frühchen eingestuft wurde, wurde ihm besondere Aufmerksamkeit zuteil. Nach einem halben Tag war abzusehen, dass Logan noch nicht in der Lage war, seine Körpertemperatur selbstständig zu halten, und dass er noch nicht in der Lage war, zu essen. Logan musste vier Tage auf der Neugeborenen-Intensivstation verbringen, bevor er aus dem Krankenhaus entlassen wurde.

Bereits am 20. April hatte Logan sein Geburtsgewicht eingeholt und sogar überholt. Alle Babys verlieren in den Tagen nach der Geburt Gewicht, und eine schnelle Erholung und Gewichtszunahme sind immer gute Zeichen.

Anmerkung: Logan hat vor Kurzem seinen 14. Geburtstag hinter sich gebracht. Er hat den „Rückstand" den er bei der Geburt hatte schon lange aufgeholt und ist genauso groß und gesund wie seine gleichaltrigen Freunde (oder auch hier und da ein wenig grösser). Er spielt gerne Basketball, Baseball, und hat jetzt auch mit dem Football angefangen. Im Sommer wird er auf die lokale High School wechseln und dann dort hoffentlich genauso seinen Weg finden. Der Umzug nach Kalifornien hat ihn sicherlich ein wenig gestresst, weil er auch neue Freunde finden musste. Gleichzeitig finde ich es aber auch wichtig das Kinder das echte Leben kennenlernen und merken das nicht immer alles in geraden Bahnen verläuft.

Good-Bye Aspen & Hallo Shelby

Das Jahr 2006 war ein richtig schweres und schwarzes Jahr. Berufsstress, Babystress, und dann unser Hund Aspen.

Im Juni 2006 verletzte sich unser Doggie so schwer, dass es nur einen Ausweg gab. Jahre zuvor als Aspen sich schon einmal verletzt hatte, hatten wir „beschlossen" das wir im Fall der Fälle das Tier nicht leiden lassen werden. Wir waren bereit soweit wie möglich zu gehen, aber ab einem gewissen Punkt tut man dem Tier keinen gefallen.

Am 6. Juni 2006 war dieser Zeitpunkt gekommen und Aspen musste eingeschläfert werden.

Aspen | Juni 1999 – Juni 2006

We will never forget you! Rest in Peace!

Die folgenden Jahre war es für uns immer noch schwer an einen neuen Hund zu denken. Erst in 2015 rangen wir uns durch und adoptierten einen neuen Hund – Shelby. Shelby war ursprünglich ein Straßen Hund in Corpus Christi, Texas. Sie sollte dann in Texas eingeschläfert werden – das wird leider so in vielen Gegenden von Texas mit streunenden Hunden gemacht. Ein Tier-Rettungsorganisation nahm sich aber Shelby an und brachte sie nach Colorado. Dort adoptierten wir sie und seit Juni 2015 ist sie ein wichtiger Teil unserer Familie. Shelby ist ein Yellow Labrador Retriever und bereitet uns viel Freude (und natürlich auch ein wenig Arbeit).

Shelby ist natürlich auch auf Instagram:

https://www.instagram.com/shelbyoclock/

Politik Stinkt

Im Februar 2010 änderte sich die politische Windrichtung in Colorado dramatisch. Durch die Wirtschaftskrise sanken die Steuer Einnahmen und gewisse Politiker begannen sich auf die Suche nach neuen Einnahmequellen zu machen.

Ein Teil meines Einkommens von Net Services USA LLC entstand durch sogenanntes Affiliate Marketing. Man kann das vielleicht ein wenig als Online Vermittlung auf Kommissionsbasis betrachten. Durch meine verschiedenen Webseiten „schicke" ich potentielle Kunden zu kommerziellen Webseiten und wenn diese Besucher dann dort etwas kaufen, erhalte ich eine kleine (oder große) Kommission.

In den USA gibt es bis jetzt immer noch keine Mehrwertsteuer auf Bundesebene. Die meisten Staaten erheben aber Mehrwertsteuer auf lokaler Ebene, aber wenn man etwas online kauft und der Verkäufer keinerlei Präsenz in dem Staat hat wo der Käufer wohnt, dann fällt keinerlei Mehrwertsteuer an. Wenn ich also etwas bei Amazon.com kaufe, geht der Staat Colorado leer aus.

Die Lokalen Politiker wollten das ändern und brachten Gesetzesvorschläge ein die Firmen wie Amazon.com, eBay, und andere zwingen würden „Steuer Sünder" an den Staat zu melden. Das Ziel war mehr Mehrwertsteuer Einnahmen zu erzielen.

Ungeahnte Nebeneffekte falls solche Gesetze in Kraft treten würden, gab es viele. Viele Firmen (inklusive Amazon) die anderen Unternehmen wie meinem Kommission zahlen, drohten damit alle Geschäftsbeziehungen mit Einwohnern und Firmen in Colorado abzubrechen.

Mitte Februar 2010 waren öffentliche Anhörungen für die neuen Gesetze anberaumt. Weil diese Gesetze weniger normale Bürger betrafen, war das öffentliche eher Interesse gering. Firmen dagegen gingen auf die Barrikaden und organisierten eine Gegen-Aktion. So fand ich mich dann plötzlich am State Capitol (Parlament des Staates Colorado) wieder, um politische Lobby Arbeit zu betreiben. Es ging um einen großen Anteil von meinem Geschäfts Einkommen. Aber ich war nicht allein. Neben anderen Firmen Inhabern kamen auch politische Organisation und richtige Lobbyisten.

Lobbyisten in den USA sind die Leute die aktiv versuchen die Politiker zu beeinflussen um Vorteile für ihre Klienten herauszuholen. Dieses Phänomen gibt in

Washington genauso wie auf der lokalen Ebene. Lobbyisten werden relativ gut bezahlt damit sie erfolgreich Politiker beeinflussen. Sie sind wie die Aasgeier – sie tauchen überall auf. Und ich war plötzlich mittendrin.

Es war ein langer Tag. Ich verbrachte etwa 14 Stunden am State Capitol. Ich sprach mit Politikern und auch mit anderen Firmen Inhabern. Jeder versuchte den Politikern zu erklären wie groß der finanzielle Schaden für Colorado sein würde, wenn Gesetze dieser Art in Kraft treten würden.

Gegen 21.30 Uhr stand ich plötzlich am Rednerpult und sprach sogar zu einem Senats-Komitee und versuchte dem Komitee zu erklären wie mich solche Gesetze treffen würden.

Es war zwecklos. Man konnte buchstäblich die Dollar Zeichen in den Augen der Politiker sehen. Sie zählten in Gedanken schon die zusätzlichen Steuereinnahmen.

Einige Wochen später wurde der Gesetzentwurf tatsächlich ein gültiges Gesetz. Keine 24 Stunden später begann was ich befürchtet hatte. Mit einem großen Publicity Stunt machte Amazon den ersten Schritt und feuerte alle Affiliates in Colorado. Ich hatte sofort erhebliche Einkommenseinbußen. Einige meiner Webseiten verloren dramatisch an Wert da sie kein

Einkommen mehr erzielten. Es war nicht lustig. Einige andere Firmen folgten dem Beispiel von Amazon.com, während andere in den sauren Apfel bissen und bereit waren dem Staat Colorado Steuerpflichtige Information zu melden so das der Staat Colorado dann direkt zusätzliche Mehrwertsteuer von seinen Bürgern einziehen konnte.

Ein Wirtschaftsverband allerdings brachte die Sache vor Gericht. Die neuen Gesetze wären Verfassungswidrig – so die Argumentation. Ich setzte große Hoffnung in den kommenden Gerichtsprozess. Wenn die Gesetze rückgängig gemacht würden, könnte ich den entstandenen Schaden eventuell begrenzen.

Viele Monate später gewann der Wirtschaftsverband vor dem lokalen Verfassungsgericht – die Gesetze waren ungültig. Um aber den beteiligten Firmen Rechtssicherheit zu geben, müssten die Gesetze auch von den Politikern rückgängig gemacht werden. Und genau das passierte natürlich nicht.

Jetzt versteh einer die Situation. Die erwarteten zusätzlichen Steuereinnahmen waren vom Tisch da das Verfassungsgericht die Gesetze gekippt hatte. Aber der Staat bekommt gleichzeitig auch weniger Einkommenssteuer von mir (und vielen anderen) denn die betroffenen Firmen sind nicht bereit die

Geschäftsbeziehungen wieder mit Unternehmen oder Bürgern in Colorado aufzunehmen solange die Gesetze nicht vollständig rückgängig gemacht würden.

Das heißt der Staat Colorado hat unterm Strich noch weniger Steuereinnahmen als vorher. Der gesunde Menschenverstand würde ja jetzt vielleicht in Erwägung ziehen die Gesetze zu ändern, damit wenigstens von der Seite wieder mehr Geld in die Kasse fließen würden. Aber das würde ja auf dem Papier heißen, das die Politiker versagt haben und so etwas kommt im Wahlkampf nicht gut an. So können die Politiker immer sagen dass sie alles notwendige getan haben, um dem Staat mehr Einnahmen zu sichern und schieben die Schuld dem Verfassungsgericht in die Schuhe. Machen sie aber die Gesetze rückgängig, stehen sie als die Verlierer da und gleichzeitig benutzen das die Konkurrenten um von dieser „Schwäche" zu profitieren.

Ich hatte die persönlichen Email Adressen einiger Politiker und emailte ihnen, aber die meisten ignorierten meine Nachrichten. Es war wie ein großes schwarzes Loch im Weltraum.

Und so zogen Politiker weiter wie die Heuschrecken und hinterließen verbrannte Erde. Den Schaden trägt der Bürger. Thank you very much!

Anmerkung 2019: Einer der Politiker von damals versucht jetzt für den US Senat in Washington D.C. zu kandidieren und hat wohl sämtliche Email Adressen aus seinen alten Emails herausgesucht. Plötzlich bekomme ich jetzt seine Werbe-Emails, die um Spenden betteln. Da möchte man dem eigentlich seine Emails an den Kopf werfen und nach Verstand fragen. Politiker – überall die gleiche Art von Mensch.

2012 – Fast wie im Film

Eigentlich fing das alles schon im Oktober 2011 an, aber was sich als nächstes so entwickelte, war irgendwie ein Desaster – fast genauso wie die Erde im „2012" Film aus den Fugen geriet. Im Nachhinein kommt den folgenden Ereignissen noch größere Bedeutung in meinem Leben zu als damals zu erkennen war.

Seit September 2006 war ich beim gleichen Arbeitgeber angestellt. Aus Kollegen waren teilweise gute Freunde geworden und es machte Spaß dort zu arbeiten. Das Arbeitsklima war gut und wir waren in der Lage immer die allerneuste Technologie im IT Bereich einzusetzen. Selten habe ich für einen so fortschrittlichen Arbeitgeber arbeiten können. Doch das Ende war nahe und es sollte keine gute Erfahrung werden.

Es fing Mitte Oktober 2011 an. Wie gewohnt verließ ich meinen Schreibtisch, um während meiner Mittagspause laufen zu gehen. Es war ein Ritual – jeden Vormittag gegen 10.30 Uhr ging ich entweder ins Fitness Center oder draußen laufen. In der Regel lief ich so 10-12 KM pro Tag. Doch dieses Mal war alles anders. Ich war gerade eine halbe Stunde unterwegs als mein Handy klingelte. Bevor ich abheben konnte, ging der Anruf in die Voicemail. Ich ignorierte die Nachricht und lief weiter. 15 Minuten später kam der nächste Anruf.

Ich war fast wieder am Campus wo ich arbeitete und ließ den Anruf in die Voicemail gehen. Nach dem Lauf duschte ich schnell und machte mich auf den Weg zurück an meinen Schreibtisch. Bevor ich das Treppenhaus erreichte, klingelte mein Handy nochmal. Dieses Mal beantwortete ich den Anruf.

Mein „Buddy" (und Arbeitskollege) Greg war dran. Er war gerade entlassen worden – zusammen mit einem anderen Kollegen aus unserem Team.

Ich war wie vor den Kopf gestoßen. Dieses Ereignis kam irgendwie aus dem Nichts und war nicht vorherzusehen gewesen und das komplette Team war total geschockt. Aber es war nicht nur Greg, auch zweiter Kollege (Eric) war entlassen worden. Grund: Right-sizing" des Teams (so nennt man es, wenn Firmen „zuviel" Personal haben.

Der Rest des Tages verlief irgendwie wie im „Nebel des Grauens" und ich kann mich nicht mehr an sehr viel erinnern. Am nächsten Tag traf ich mich mit Greg zum Lunch und er erzählte mir den gesamten Ablauf des gestrigen Morgens. Es machte alles irgendwie keinen Sinn. Erst später fand ich heraus dass er der teuerste Mitarbeiter im Team gewesen war – ansonsten hätte es wohl mich erwischt (ich war der Zweit-Teuerste im

Team). Aber dazu später mehr, denn die Geschichte nahm noch ein paar „interessante" Eckpunkte an.

Ein paar Wochen vor diesem Ereignis war ein zusätzlicher IT Manager eingestellt worden. Er war oberhalb unseres Team Leads angesiedelt. Uns war nie genau mitgeteilt worden was seine Rolle im Detail sein sollte.

Aber wir fanden dann doch recht schnell heraus was seine Aufgabe war.

Die Sache mit meinem Kumpel Greg und dem anderem Team Kollegen war nur der Anfang. Mit zwei Leuten weniger im Team, aber gleichem Arbeitsaufwand war klar das der Rest des Teams mehr Arbeit zu erledigen hatte. Projekte konnten nur mit Verzögerungen fertiggestellt werden und auch andere Aufgaben konnten nicht mehr wie gewohnt schnell erledigt werden. Dieser Umstand wurde entsprechend gegen uns eingesetzt.

Als nächstes kam regelrechtes Mobbing vom neuen Manager. Es gab zwar keine weiteren Entlassungen, aber das war auch nicht notwendig. So wie wir behandelt wurden, war jedem klar wie es hier weitergehen würde. Entsprechend startete der Exodus. Wir waren alle „Senior Level" bezüglich unserer Erfahrung und Expertise. Die Firma hatte ein Team von

Experten aufgebaut und das kam uns jetzt zu Gute. Wir waren alle gut genug ausgebildet, um im Arbeitsmarkt schnell etwas Neues finden zu können. Wer bei dieser Firma arbeitete, hatte automatisch gute Reputation am Namen und ideale Chancen im Arbeitsmarkt.

Anfang 2012 ging der erste Kollege freiwillig und im 2-Wochen Takt ging es so weiter. Das „Feuer" weitete sich auch auf benachbarte Teams aus.

They are after me now ...

Im Januar 2012 musste ich einmal abends länger arbeiten. Unser Network Team wollte am Abend Veränderungen an zwei Netzwerk Switchen vornehmen. Ich war beauftragt Unterstützung zu leisten falls notwendig. Das Netzwerk Team war nicht ganz so erfahren und in der Tat kam es zu Problemen. Die Situation fing an außer Kontrolle zu geraten und einige kritische Systeme waren plötzlich offline. Das Netzwerk Team war mit dem Troubleshooting überfordert und nachdem keine Lösung in Sicht war, gab ich die Order alle Änderungen zurückzufahren.

Eine Junior-level Netzwerk Administratorin weigerte sich weil sie der Meinung war sie könnte das Problem noch lösen. Natürlich kann man jedes Problem irgendwie und irgendwann lösen, aber es gibt im IT Bereich auch gewisse Regeln und wenn bestimmte

Service Systeme offline sind, dann kostet das eine Firma Geld und Produktivität und entsprechend rollt man Updates und Veränderungen dann zurück wenn keine Lösung in Sichtweite ist, um das Problem an späterer Steller erneut anzugehen.

Die Situation wurde jetzt noch schlimmer, da die Netzwerk Administratorin jetzt auch Probleme hatte die vorher gemachten Änderungen zu entfernen. Ich sah mich Ende gezwungen den Tech Support des Herstellers (Cisco) einzuschalten, der dann der Netzwerk Administratorin half die Systeme wieder in den ursprünglichen Zustand zurück zu setzen.

Am nächsten Tag wurde ich plötzlich ins Büro des neuen Managers gerufen und mir wurde vorgeworfen das ich die Netzwerk Administratorin „zur Sau gemacht hätte". Ich war wie vor den Kopf gestoßen. Es passte alles nicht zusammen. Ich erklärte meine Seite der Geschichte und zum Glück waren auch genug Zeugen am Vorabend anwesend gewesen die meine Seite bestätigten. Die Bestätigung kam auch, aber dann passierte etwas Aberwitziges. Meiner Aussage und der der anderen Zeugen wurde kein Glaube geschenkt. Stattdessen wurde mir jetzt mit disziplinarischen Schritten gedroht. Es sollte mit einem Eintrag in meine Personalakte beginnen.

Aber das wäre zu einfach gewesen. Anstatt das der neue Manager das selbst veranlassen würde, beauftragte er meinen direkten Manager (der ja auch unter dem neuen Manager positioniert war) mit der Aufgabe das alles zu veranlassen und auszuführen. Mein Manager weigerte sich das zu machen – was ich ihm sehr hoch anrechnete. Er wusste natürlich auch was das für ihn bedeutete, aber wir waren EIN TEAM und jeder im Team würde das genauso machen.

Ich war echt geschockt über das unprofessionelle Verhalten a) des neuen Managers und natürlich auch das Verhalten b) der Netzwerk Administratorin.

Zu diesem Zeitpunkt war ich schon mehrere Wochen im Job Markt aktiv gewesen und hatte mehrere Positionen mit anderen Firmen in Aussicht. Das zahlte sich jetzt aus und ein paar Tage später bekam ich tatsächlich ein gutes Job Angebot.

Zwei Wochen später gab ich meine Kündigung bekannt und nach zwei weiteren Wochen verließ ich ein letztes Mal das Büro bei dieser Firma. Auf gewisse Weise war ich sehr froh, andererseits hatte ich noch einige Freunde dort die zu dem Zeitpunkt noch keine neue Stelle gefunden hatten.

Wenige Wochen später öffneten sich bei meinem neuen Arbeitgeber neue IT Positionen und ich war erfolgreich zwei meiner Freunde vom alten Arbeitgeber dort unterzubringen.

In diesen Monaten machte sich meine Strategie bezahlt. Seitdem ich in die IT (Information Technology) gegangen war, hatte ich es mir zur Aufgabe gemacht immer mit den neusten Technologien zu arbeiten. Das macht mich auf dem Arbeitsmarkt sehr begehrt – vor allem da ich auch Zeit ins Networking mit Headhuntern und früheren Arbeitskollegen stecke. „Networking" heißt wirklich das man mit diesen Menschen regelmäßigen Kontakt und in Verbindung bleibt. Webseiten wie LinkedIn.com oder (in Deutschland bekannter) Xing.com machen dies leicht und wenn man sich einmal eine gewisse Reputation erarbeitet hat, dann kann man sich fast aussuchen wo man arbeiten will.

Zum Beispiel bin ich über die Jahre hinweg mehrfach von VMware angesprochen worden ob ich nicht für sie arbeiten wolle. Ich habe ziemlich gute Verknüpfungen und Kontakte innerhalb von VMware. Ich bin so dann auch schon von Firmen Facebook, Microsoft, Dell, und sogar dem Deutschen Lidl angesprochen worden (leider passt das Timing dieser Anfragen nicht immer). Lidl sprach mich in der frühen Phase der Expansion in die USA an.

Die Sache mit Lidl scheiterte an drei Dingen für mich – a) wollte Lidl sein US Hauptquartier in Washington DC eröffnen und b) wollten sie unter Marktwert bezahlen. Der dritte Punkt c) war aber mit am wichtigsten. Der Recruiter mit dem ich sprach, gab mir Information über die geplante Strategie von Lidl und was von mir diesbezüglich erwartet wurde. Lidl wollte mit einem ziemlich Deutschem System hier den Markt aufrollen. Was mir beschrieben wurde, überzeugte mich überhaupt nicht. Jahre später, wenn ich Nachrichten über Lidl in den USA las, schienen sich meine Bedenken zu bestätigen. Lidl's geplantes Wachstum ist bisher weit hinter den Erwartungen zurückgeblieben.

Bezüglich der damals geplanten Lage des USA Hauptquartiers von Lidl muss man wissen das Washington DC eines der teuersten Pflaster in den USA ist und warum sollte ich mich unterbezahlt in eine solche Position begeben?! Es ist ein gutes Gefühl das man zu gewissen Job Angeboten „Nein" sagen kann. Die zweite Sache bezüglich Washington für mich ist das Klima dort. Weder die Winter noch Sommer sind dort besonders angenehm. Vor allem die hohe Luftfeuchtigkeit macht die Sommer dort sehr unangenehm.

Hinweis 2019: Bei meinem derzeitigen Arbeitgeber merkt man erst, wie wichtig Networking geworden ist.

Derzeit würde ich sagen, dass etwa 50 Prozent meiner Kollegen durch das Networking in die Firma gebracht worden sind und dabei in der Regel einen Sprung von 1-2 Stufen auf der Karriereleiter gemacht haben. Ich kann Euch daher das Networking wirklich nur ans Herz legen. Ich glaube das es über die nächsten Jahre noch einen wesentlich höheren Stellenwert bei der Jobsuche haben wird.

Um sich ein gutes LinkedIn Profile anzulegen, muss man heutzutage sicherlich 8-10 Stunden Zeit investieren. LinkedIn ist ein super-wichtiges Werkzeug im Berufsleben und man in jedem Fall genügend Zeit für LinkedIn einplanen.

Der Ultimative Hagelsturm

Am September 29, 2014 kam ein Unwetter nach Highlands Ranch. Als der Sturm davonzog, hinterließ er eine Spur der Zerstörung wie wir sie noch nicht häufig selber erlebt haben.

Es war zum Glück kein Tornado, aber Hagel Körner grösser als Golfbälle kombiniert einer kalten Wetterschicht dazwischen und das Ergebnis war mehr als nur ein normaler Hagelschaden. Diese Hagelkörner waren so hart, dass sie teilweise wie Geschosse auf alles einschlugen was im Weg stand. Normalerweise hagelt es um diese Jahreszeit nicht und dazu kam dann die Kombination mit extrem kalten Luftschichten, so dass der Hagel erheblichen Schaden anrichten konnte.

Unser Jeep Grand Cherokee sah aus als ob jemand mit einem Hammer ununterbrochen aufs Metall eingeschlagen hätte. Unser Hausdach hatte Löcher in den Dachpfannen. Unsere Gartenmöbel waren vernichtet. Insgesamt hatten wir über $21000 Dollar Schaden am Haus und über $6000 Dollar Schaden am Jeep.

Wir waren zwar versichert, aber unser Haus und Auto waren natürlich nicht die einzigen Schäden die der Versicherung gemeldet wurden. Insgesamt brauchten wir über ein (1) Jahr bis die ganze Sache zwischen uns und der Versicherung geregelt war. Und natürlich wurde unsere Versicherung im Folgejahr erheblich teurer.

Das Wetter kann in Colorado schon ziemlich heftig sein und in all den Jahren hatten wir ja schon einiges mitgemacht, aber von so einem Unwetter waren wir bis dahin immer verschont geblieben.

Und noch ein Arbeitgeber Wechsel

Manchmal muss man im Leben Chancen ergreifen, wenn sie einem geboten werden – auch wenn es vielleicht unpassend erscheint.

Ich war etwa 10 Monate im neuen Job und ich war nicht unbedingt happy – aber auch nicht unbedingt unhappy. Von einer Freundin wurde ich auf eine offene Position bei einer Firma hingewiesen bei der ich schon mal gearbeitet hatte.

Technisch gesehen hatte ich schon zweimal bei dieser Firma gearbeitet. Erst in der Finanz-Industrie und danach in deren Healthcare Division. Das waren damals alles unabhängige Einheiten eines Konglomerates. Die Firma ist heute als „Thomson Reuters" bekannt (Anm.: das ist Reuters, die bekannte Nachrichten Agentur).

Durch den letzten Jobwechsel hatte ich gemerkt, dass ich wohl so langsam an die Obergrenze des machbaren Gehaltes für meine Rolle gestoßen war. Wenn man im 6-stelligen Gehaltsbereich ankommt, dann wird je nach lokalem Markt und Job die Luft irgendwann dünner und die Anzahl an Arbeitgebern die gewisse Gehälter zahlen können, wird einfach kleiner (lokale Märkte passen sich oft mit Verzögerung an). Das hatte mir zu denken gegeben wo meine Karriere denn weiter hingehen würde. Auch nach so vielen Jahren im IT Bereich, bin ich noch immer hungrig nach Herausforderungen, Erfolg und passender Bezahlung. Und so hatte ich angefangen mir Gedanken zu machen in welche Richtung ich im Arbeitsleben gehen wollte.

Wenn ich im direkten IT technischen Bereich bleiben wollte, müsste ich mich wohl in meiner Position Richtung System Architekt umpositionieren. Der Bereich, in dem ich mich die letzten Jahre spezialisiert hatte, war jetzt langsam mit jungen Talenten überlaufen, die versuchten dem großen Geld zu folgen. Jeder Hinz und Kunz versuchte sich jetzt in diesem Bereich als Spezialist darzustellen. Entsprechend groß war die Konkurrenz und Arbeitgeber suchten sich dann häufig die Kandidaten die preiswerter erschienen. Der Druck Gehälter nach oben anzupassen verschwindet dann.

Hier kommt mir dann immer ein alt-bekanntes „Saying" in den Sinn:

The bitterness of poor quality remains long after the sweetness of low price is forgotten.

Da muss man als Arbeitnehmer schon manchmal etwas Geduld haben. Aber natürlich war ich auch nicht gerade tatenlos geblieben. Ich war dem Ganzen allerdings schon wieder ein paar Schritte voraus, aber immer noch etwas unentschieden bezüglich der endgültigen Richtung.

Im beruflichen Bereich bin ich sehr strategisch unterwegs. Ich war zu der Zeit in meinem Mitt-40ern und wollte mich für den nächsten Schritt meiner Karriere richtig positionieren. Auch in den USA spielt das Alter im Job irgendwann eine Rolle. Wahrscheinlich weniger als in Deutschland und wenn man hochausgebildet in gewissen Bereichen arbeitet, dann spielt es auch noch mal eine untergeordnete Rolle. Entsprechend wollte ich mich richtig ausrichten und gut positionieren. Allerdings ist es auch sehr wichtig weiterhin relevant zu bleiben und sich nicht auf seinem (alten) Wissen auszuruhen.

Meine andere Option war der Wechsel ins IT Management und die Position bei Thomson Reuters wäre eine solcher Schritt. Ich würde ein kleines Team übernehmen können und gleichzeitig aber immer noch ein wenig „hands-on" IT Arbeit machen können.

Wenn mir die Arbeit im IT Management nicht zu sagen würde, könnte ich immer noch relativ leicht in meine gewohnte Welt zurück wechseln. Gehaltsmässig wäre der neue Job am Anfang keine Verbesserung, aber ich war in der Lage mehr Urlaub und ein paar andere Vergünstigungen auszuhandeln und so machte ich den

Wechsel in meine erste IT Management Position als Team Lead bei Thomson Reuters (Februar 2013).

Die Zeit bei Thomson Reuters (TR) war gut. Weniger Stress, gute Arbeitsbedingungen und nette Kollegen. Vielleicht war es zu gut, denn es brauten sich dunkle Wolken am Horizont zusammen.

Nach drei Jahren gab TR einen Strategie-Wechsel bekannt und es war abzusehen das unser Büro (~80 Angestellte) auf der Abschussliste stand. Hierzu muss man wissen, dass Thomson Reuters meiner Meinung nach kein sehr gutes Top-Management hat. Das Wachstum der Firma ist schon seit vielen Jahren weit hinter den Erwartungen (und der Konkurrenz) zurückgeblieben und die einzige Antwort sind Entlassungen und das Outsourcing.

Ich war happy mit dem Wechsel ins IT Management und wollte die Gelegenheit nutzen den nächsten Schritt nach oben zu machen. Ich wollte mindestens eine Stufe höher, wenn nicht sogar zwei. Ich fing an mich auf offene Stellen zu bewerben – vor allem mit dem Hintergedanken das jedes Vorstellungsgespräch erstmal gutes Training wäre. Als Team Lead ist es dann doch ein größerer Sprung auf IT Direktor oder zumindest den offiziellen IT Manager Titel - weil der passende Titel fehlte mir zu der Zeit noch.

Zwischen März 2015 und Dezember 2016 verschickte ich wahrscheinlich weit über 250 Bewerbungen. Um es noch etwas schwieriger zu machen, bewarb ich mich bei Firmen im Großraum Denver, Los Angeles, San Diego und auch Florida.

Die größte Herausforderung war es den Lebenslauf so zu tunen das ich Anrufe für ein Vorstellungsgespräch bekäme. Hier ist das für mich bis heute faszinierende – schaffte ich es einen Anruf für ein telefonischen Vorstellungsgespräch zu bekommen, hatte ich eine 80% Erfolgsquote ein „in-person" Vorstellungsgespräch zu bekommen. Von dort hatte ich eine 95% Erfolgsquote ein Jobangebot zu bekommen.

Ich wusste das ich etwas Zeit haben würde bevor Thomson Reuters das Denver Büro schließen würde. Ich hatte den Luxus im Zweifelsfall „Nein" sagen zu können, wenn ich mir bei einem Job Angebot nicht sicher war. Allerdings merkte ich auch schnell das es nicht leicht war Vorstellungsgespräche zu bekommen. Mir fehlte es an direkter Berufserfahrung als Manager oder Direktor und ich wollte in meinem Lebenslauf nicht lügen.

Umzug und Wohnortswechsel?

Simone und ich hatten auch entschieden im Zweifelsfall für den richtigen Job umzuziehen, sollte ein super

Angebot vorbeikommen. Allerdings würden wir nicht überall hinziehen, sondern höchstens Süd-Kalifornien in Betracht ziehen. Für einen kurzen Zeitraum zogen wir auch Florida in Betracht, aber während es leicht ist von Denver nach Kalifornien zu fliegen sind die logistischen Herausforderungen, um nach Florida zu kommen schon wesentlich schwieriger. Ich hatte eine Florida Bewerbung im fortgeschrittenen Stadium, entschied mich dann aber dagegen als ich merkte wie aufwendig es sein würde nach Fort Lauderdale zu fliegen.

Also blieb es bei Denver und Süd-Kalifornien als Orte der Jobsuche.

Merkwürdigerweise gab es in Denver in der Zeit von Juli 2015 bis Dezember 2016 nur sehr wenige offene Stellen für IT Manager und IT Direktoren. Und wenn es dann mal Stellenausschreibungen gab, lag der Job häufig weit im Norden von Denver oder in Boulder. Das mag sich nicht weit weg anhören, aber man kann dann schon mit Wegen zur Arbeit von 75 Minuten oder mehr rechnen und keiner der Jobs erschien mir da ausreichend gut, um einen solchen Schritt in Denver zu machen. Für mich ist es wichtig, bei Arbeitgebern zu arbeiten, die im Markt gut angesehen sind und wo es für mich eventuell Vorteile haben würde den Namen von bestimmten Arbeitgebern auf dem Lebenslauf zeigen zu können.

In Kalifornien dagegen gab es zur selben Zeit massig Stellen in diesen Kategorien. Das erklärt dann auch die hohe Anzahl an Bewerbungen, die ich eben schon genannt hatte.

Das erste Job Angebot aus Kalifornien gab es im Dezember 2015. Ich hatte mich bei der Stadtverwaltung der Stadt Carlsbad beworben und tatsächlich alle anderen Kandidaten ausgestochen. Allerdings kam das finanzielle Angebot der Stadt Carlsbad überhaupt nicht an die erwartete Preisspanne. Das war sehr enttäuschend da ich während des ganzen Verlaufs der Vorstellungsgespräche meine Gehaltsvorstellungen beschrieben hatte. Normalerweise kann man von US Arbeitgebern dann erwarten, dass sie dann entsprechend auch Jobangebote machen oder schon recht früh im Verlauf der Vorstellungsgespräche anfragen ob man trotz niedrigeren Gehaltes interessiert wäre. Hier war das nicht passiert und entsprechend war ich auch enttäuscht. Trotz harter Verhandlungen von meiner Seite kam nichts heraus und am Ende sagte ich „Nein" zu diesem Jobangebot.

Aber – ich sah es als großen Erfolg überhaupt ein Angebot bekommen zu haben. Es bestätigte das ich meinen Lebenslauf richtig eingestellt hatte und dass ich meine derzeitige Erfahrung richtig an den Mann gebracht hatte. Dazu kam das Arbeitgeber häufig zurückhaltend sind, wenn sie mit Kandidaten aus anderen Bundesstaaten verhandeln. Zu häufig bekommen Kandidaten dann kalte Füße, wenn einem dann doch bewusst wird das man jetzt umziehen wird und Freunde und Familie zurücklässt.

Es brauchte 5 weitere Monate bis ich das nächste Job Angebot erhalten sollte – trotz unzähliger Bewerbungen. Dieses Mal hatte ich mich bei einer Firma im Investment Banking (State Street) beworben. Der Bewerbungsvorgang war hart und es waren mehrere Vorstellungsgespräche notwendig. Hier stimmte zwar am Ende das Geld, aber ich hatte Bedenken wegen der Firma und meines zukünftigen Managers. Eine seiner letzten Fragen war „How comfortable are you with letting people go?" Diese Frage machte mich stutzig und je mehr ich darüber nachdachte desto mehr stieß mir das negativ auf. Entsprechend entschied ich dann, dass ich lieber woanders arbeiten wollte. Meine Bedenken wurden 1.5 Jahre später bestätigt. Ein Arbeitskollege bei meinem derzeitigen Arbeitgeber beschrieb das Arbeitsklima bei besagter Firma von der ich das Job Angebote erhalten hatte. Pro Jahr gab es dort mindestens zwei Restrukturierungen und Entlassungen. Ich hatte unwissend die richtige Entscheidung getroffen.

Im Oktober 2016 wurde uns auf der Arbeit bei TR dann offiziell mitgeteilt das unsere Positionen nach Indien verlegt würden. Wir würden wahrscheinlich noch bis April 2017 gebraucht, danach wäre dann aber Schluss. Es wurde aber auch erwähnt das der neue Indische Arbeitgeber ein paar von uns permanent einstellen würde.

Alle Angestellten wurden entsprechend vom neuen Arbeitgeber interviewt, um festzustellen ob wir gebraucht würden. Mein „Vorstellungsgespräch" dauerte sagenhafte 8 Minuten. Widererwarten wurde mir im Dezember 2016 ein Job Angebot von der Indischen Firma vorgelegt. Die Firma hatte wohl Probleme einzuschätzen was genau meine Aufgabe war und sie wollten mich zumindest für kurze Zeit behalten, damit der Übergang reibungslos über die Bühne gehen würde. Allerdings kam das Angebot mit einem sogenannten „Non-Compete Agreement" (Wettbewerbsverbot) das so einschränkend war das ich nicht mal erlaubt wäre im Supermarkt eine Kasse zu bedienen.

Meine Antwort war entsprechend „Nein Danke" und dann geriet der neue Arbeitgeber in etwas Panik, aber das war deren Problem. Sie hatten wohl fest damit gerechnet das ich ihr Angebot annehmen würde.

Gleichzeitig war mein Plan B war aufgegangen und ich hatte endlich ein passendes Jobangebot erhalten. Aber der Reihe nach ...

Im Oktober 2016 hatte ich mich bei einer pharmazeutischen Firma in der Nähe von San Diego beworben. Die Firma suchte einen IT Manager und meine bisherige Berufserfahrung passte wie die Faust aufs Auge. Zuerst musste ich durch mehrere Runden von Vorstellungsgesprächen per Telefon.

Dann wurde ich nach Carlsbad eingeladen (auf eigene Kosten meinerseits, da der Arbeitgeber zu dem Zeitpunkt nicht wusste, dass ich noch in Colorado beheimatet war). Das Timing war gut, denn Logan hatte Ferien und so nahm ich ihn mit nach Kalifornien für einen Mini-Urlaub am Strand.

Die Vorstellungsgespräche vor Ort waren lang und ausführlich. Selten bin ich so bei Vorstellungsgesprächen „gegrillt" worden.

Nach meinem Besuch/Vorstellungsgespräch in Carlsbad trat erstmal Ruhe ein – die Firma hatte noch andere Kandidaten zu bearbeiten.

Anfang Dezember flog ich nach Deutschland, um meine Eltern zu besuchen. Dann erhielt eine Email, ob ich noch mal Zeit hätte mich mit denen zum Lunch zu treffen. Das ging natürlich nicht – ich war über 6,000 Meilen weit entfernt. Also telefonierten wir und diese Runde des Vorstellungsgesprächs dauerte noch mal über 90 Minuten. Ich hatte aber immer noch kein Jobangebot, aber es fühlte sich so an als ob ich sehr nah dran war eines zu bekommen. Manchmal kann dieses Gefühl trügerisch sein und man muss als Kandidat da aufpassen, dass man dann nicht in ein emotionelles Loch fällt, wenn es dann widererwarten doch nicht mit dem Job funktioniert.

Am 23. Dezember 2016 erhielt ich einen weiteren Anruf aus Kalifornien – dieses Mal mit dem ersehnten Jobangebot. Irgendwie passte alles zusammen. Gutes Gehalt – inklusive hohem Bonus und Aktienpaket der Firma. Eine riesige Belastung und Sorge viel von meinen Schultern.

Ich akzeptierte das Angebot – wir würden also nach Kalifornien umziehen. Am 16. Januar 2017 würde mein erster Arbeitstag sein.

Am 27. Dezember 2016 kündigte ich meinen Job mit Thomson Reuters. Leider konnte ich nur 10 Tage Kündigungsfrist geben, da ich ja auch noch nach Kalifornien fahren musste – sonst würde der gesamte Zeitplan nicht hinhauen. Mein damaliger Manager hatte aber völliges Verständnis dafür. So wie alle anderen des Teams, war auch er auf Jobsuche und wartete auf den erlösenden Anruf eines neuen Arbeitgebers.

Der neue Nicht-Arbeitgeber (die Indische Firma) geriet – wie schon beschrieben – ein wenig in Panik. Ich hatte während meines Urlaubs gekündigt und ich gab der Firma nur eine verkürzte Kündigungsfrist. Die Zeit meine Aufgaben zu übernehmen war also sehr limitiert und kurz. Zwei Tage vor meinem letzten Arbeitstag bei TR war ich dann mit 4 Angestellten der indischen Firma am Telefon und erklärte denen meinen Aufgabenbereich und was ich so tagtäglich an Arbeit erledigte. Ich versuchte so gut wie möglich meine Aufgaben abzugeben, aber am Ende war das nicht mehr mein Problem.

Hier hatten sich mein alter Arbeitgeber und die indische Firma ziemlich verrechnet. Ich hörte später, dass sie verschiedene Probleme hatten, aber wie schon gesagt – das interessierte mich zu dem Zeitpunkt nicht mehr. Das Leben geht immer irgendwie weiter.

California Dreaming – Umzug nach Kalifornien

Das Jahr 2017 kam mit einem fulminanten Start. Am 10. Januar hatte ich meinen letzten Tag bei Thomson Reuters. Am gleichen Tag packte ich alles Notwendige in mein Auto, denn ich würde für die ersten 2-3 Monate allein nach Kalifornien gehen. Logan war in der Schule eingebunden und ein Haus verkauft sich auch nicht so von allein. Dazu kam das ich mich dann voll auf die neue Arbeit konzentrieren konnte, denn es war mir auch wichtig dort direkt voll in Action sein zu können.

Ein Schneesturm war für die Rocky Mountains angekündigt und so fuhr ich am nächsten Morgen das allererste Mal die südliche Route nach Kalifornien. Die Route führt durch New Mexico und Arizona nach Kalifornien und ist knapp 200 Meilen länger als wenn man durch Colorado, Utah und Nevada nach Kalifornien fährt. Das Risiko im Schneesturm stecken zu bleiben, war mir zu groß – da fuhr ich lieber 200 Meilen mehr.

Über 1300 Meilen später kam ich müde in Vista, CA. an. Dort hatte ich ein Zimmer in einem Hotel gebucht und würde dort die nächsten Tage bleiben bis ich eine richtige Unterkunft gefunden hatte.

Das Leben in Kalifornien ist teuer und selbst einfache Apartments kosten ein Stange Geld. Ich mietete mir daher ein privates Zimmer und hatte auch Glück bei der Suche. In Encinitas wurde ich fündig. Man konnte es schon fast als Apartment bezeichnen, denn es war ein Zimmer + Badezimmer mit komplett separatem Eingang und völlig getrennt vom eigentlichen Haus. Man nennt das hier in den USA auch „Mother in-law suite".

Preiswert war es nicht. $1100 USD pro Monat, aber dafür waren alle Nebenkosten inklusive (Wasser, Strom, Internet). Das Zimmer kam mit Kühlschrank, Toaster und Microwelle; eine eigentliche Küche gab es aber nicht. Die morgendliche Fahrt zur Arbeit von dort war nur knappe 10 Minuten. Ich war nicht auf der Suche nach Luxus oder irgendetwas besonderem und dieses private Zimmer war eigentlich genau das Richtige für mich.

Der neue Job begann. Die erste Woche im neuen Job war anstrengend wie das nun mal so ist, wenn man einen neuen Job anfängt. Direkt am ersten Samstag flog ich dann sogar geschäftlich nach England und tourte all unsere Niederlassungen und traf mich neuen Kollegen wo immer es nur ging. Es war eine richtige Wirbelwind Tour durch 3 verschiedene Niederlassungen in England.

Zurück nach Kalifornien – hier musste ich mich dann direkt um unser zukünftiges Büro kümmern. In 6 Wochen war Umzug in ein neues Gebäude. Wir waren am Wachsen und die Firma hatte bereits vor Monaten ein neues Hauptquartier angemietet das jetzt zurzeit noch ausgebaut und renoviert wurde. Das neue Büro würde in Phase 1 etwa Platz für 120 Angestellte haben. Zu der Zeit waren wir etwa 25 Angestellte im alten Büro.

Die nächsten Wochen vergingen wie im Flug. Die Firma war im Startup Modus – auch wenn die Mutter-Firma in England eigentlich schon seit 18 Jahren existierte. Aber die Firma war bisher nur in der Forschung tätig und nachdem man jetzt ein richtiges Produkt hatte, wurde der große Schritt gemacht ein kommerzielles Unternehmen zu werden.

Ein Teil meiner Aufgaben war dafür die komplette IT Infrastruktur mit aufzubauen. Die USA waren als erster Markt für das neue Medikament gewählt worden, weil a) der Markt am Größten ist und b) weil wenn wir die Zulassung durch die FDA bekommen würden die Zulassung in anderen Ländern oft leichter zu schaffen ist. Die Amerikanische FDA (Food & Drug Administration) ist weltweit anerkannt und so erhofften wir uns entsprechend Vorteile. Die FDA ist die offizielle Zulassungsbehörde für Medikamente in den USA.

Gleichzeitig neben der Arbeit startete ich die Suche nach einem neuen Haus für uns. Zur selben Zeit machte Simone unser Haus in Colorado verkaufs-fertig. Wir planten den Umzug für Mitte April. Wir würden wahrscheinlich erstmal 2-3 Monate in einem gemieteten Apartment leben bevor wir ein passendes Haus finden und kaufen könnten.

Ende Februar hatten wir einen Käufer für unser Haus in Colorado gefunden und so passte der gesamte Zeitplan gut zusammen. Mitte März flog ich nach Denver, mietete einen kleinen LKW/Truck und dann packten wir alle Habseligkeiten in den Truck. Freunde und Nachbarn kamen, um zu helfen und Lebewohl zu sagen. Es war sehr schwer für uns Colorado nach so vielen Jahren zu verlassen. In solchen Momenten merkt man dann doch, wie sehr man verwurzelt ist. Aber wir hatten unsere Entscheidung getroffen und schauten nach vorne. Hier ist einer meiner Lieblingssätze im Leben der irgendwie passte:

„Don't look back, you are not going that way. "

Das Leben ist leider nicht immer einfach, aber man muss immer nach vorne gucken. Wir freuten uns auch auf das Leben in Kalifornien und den neuen, hoffentlich erfolgreichen Lebensabschnitt.

Samstag, am frühen Nachmittag war der LKW vollgeladen und wir machten uns auf den Weg nach Westen. Wir fuhren bis nach Grand Junction und machten dort Halt für die Nacht. Wir rechneten mit etwa 4-5 Stunden Fahrt für den ersten Abschnitt und so war es dann auch.

Früh am nächsten Morgen ging es weiter und wir schafften es erfolgreich nach Kalifornien, aber es war eine lange Fahrt. Ich hatte vorab ein Apartment gemietet und meine 1-Zimmer Bleibe aufgegeben. Wir kamen gegen 20.30 Uhr abends am Apartment an. Ausgeladen wurde nur das notwendigste für die Nacht und dann vielen wir auch schon erschöpft in die Federn.

Hier würden wir jetzt für die nächsten 2 Monate wohnen. Es war eine krasse Umstellung für uns. Wir hatten das letzte Mal 1998-1999 in einem Apartment gewohnt und seitdem immer in eigenen Häusern. In Apartments ist es immer wesentlich lauter und irgendwie ungemütlich. Auf Bildern sehen die Dinger immer großartig aus, aber wenn man z.B. im Erdgeschoss wohnt, dann hört man fast jedes Geräusch aus den oberen Etagen. Not fun.

Wir suchten nach einem neuen Haus, aber Kalifornien ist ein sehr teures Pflaster und wir mussten uns dann doch an die höheren Preise gewöhnen. Dazu kam das Häuser hier teilweise innerhalb weniger Stunden verkauft waren. Die Nachfrage nach bezahlbaren Häusern war enorm und das trieb die Preise ständig nach oben. Wir hatten mehrere Fehlversuche bevor es endlich klappte und unser Angebot bei einem Haus akzeptiert wurde. Wenn man hier in den USA ein Haus kauft, dann lässt man es durch einen Gutachter nach Mängeln untersuchen. Entsprechend machten wir das auch für unser neues Haus. Leider kamen da Sachen zu tage die uns nicht so sehr gefielen und wir zogen unser Angebot zurück. Also ging es weiter mit der Haussuche.

Nicht nur waren hier in Kalifornien die Hauspreise höher, auch die Verkäufer und deren Makler waren anders als das was wir aus Colorado gewöhnt waren. Makler und Verkäufer waren wesentlich aggressiver und unfreundlicher in ihrem Verhalten und wie sie mit potentiellen Käufern umsprangen. Da war selten Freundlichkeit oder faires Verhalten zu sehen – es war teilweise so schlimm das wir echt die Lust verloren nach Häusern zu gucken. Selbst Bruchbuden wurden zu Höchstpreisen angeboten und wenn man dann klare Mängel aufzeigte wurde man noch dumm angemacht. Die Verkäufer wussten, dass es genügend Käufer gab, die alles und jeden Mangel akzeptieren würden, nur um endlich ein „bezahlbares" Haus zu bekommen. Da konnte man eigentlich nur hoffen, dass es den Verkäufern bei ihrem nächsten Hauskauf ähnlich erging (Auge um Auge, Zahn um Zahn).

Als wir dann endlich unser derzeitiges Haus kauften, war der Makler des Verkäufers extrem aggressiv und unfreundlich, so dass unserer Maklerin bald der Kragen platzte. Es waren sehr stressvolle Wochen für uns. Irgendwie ging die Zeit des Wartens dann aber doch vorbei und der Tag des Umzugs war gekommen.

Am 30. April 2017 war es dann endlich soweit und wir konnten in unser neues (neu für uns) Haus umziehen. Um 6 Uhr abends hatten wir endlich Zugang zum Haus und zogen direkt mit allem notwendigem für die erste Nacht ein. Shelby freute sich, endlich wieder einen eigenen Garten zur Verfügung zu haben. Man hatte wirklich gemerkt, dass ihr das Apartment nicht gefallen hatte.

Das Leben in Kalifornien ist anders und wir freuen uns auf das Neue, aber es gab auch negative Überraschungen. Als erstes mussten wir zum Beispiel lästige „Mitbewohner" loswerden, die sich „illegaler Weise" eingenistet hatten.

Offenbar ziehen in Kalifornien regelmäßig Bienenschwärme umher und nisten sich bei Bedarf überall ein, wenn sie ein passendes „Haus" finden. So mussten wir bereits nach 3 Wochen im neuen Haus einen Spezialisten herauskommen lassen der einen frisch-eingezogenen Bienenschwarm entfernen musste. Ein paar Häuser weiter ist vor ein paar Wochen ähnliches passiert, aber bisher haben die Leute noch nichts gegen die Bienen unternommen. Die Bienen haben einen Eingang unter das Dach gefunden und man kann reges treiben sehen. Man kann nur vermuten wie groß der Bienenstock im Speicher jetzt schon sein muss. Da werden die Kosten für die Entfernung später schon wesentlich höher sein als bei uns. Wir hatten es ja zum Glück direkt bemerkt und entsprechend reagiert. Preiswert war es aber trotzdem nicht – mal eben $ 300 für die Entfernung der Bienen.

Eine andere Überraschung für uns sind die hohen Strompreise die wir bezahlen müssen. Das lokale Unternehmen hat ein Monopol im Bereich San Diego und kann praktisch ungehindert die Preise festsetzen. Lokale Politiker sind da keine besondere Hilfe für die Verbraucher. Nicht das ich die Preise jetzt politisch kontrolliert haben will, aber ich bin ja durch meine negativen Erfahrungen bezüglich Lobbying etwas vorbelastet und vermute Mal das hier ähnliche Kräfte am Werk sind.

Überhaupt sind die Lebenshaltungskosten in Kalifornien wesentlich höher als in anderen Teilen der USA. Benzin ist fast einen Dollar teurer als vorher in Colorado. Die KFZ-Versicherung für uns ist doppelt so hoch als im Vergleich zu vorher. Lebensmittelpreise sind entsprechend auch höher – allerdings gibt es vor allem im Winter auch eine bessere Auswahl an frischem Gemüse und Obst. Das wärmere Klima und die Nähe zu Mexiko machen sich da schon bemerkbar. Die Grundsteuer auf unserem Haus ist fast 3mal so hoch wie in Colorado. Die neue Klimaanlage in unserem Haus war vom Preis her ebenfalls „überteuert" wenn man es zu Preisen in Colorado vergleicht.

Wie schon mal erwähnt, wir hatten zwar mit wesentlich höheren Preisen gerechnet, aber man ist dann trotzdem schon ein wenig geschockt, wenn die höheren Rechnungen oder Preise die Kreditkarte treffen. Wenn Ihr also vorhabt nach Kalifornien zu ziehen, stellt sicher das Euer zukünftiges Gehalt entsprechend angepasst ist. Anmerkung: Ich hatte gerade ein Job Angebot aus der Bay Area und da sind die Wohnungskosten noch wesentlich höher. Nicht interessant für mich zum jetzigen Zeitpunkt.

Going the extra Mile

Für viele Jahre seit meiner Schulzeit hatte ich mich nicht viel körperlich betätigt – zumindest im sportlichen Sinne. Ich habe als Jugendlicher früher viel Fußball und dann Tennis gespielt, aber dann nachdem die Schulzeit vorbei war, war eigentlich Schluss. Ein bisserl Fahrrad fahren oder mal wandern und Spazierengehen – aber das war es dann schon.

In 2007 fing ich mit dem Laufen an, aber ohne ein bestimmtes Ziel zu verfolgen. Ich hatten über die letzten 3-4 Jahre ein paar Kilo zugenommen und fühlte mich unwohl. Ich fühlte mich mit 76 KG Körpergewicht fett, auch wenn 76 KG mich eigentlich nicht als fett klassifizieren, aber ich war es gewohnt eher so bei 65 KG Körpergewicht zu sein.

Bestimmte Laufziele hatte ich keine. Ich wollte mich einfach für etwa 60-70 Minuten am Tag sportlich betätigen. Ich baute die Entfernung beim Laufen so auf etwa 10 KM (6.25 Meilen) aus und beließ es dabei für viele Jahre. Das sollte sich dann aber bald ändern.

Das Jahr 2013 war für mich ein besonderes Jahr. Im Februar hatte ich den neuen Job bei Thomson Reuters angefangen (wie weiter oben beschrieben). Ich fühlte mich physisch nicht ausgelastet und so begann ich ein Bootcamp HIIT Fitness Programm.

Das Bootcamp Programm machte mir viel Spaß. Jeden Morgen um 5 Uhr war ich dabei. Dieses Gruppen-Workout war anstrengend und lief ähnlich ab wie Crossfit. In der gleichen Gruppe war ein jüngeres Pärchen und die junge Frau bereitete sich neben dem Bootcamp noch durch laufen auf einen Marathon vor. Ich gebe zu, ich war beeindruckt. Sie trainierte 2-3 Stunden Bootcamp und Laufen pro Tag und das erschien mir damals dann doch beeindruckend.

Irgendwie aber blieb dann der Gedanke an einen Marathon in meinem Kopf hängen und Mitte August 2013 fasste ich mir ein Herz und meldete mich für einen Marathon an. Ich wollte mich dieser Herausforderung stellen und herausfinden wie weit ich denn wirklich rennen kann.

Ich hatte drei Monate Zeit um für den Marathon fit zu werden. Am 17 November war der Marathon in Las Vegas.

Im Jahr 2012 hatte ich mich einmal bis auf 21 KM hochgearbeitet, aber jetzt musste ich mich für die doppelte Entfernung fit machen. Woche für Woche arbeitete ich an der Entfernung. Jeden Samstag machte ich einen längeren Trainingslauf – immer zwei Meilen weiter als in der vorherigen Woche. Während der Woche mixte ich mein Bootcamp und laufen – häufig sogar so, dass ich morgens erst das Bootcamp machte und nachmittags dann nach der Arbeit 10 KM lief. Es war anstrengend, aber ich hatte wirklich Spaß an dieser Herausforderung.

Das Training verlief sehr gut und zwei Wochen vor dem Marathon war ich bei 22 Meilen für meinen längsten Lauf angekommen (~35 KM). Wer noch nie einen Marathon gelaufen hat, sollte wissen das man im traditionellen Marathon Training nie die komplette Distanz läuft (zumindest als Hobby-Läufer) da sonst die Belastung für den Körper zu hoch ist (so zumindest wird es einem erklärt – mehr dazu später).

Und dann wurde ich krank. Richtig ätzend krank. Erst kam die Erkältung, dann bekam ich tatsächlich eine Ohrenentzündung und dann platzte mir sogar noch das Trommelfell unter dem Druck der Entzündung und dann wurde es noch schlimmer – ich verlor mein Gleichgewichtsgefühl und konnte nicht mal mehr gerade gehen ohne das Gleichgewicht zu verlieren. Ich taumelte durchs Haus und Simone fuhr mich dann zur Notaufnahme ins Krankenhaus. Eine Woche vor dem Rennen fand ich mich also in der Notaufnahme im lokalen Krankenhaus wieder. Es war nicht lustig, eher richtig deprimierend.

Am Montag vor dem Rennen war ich dann bei einem Hals-Nasen-Ohren Arzt. Durch das geplatzte Trommelfell saugte er Eiter und Flüssigkeit aus dem entzündeten Ohr. Dann erhielt ich mehrere Medikamente und eine Menge guter Ratschläge. Dennoch stellte ich ihm die für mich wirklich einzig wichtige Frage:

Würde mir der Arzt erlauben den Marathon am Sonntag zu laufen?

Der Arzt schaute mich an als ob ich bescheuert wäre und wahrscheinlich war ich es auch, aber auf der anderen Seite bin ich auch jemand der nicht so leicht aufgibt.

„Wir" vertagten die Entscheidung darüber auf Donnerstag (3 Tage später). Der Arzt wollte halt sehen wie es mit der Genesung bis Donnerstag ging. Das Gute war, dass er nicht von vornherein Nein sagte.

Donnerstag kam und insgesamt fühlte ich mich besser als noch am Montag. Der Arzt saugte noch einmal eitrige Flüssigkeit aus dem Ohr und er war insgesamt sehr zufrieden wie die Medikamente angeschlagen hatten. Also fragte ich ihn erneut ob ich am Sonntag 42,195 KM laufen könnte/dürfte!?

Aus medizinischer Sicht sprach nichts dagegen – solange ich mich kräftemässig dazu in der Lage fühlen würde. Allerdings durfte ich nicht fliegen, sondern müsste mit dem Auto nach Las Vegas fahren.

„What could possibly go wrong?" – Was könnte denn schon schiefgehen? Geplatztes Trommelfell, abklingende Erkältung, Gleichgewichtsstörungen - irgendwie eine interessante Mischung für einen Marathon. Dazu kam das ich ja seit etwa zwei Wochen nicht mehr hatte trainieren können. Ich akzeptierte diese Herausforderung.

Also buchte ich mir einen Mietwagen und fuhr per Auto nach Las Vegas. Der Marathon würde am Sonntagnachmittag um 16.30 Uhr beginnen – ich hatte also fast 3 volle Tage für die weitere Genesung. Ich würde die endgültige Entscheidung am Sonntagnachmittag treffen.

Sonntagnachmittag kam. Wie schon erwähnt sollte der Marathon um 16.30 Uhr rechtzeitig zum Einbruch der Dunkelheit beginnen. Ich fühlte mich Ok und wollte es zumindest versuchen. Zur Not würde ich mit den Halb-Marathon Läufern laufen und die kürzere Strecke angehen – das war zumindest der Plan. Beide Wettbewerbe teilten sich die ersten 7 Meilen der Strecke am berühmten Las Vegas Strip. Ein Großteil des berühmten Strips in Las Vegas wird für diesen Marathon für den Auto-Verkehr gesperrt. Die restlichen 364 Tage im Jahr schafft das keine andere Veranstaltung.

Das Rennen begann. Und ich lief. Insgesamt würden über 47000 Läufer auf dem Kurs sein. Nach etwa 7 Meilen kam die Gabelung im Kurs. Rechts für den Marathon, links Halb-Marathon. Ich ging nach rechts. Die Entscheidung war getroffen.

Nach knapp 4 ½ Stunden erreichte ich die Ziellinie. Ich hatte meinen ersten Marathon hinter mir. Es war nicht leicht gewesen, aber ich biss die Zähne zusammen und kämpfte mich durch. Die Bilder von mir im Zieleinlauf zeigten schon eher wie anstrengend es wohl wirklich wahr. „It was not pretty."

Die nächsten Tage waren schmerzhaft – ich hatte Muskelkater wie noch nie zuvor. Treppensteigen war keine gute Idee. 10 Stunden im Auto sitzend nach Colorado fahren, half auch nicht unbedingt. Aber der Schmerz verschwand nach ein paar Tagem, die Erinnerungen an dieses Ereignis blieben.

Jetzt war erstmal Ruhe angesagt. Mein Körper brauchte Erholung und das ist was ich ihm gab. Zumindest ein bisschen.

Zwei Wochen später nahm ich an einem Halb-Marathon teil – bei Minus 15 Grad Celsius und starkem Wind mit ein wenig Schneefall. Wie sagt man so schön im Englischen:

I was hooked.

Fünf Wochen danach nahm ich einem weiteren Halb-Marathon teil – dieses Mal bei etwas freundlicheren Temperaturen und ich schaffte die 21 KM in einer Stunde und 48 Minuten.

Mein ursprüngliches Ziel für Las Vegas war eigentlich den Marathon in unter 4 Stunden zu laufen. Durch die unglücklichen Umstände mit meiner Gesundheit hatte das ja nicht funktioniert.

Mein Ehrgeiz „sagte" mir allerdings das ich immer noch „eine Verabredung mit den 4 Stunden hatte" und entsprechend wollte ich zumindest noch einmal an einem weiteren Marathon teilnehmen. Ich wollte die 4 Stunde Marke knacken.

Ich meldete mich für den Colfax Marathon in Denver an. Ich arbeitete an meinem Trainingsplan, doch irgendwie kam mir der Gedanke das so viel Training für nur einen einzelnen Marathon eigentlich Verschwendung wäre. Warum also nicht kurz danach noch einen Marathon laufen? Ich fand einen weiteren

Marathon, der nur eine Woche später stattfinden würde und während ich meinen Plan weiter ausarbeitete, kam mir der bekloppte Gedanke warum nicht gleich 3 Marathons innerhalb von 2 Wochen zu laufen.

Gesagt, getan. Ich meldete mich für alle 3 Marathons an. Eine gute Herausforderung (bekloppt wie ich nun mal bin).

18. Mai 2014 – Colfax Marathon

26. Mai 2014 – Vail Marathon

1. Juni 2014 – Steamboat Springs Marathon

Ich erreichte mein selbstgesetztes Ziel und lief den Colfax Marathon in 3 Stunden und 57 Minuten. Danach lief ich erfolgreich in Vail (~2500 Meter nn) (4 Stunden 19 Minuten) und Steamboat Springs (~2100 Meter nn) 4 Stunden 2 Minuten). Bei diesem Marathon sprach ich mit einer Ultra Marathon Läuferin die dieses Rennen als Trainingslauf benutzte und sie sagte das man als Ultra Läufer praktisch jedes Wochenende einen Marathon (oder sogar ein wenig mehr) im Training läuft. Es klickte zwar nicht direkt bei mir, ich nahm aber Notiz.

Diese langen Distanzen machten mir Spaß und ich nahm 2014 noch an ein paar weiteren, kürzeren Rennen teil. Im Jahr 2015 meldete ich mich für Marathons in Arkansas (Little Rock) and Nord-Dakota (Fargo) an. Für mich ist es ein großes Ziel im Leben alle 50 US-Staaten gesehen zu haben. Da ich keinerlei andere Reise-Gründe hatte nach Arkansas oder Nord-Dakota zu gehen, war der Marathon ein guter Grund die Reise anzutreten.

Mein Aufenthalt in Little Rock war „sehr interessant". Ich hatte mir einen Mietwagen der gehobenen Mittelklasse gemietet und war damit von Denver nach Little Rock gefahren. Auf der Fahrt nach Little Rock passierte es mir auch zum allerersten Mal in den USA das ich während der Fahrt von der Polizei angehalten wurde. Ich war nicht zu schnell gewesen, aber der Sheriff meinte ich hätte einen Spurwechsel ohne Blinker gemacht. Das Gespräch veränderte sich aber als er die Autopapiere durchsah und bemerkte wie günstig ich den Mietwagen bekommen hatte. Die nächsten 5 Minuten sprachen wir dann über Travel-Hacking und die man die besten Reise-Deals bekommen kann. Dann ließ er mich (ohne Strafzettel) weiterfahren.

Little Rock ist eigentlich keine schlechte Stadt, hat aber dann doch eine sehr hohe Kriminalitätsrate. Ich fühlte mich sehr unwohl und in (damals) 17 Jahren USA war dies das erste Mal das ich das Gefühl hatte, ich hätte besser eine Pistole mitbringen sollen. PS: Auch wenn Waffen in den USA frei-verkäuflich sind, besitzen wir keine Schusswaffen. In Little Rock wurde ich auch auf dem Weg zu meinem Luxuswagen angepöbelt, was das eben genannte Gefühl verstärkte. Überall sah man zwielichtige Gestalten. Zum Glück blieb aber während dieses Aufenthaltes in Little Rock alles gut. Der Little Rock Marathon fand bei eiskalten Temperaturen und im Eisregen statt.

Der Marathon in Fargo war etwas langweilig, aber ich schaffte eine neue Bestzeit in knapp unter 3 Stunden und 55 Minuten. Auf dem Rückweg geriet ich in einen heftigen Schneesturm und war unterwegs gezwungen im Auto zu übernachten. Zum Glück hatte ich in weiser Voraussicht einen Schlafsack von zuhause mitgenommen. Der Mietwagen (Ford Edge) war groß genug so dass ich nachdem Umklappen der Sitze eine große Ladefläche zum Schlafen hatte. Da es bitter-kalt war, ließ ich einfach den Motor und die Heizung über Nacht laufen.

Nachdem ich beide Läufe erfolgreich überstanden hatte, lief ich noch einen weiteren Marathon in 2015 und zwar in Deutschland. Der Frankfurter Marathon war das Ziel, damit meine Eltern auch einmal als Zuschauer bei so einem Rennen dabei sein konnten.

Der 2015 Frankfurter Marathon war zugleich auch bis dato mein schnellster Marathon mit 3 Stunden und 54 Minuten.

Nach Frankfurt stellte sich mir die Frage was als nächstes anstand. Irgendwie war ich nicht mehr so richtig motiviert einen weiteren Marathon zu laufen. Die Distanz war für mich keine Herausforderung mehr und schnellere Zeiten interessierten mich nicht sonderlich – vor allem weil dadurch auch das Verletzungsrisiko ansteigen würde.

Die neue Herausforderung

Ich entschied mich etwas anderes zu machen und so kam ich auf die leicht bescheuerte Idee warum nicht einfach ein bisschen weiter zu laufen. Was könnte denn schon schiefgehen?!

Die nächst-längere Renn-Distanz ist der 50 KM Lauf und das schien gut machbar zu sein. 8 KM mehr, dass sollte nicht viel schwerer sein als ein Marathon.

Ich fand einen 50 KM Lauf nicht weit von unserem Wohnort in Colorado – den Greenland 50 KM Lauf (30. April 2016). Ich meldete mich an und startete mein Training.

Wie der Zufall es so wollte, zeigte Colorado eine der typischen Wetter-Schattenseiten an diesem Tag. Das Rennen fand Ende April 2016 statt. Ein Schneesturm war in der Vorhersage, aber das Rennen fand trotzdem statt. Auf gewisse Weise ist es durchaus normal für Colorado, um diese Zeit noch mal Schneefall zu haben.

In teilweise Knie-tiefem Schnee bei Minus 7 Grad Celsius, kräftigem Schneefall und starkem Wind lief ich die kompletten 50 KM. Es war super-anstrengend aber gleichzeitig auch super-fun. Colorado Winter hatten mich über die Jahre schon ein wenig abgehärtet und ich lief die kompletten 50 KM in Shorts (kurzer Hose) und wind-dichter Laufjacke. Der Wind war schon ein wenig „frisch" an den Beinen und der Schnee war natürlich auch kalt, aber ich hatte überlegt das eine lange Laufhose unter Umständen nass werden würde und dann wären die Temperaturen noch viel schlimmer zu ertragen.

Danach kam mir der Gedanke das wenn ich 50 KM unter solchen Bedingungen laufen kann, dann dürfte ein 50 Meilen Lauf (~80 KM) ja nicht viel schwieriger sein. Naivität kann eine Stärke sein.

Also meldete ich mich für einen 50 Meilen Lauf an und lief diese Distanz im September 2016. Ich brauchte etwas über 10 Stunden und 30 Minuten für die 50

Meilen und kam als Zehnter Läufer ins Ziel. Dieses Mal war das Wetter perfekt. Strahlend blauer Himmel, Sonne, aber angenehm kühle Herbst Temperaturen, kein Wind. Es war eine traumhafte Erfahrung und ich merkte wirklich wieviel Spaß mir das Laufen von Langstrecken machte.

Dann kam mein Job Wechsel und der Umzug nach Kalifornien und ich hatte in den ersten Monaten nicht genug Zeit für die langen Distanzen. Aber der Gedanke an ein längeres Rennen ließ mich nicht los und so meldete ich mich dann für einen 100 KM Lauf an – den Sycamore Canyon 100 KM Lauf – östlich von San Diego.

Sycamore Canyon 100 KM in 2018 war am Ende ein 104 KM langer Lauf (mit über 3300 Höhenmetern die zu bewältigen waren) und ich war fast 15 Stunden unterwegs, aber kam als Zweiter Läufer ins Ziel.

Im August 2018 packte es mich wieder und ich wollte erneut eine lange Distanz angehen. Wo waren meine Grenzen? Wie weit können meine Beine mich tragen? Ich wollte es herausfinden und nach kurzer Überlegungszeit entschied ich mich für mein nächstes Rennen:

100 Meilen. 160 KM. An einem Stück. Ohne Schlaf. In der Wüste von Arizona.

Kann man überhaupt 100 Meilen am Stück laufen?

Ich hatte davon zum Ersten Mal vor ein paar Jahren gehört und ich fand es faszinierend. Ich hatte immer geglaubt das man für so was Profi sein muss oder spezielle Fähigkeiten haben muss.

Aber wenn ich eines durch das Laufen gelernt habe, dann ist es der Glaube das man zu wesentlich mehr im Leben fähig ist als man eigentlich denkt.

Was hält uns eigentlich im Leben zurück? Wo sind die Grenzen und wer setzt diese Grenzen für uns? Das Langstrecken-Laufen hat mich verändert und ich habe dabei gelernt, dass man wir uns selbst diese Grenzen setzen und das wir selber in der Lage sind diese Grenzen zu verschieben und Hürden zu überwinden.

Hat man das erst einmal kapiert und umgesetzt, dann gibt es im Leben nicht mehr viele Hindernisse.

Mein 100 Meilen Abenteuer war klasse. Bei 88 Meilen fing mein rechter Schuh an auseinander zu fallen, aber ansonsten gab es keine großen Zwischenfälle und in knapp 26 Stunden hatte ich die 102 Meilen, die es am Ende waren, bewältigt.

Die nächsten Tage waren nicht unbedingt leicht. Einerseits setzte ich mich direkt am nächsten Morgen um 6 Uhr in ein Flugzeug von Phoenix nach Miami, Florida um dort zu arbeiten, andererseits merkte ich natürlich die Strapazen und war entsprechend „mitgenommen" und kaputt. Zwei Blasen und zwei kaputte Fußnägel die nach ein paar Wochen „abfielen" waren der physische Preis den ich bezahlen musste. Ich schlief den ganzen Flug und hatte natürlich auch eine gute Portion Muskelkater. Die folgenden Tage war ich eigentlich nur am Essen und zum Glück mangelte es in Miami nicht an guten Mahlzeiten. Ich ging früh ins Bett und schlief ohne aufzuwachen bis der Wecker klingelte.

Eine Sache die mit dem Laufen zu tun hat, macht mich immer wieder froh. Ich reise zur Zeit sehr viel für die Arbeit und durch das Laufen schaffe ich es nebenbei sehr viel Sehenswürdigkeiten zu sehen. Ich gehe morgens früh vor der Arbeit laufen. Der Londoner Hyde Park ist gerade im Frühjahr bei Sonnenaufgang extrem schön. Auch war ich zum Beispiel gerade in Washington DC und habe wundervolle Sonnenaufgänge an der Washington Mall erleben/erlaufen können.

Langstrecken laufen kann auch Gefahren mit sich bringen. So war ich zum Beispiel im Januar 2015 in San Francisco und bin dort vom Hotel aus zur Golden Gate Bridge gelaufen (~8 Meilen / einfache Strecke). Leider – was ich nicht wusste – ist die Golden Gate Brücke bei Dunkelheit für Fußgänger gesperrt. Für Fahrradfahrer dagegen ist sie geöffnet und unwissend folgte ich einem Radfahrer und einem anderen Läufer durch einen kontrollierten Zugang auf die Brücke. Dieser Zugang wird durch Kameras und eine Wiedersprechanlage und Fernbedienung kontrolliert. Ich hörte noch eine entfernte Stimme aber nahm den Inhalt nicht wahr. Ich lief bis auf die Mitte der Golden Gate Brücke, machte viele Bilder und machte mich dann auf den Rückweg. Am kontrollierten Zugang wurde ich dann gestoppt und auf mein Vergehen hingewiesen. Das Durchgangstor blieb geschlossen und mir wurde durch die Wiedersprechanlage mitgeteilt das die Polizei auf dem Weg sei. Ich wartete auf mein Schicksal als dann der nächste Radfahrer durchkam und sich das Tor unerwarteterweise (für mich) öffnete. Dann wurde mir durch die Wiederspruchanlage mitgeteilt das ich gehen durfte, aber das ich bitte beim nächsten Mal nicht so viel Glück haben würde. Schwein gehabt. Ich machte mich froh auf den 8 Meilen langen Rückweg zum Hotel.

Andere Geschehnisse beim Laufen gab es natürlich auch. So bin ich schon mehrfach Klapperschlangen begegnet, hatte bisher aber immer großes Glück sie rechtzeitig zu bemerken. Ein wenig angsteinflößend sind diese Biester aber schon. Auch treffe ich regelmäßig auf Kojoten.

Mein nächstes Lauf-Ziel ist jetzt der Grand Canyon. Ich möchte von der Südseite runter in den Canyon laufen und dann auf der Nordseite wieder hoch – nur um dann umzudrehen, um den gleichen Weg zurück zu laufen.

Hier in den USA nennt man das unter Läufern R2R2R (Rim to Rim to Rim). Die Entfernung ist knapp 50 Meilen, aber die eigentliche Herausforderung ist der Höhenunterschied da man ja zweimal runter auf den Boden des Grand Canyons laufen muss und zweimal hoch. Diese Art von Herausforderungen liebe ich und freue mich schon darauf diese Herausforderung anzunehmen. Danach will ich mich auf einen weiteren 100 Meilen Lauf konzentrieren.

Falls Ihr auch gerne Langstrecken lauft, meldet Euch einfach Mal. Vielleicht läuft man ja mal einen Wettbewerb zusammen oder einfach so.

Arbeiten in Kalifornien ist anders

Der neue Job in Kalifornien lässt sich bisher gut an. Ich habe ja nun doch schon bei einigen verschiedenen Firmen gearbeitet und dabei viele Leute unterschiedlichen Charakters kennengelernt, aber bei meinem derzeitigen Arbeitgeber ist einiges anders. Der gesamte Prozess, um ein Job Angebot zu bekommen, ist schon fast extrem. Es wird sehr viel Aufwand betrieben, um wirklich nur die besten Leute einzustellen. Jeder neue Angestellte muss möglichst gut ins Team passen und natürlich auch entsprechend gut ausgebildet sein. Das macht sich anschließend bei der Zusammenarbeit bemerkbar.

Die Firma ist auf gewisse Weise eine Startup Firma und wächst extrem schnell. Wir kommen teilweise mit dem Einstellen neuer Kollegen kaum nach. Entsprechend arbeiten wir alle sehr viel mehr als normal, aber jeder weiß warum das notwendig ist und zumindest bisher lässt sich die Firma nicht lumpen, wenn es um gute Bezahlung geht. Aber Geld ist nicht die einzige Motivation, denn durch unsere Arbeit sind wir in der Lage anderen Menschen – vor allem Kindern – ein wesentlich besseres Leben zu ermöglichen.

Ich bin mittlerweile zweimal befördert worden und meine Arbeitsaufgaben haben sich entsprechend verändert. Ich reise jetzt sehr viel häufiger innerhalb der gesamten USA und auch häufiger nach England oder auch mal nach Deutschland.

Mein Arbeitgeber hat es geschafft ein klasse Team zusammenzustellen. Das macht einen riesigen Unterschied für mich und entsprechend macht es Spaß hier zu arbeiten.

Arbeit ist Arbeit und natürlich gibt es auch hier mal Tage wo einem alles um die Ohren fliegt und man gerne das Weite suchen will. Das angenehme hier ist die Nähe zum Pazifik. Wenn es auf der Arbeit mal zu stressig wird, gehe ich während der Mittagspause an den Strand und laufe dort ein paar Meilen.

Für mich hat sich der Schritt nach Kalifornien zu gehen gelohnt – beruflich als auch finanziell. Privat hat die Umstellung ein bisserl länger gedauert, aber auch hier sind wir jetzt besser positioniert und entsprechend glücklich.

Warum eigentlich Denver?

Relativ früh legten wir uns auf Denver als Auswanderungsziel fest. Das hatte natürlich wichtige Gründe. Wir hatten eigentlich nur 4 Kriterien als Maßstab angelegt, aber es gab natürlich noch ein paar weitere Gründe.

1) Klima

2) Arbeitsmarkt

3) Outdoor / Freizeitmöglichkeiten

4) Infrastruktur

Als ersten schlossen wir einen Umzug an die Ostküste und den Mittleren Westen komplett aus. Das Klima, die dichte Bevölkerung und der Coolness Faktor spielten dabei eine Rolle. Coolness Faktor bezog sich mehr auf den Mittleren Westen bzw. die Staaten die Landschaftlich dann doch ein wenig langweilig erschienen. Alles westlich von Kansas/Nebraska/Texas wurde in Erwägung gezogen. Hier kam es uns zugute das wir schon in sehr vielen Staaten Urlaub gemacht hatten beziehungsweise das ich durch meinen Roadtrip von 1990 viele Informationen parat hatte.

Klima

Wir sind am Niederrhein aufgewachsen und wer sich dort auskennt, weiß das es dort regelmäßig sehr viel regnet. Im Nachhinein erscheint es mir so, dass es dort so viel geregnet hat, dass man im Fernsehen mehr Werbespots für Regenreifen und neue Scheibenwischer sehen konnte als alles andere. Wir wollten irgendwohin wo die Sonne schien. Denver bietet im Schnitt 280-300 Sonnentage pro Jahr und passte da schon mal ganz gut in unsere Auswahl. Seattle ist zwar wunderschön, ist aber zu regnerisch. Ähnliche Gedanken gab es bei uns für alles im Nordwesten der USA. San Francisco und das Silicon Valley waren an der Schmerzgrenze (wettermässig), aber den Ausschlag gab dann doch das Statement von Mark Twain. „ The coldest winter I ever saw was the summer I spent in San Francisco." Süd-Kalifornien zogen wir auch in Betracht, aber es hatte andere Gründe warum wir uns für Denver entschieden.

Arbeitsmarkt

Denver war damals schon eine Boomtown. Die Stadt hatte bereits Mitte der 80er Jahre angefangen vernünftig in die Wirtschaftsentwicklung zu investieren und da die Lebenshaltungskosten vergleichsweise günstig waren, zogen viele Firmen nach Denver. Es war für die Firmen auch leicht dort qualifizierte

Arbeitnehmer zu finden. Denver war so nicht mehr nur von der Öl-Industrie abhängig und wir erhofften uns da entsprechend gute Möglichkeiten (was sich ja auch bewahrheitete).

Outdoor & Freizeitmöglichkeiten

Denver und die Rocky Mountains boten uns alles und mehr. Skilaufen, Wandern, Rafting, Mountain Biking und vieles mehr – das machte es leicht für uns Denver den Zuschlag zu geben. Später kam dann noch Trail Running für mich dazu.

Infrastruktur

Denver hatte einen riesigen Flughafen mit sehr vielen Verbindungen nach Osten und Westen zu bieten. Es war relativ unkompliziert Flüge nach Deutschland zu finden. Der Flughafen war erst 1994 eröffnet worden und war zumindest damals entsprechend modern. Die Stadt Denver hatte damals gute Highways und war noch nicht so sehr durch das hohe Verkehrsvolumen lahmgelegt. Heutzutage muss man in Denver schon anders planen, wenn man von A nach B kommen will. Denver war auch groß genug so dass wir alle Annehmlichkeiten einer großen Stadt in Anspruch nehmen konnten – und trotzdem nahe an der Natur leben konnten. Denver hatte mehrere Sportsteams (Denver Broncos, Denver Nuggets, Denver Avalanche,

Colorado Rockies) und im Pepsi Center spielten alle großen Bands regelmässig. Es gab gute Ärzte und Krankenhäuser, falls das Mal wichtig werden sollte.

Ihr könnt also leicht erkennen, dass Denver eine relativ leichte Entscheidung für uns war. Wir haben uns dort immer sehr wohl gefühlt und auch heute würden wir ohne zu zögern dort wieder hinziehen (sofern es finanziell Sinn macht).

Kalifornien war immer eine gute zweite Wahl für uns, ohne das negativ zu meinen. Die höheren Lebenshaltungskosten waren damals mit ausschlaggebend und auf gewisse brauchte es fast 20 Jahre bis wir uns diesen Schritt zugetraut haben. Aber in der Zeit stieg auch unser Einkommen erheblich an und jetzt können wir es uns viel leichter erlauben hier wohnen zu können.

Wie findet man Arbeit in einem anderen US Bundesstaat

Im Nachhinein erscheint es mir fast wie ein Wunder, aber man realisiert erst nach einer Weile wie schwierig es sein kann Arbeit in einem anderen US Bundesstaat zu finden. Der Umzug und die Jobsuche in Kalifornien war kein Pappenstiel.

Wait a minute – wieso ist es schwer?

Der eigentliche Prozess ist nicht schwer (offene Stelle finden, Bewerbung abschicken, Vorstellungsgespräch, etc.), aber wenn man in einem Bundesstaat wohnt und sich auf Jobs in einem anderen Bundesstaat bewirbt, dann gelten ganz andere Regeln.

In meinem Fall lagen die Hürden ziemlich hoch:

1) Ich bewarb mich nur auf Stellen die 1-2 Stufen über meiner jetzigen Position waren.

2) Ich hatte nur relativ kurze Zeit an Berufserfahrung als IT Manager vorzuweisen.

3) Ich wohnte über 1000 Meilen weit weg.

Am Ende hatte ich in 18 Monaten über 200 Bewerbungen verschickt. Ich lehnte 2 Job Angebote ab, obwohl sie mich nach Kalifornien gebracht hätten. Das 3. Job Angebot nahm ich an und arbeite auch heute (2,5 Jahre später) noch bei dieser Firma. Um diese 3 Angebote zu erhalten, reiste ich insgesamt 4-mal von Colorado nach Kalifornien. Eine Bewerbung in Florida verlief auch ziemlich erfolgreich, allerdings waren die logistischen Voraussetzungen, um nach Florida zu reisen (von Denver) wesentlich schwieriger und so gab ich das Florida Experiment auf. Der Zeitzonen-Unterschied und die längere Reisezeit waren wirklich eine Herausforderung und Florida war einfach auch nicht unsere erste Wahl gewesen, um es als neuen Wohnort in Erwägung zu ziehen.

Wie kann man also eine erfolgreiche Job Bewerbung in einem anderen Staat hinbekommen?

Anmerkung: Sollte man ein Spezialist in einem gewissen Fachbereich sein, kann es sein das die Headhunter einen für Vorstellungsgespräche einladen. Meine Beschreibung hier ist für „normale" Arbeitnehmer.

Die ersten Bewerbungen schrieb ich alle unter meiner damaligen Adresse (Highlands Ranch, Colorado). Nachdem ich keinerlei Antwort erhielt, entschied ich mich eine Adresse in Kalifornien zu benutzen. Aber ich kannte niemanden dort und so entschied ich mich für einen kleinen Trick. Ich suchte nach UPS Store Geschäften in der jeweiligen Gegend einer Firma. Dann benutzte ich die Adresse des UPS Geschäfts mit dem Hintergedanken das ich ja dann im Erfolgsfall schnell eine Mailbox dort anmieten kann. In den USA kann man eine Mailbox (=Postfach) in UPS Geschäften anmieten und diese für alle Postangelegenheiten benutzen. Sollte mich jemand darauf ansprechen, konnte ich immer noch sagen das ich keine feste Adresse in Kalifornien hätte. Hier kam dann ein weiterer Trick zum Einsatz. Ich konnte bei meinem damaligen Arbeitgeber ab und zu von zuhause aus arbeiten und meine Strategie war zu sagen das ich „Tele-commute" (=von zuhause aus arbeite) und das ich in Kalifornien hauptsächlich bei Freunden blieb oder ein AirBnB angemietet hätte. Hier würde ich dann – falls notwendig – erklären das ich Tele-Arbeiter wäre und technisch gesehen dem Denver Büro meines Arbeitgeber angehören würde.

Hört sich alles sehr kompliziert an, aber US Arbeitgeber haben Sorge das Arbeitnehmer aus anderen Bundesstaaten entweder den Umzug bezahlt haben wollen oder am Ende kalte Füße bekommen und dann nicht auftauchen. Diese Sorge ist begründet – ich habe es selbst bei meinem neuen Arbeitgeber so gesehen.

Leute machen Zusagen und tauchen dann tatsächlich nicht auf – und alle bringen dann plötzlich ähnliche Entschuldigungen an. Arbeitgeber sind also entsprechend vorsichtig.

Das ganze Szenario das ich gerade für meine Vorgehensweise beschrieben habe, war leider notwendig, um Antworten von Arbeitgebern aus Kalifornien zu bekommen. Man muss da natürlich auch schauen, dass die ganze Story stimmt und nicht negativ auf einen zurück kommt. Habe ich aus anderen Staaten für meinen Arbeitgeber gearbeitet? Mehrfach, aber vielleicht nicht in dem Ausmaß wie man es vermuten könnte. Und wichtig – es ist immer noch wichtig das Deine Berufserfahrung und Skills wirklich so sind wie Du es angibst. Wohnort-Info kann man tricksen, aber fehlende berufliche Kenntnisse nicht. Allerdings muss ich auch sagen, dass es am Ende niemanden interessiert hat wo ich zur Zeit gewohnt habe – aber für den allerersten Kontakt ist es halt notwendig.

Ich nahm jede Möglichkeit in Anspruch ein Vorstellungsgespräch zu bekommen. Ich bewarb mich natürlich auch in Denver, allerdings gab es dort zu der Zeit nicht so viele offene Stellen für mich. Aber ich bewarb mich auch auf Stellen, die nicht unbedingt mein Fall waren. Jedes Vorstellungsgespräch war Training für mich. Mit jedem Vorstellungsgespräch wurde ich besser und entwickelte regelrechte Strategien, um ein Vorstellungsgespräch zu meinem Vorteil zu drehen. Ich hatte dutzende telefonische Vorstellungsgespräche und natürlich auch einige vor Ort (Denver + Kalifornien). Jedes Gespräch wurde analysiert, jede Frage und Antwort notierte ich und basierend auf der Reaktion des Gesprächspartners angepasst und verbessert. Ich experimentierte regelgerecht und verbesserte meine Antworten immer wieder.

Als nächstes analysierte ich meinen Lebenslauf und das Bewerbungsanschreiben. Es gibt in den USA verschiedene elektronische Bewerbungssysteme und jedes funktioniert ein wenig anders als das der Konkurrenz. Diese Systeme filtern elektronisch jene Kandidaten aus, die offenbar nicht das richtige Material darstellen. Es ist weit bekannt, dass diese Systeme regelmäßig versagen und gut qualifizierte Kandidaten werden trotz aller Bemühungen nicht erkannt und entsprechend ausgefiltert. Jedes System hat eine andere Art, wie es den Lebenslauf einliest und wenn man halt Pech hatte, dann war die ganze Arbeit umsonst. Dem wollte ich vorbeugen. Ich verbrachte viel Zeit mit diesen Systemen. Ich suchte nach Firmen wo ich mich eh nie bewerben würde, die aber bestimmte Bewerbungssysteme einsetzten und bewarb mich dann mit falschen Lebensläufen, um zu sehen wie die Bewerbung am anderen Ende herauskommt. Als Kandidat kann man bei den meisten System erkennen wie gut oder schlecht der Lebenslauf eingescannt und formatiert wird. Je dümmer das System, desto mehr musste man hinterher schon per Hand korrigieren. Dem wollte ich vorbeugen und optimierte meinen Lebenslauf für die unterschiedlichen Systeme in den USA. ADP, Workday, LinkedIn und wie sie sonst noch hießen - ich hatte für 90% aller elektronischen Bewerbungssysteme einen passenden Lebenslauf und Anschreiben.

Dann analysierte ich meine Erfolgsrate bei echten Bewerbungen. Bekam ich einen Anruf, dann wusste ich das meine Bewerbung gut formatiert war und sauber durch das System lief. Ich machte fast eine Wissenschaft aus dem Ganzen. Das dann alles mit meinem „Vorstellungsgesprächs Training" kombiniert, erbrachte mir eine knapp 85% Erfolgsrate bei Bewerbungen sofern ich nach einem telefonischen Gespräch zum persönlichen Gespräch eingeladen wurde. Allerdings benutzte ich jedes telefonische Vorstellungsgespräch auch dazu den potentiellen Arbeitgeber kennenlernen und eventuell auszufiltern. Ich wollte möglichst sicherstellen das ich nicht bei irgendeiner miesen Firma lande – denn auch davon gibt es genug in den USA.

Man kann sich den gesamten Prozess wie einen großen Trichter vorstellen. Oben schmiss ich alle Bewerbungen rein (200+) und ganz unten am Trichter kam nur eine ganz kleine Anzahl an Möglichkeiten heraus. Dort aber erreichte ich dann eine extrem hohe Erfolgsquote.

Am Ende fand ich so meinen derzeitigen Arbeitgeber und muss sagen das ich mich dort bisher extrem wohl fühle.

Jetzt kann man natürlich sagen das am Ende die Anzahl an Bewerbungen in keinerlei fairem Zusammenhang zum Ergebnis steht. Und auf gewisse Weise ist das vielleicht auch wahr, aber dann wiederum findet man viele Details über Firmen und offene Positionen erst heraus, wenn man durch den Bewerbungsprozess geht.

Für mich ist es immer wichtig auch Fragen zu stellen, um herauszufinden ob ich überhaupt für eine Firma arbeiten will. Und das geht leider erst, wenn man den ersten Kontakt hergestellt hat. Viele Firmen, die auf der Oberfläche toll aussehen, sind dann in Wirklichkeit keine tollen Arbeitgeber um dort zu arbeiten.

Um relativ leicht bei Vorstellungsgesprächen in Kalifornien auftauchen zu können, holte ich mir eine United Airlines Kreditkarte. Diese Karte kam mit einem Angebot von 50000 Flugmeilen bei Vertragsabschluss, wenn man $ 2000 in den ersten 2 Monaten ausgeben würde. Das Angebot stellte kein Problem dar und so konnte ich dann kurzfristig immer preiswert mit Flugmeilen meine Reisen nach Kalifornien bezahlen. Zusätzlich bekam man für jeden Dollar den man über die Kreditkarte laufen ließ, eine Flugmeile gutgeschrieben. Da wir eh immer nur eine einzige Kreditkarte für alle Ausgaben benutzen, war es leicht für uns alle Ausgaben auf die neue Kreditkarte umzuschichten.

Zweimal fuhr ich sogar auch mit dem Auto von Colorado nach Kalifornien und zurück da Flüge ausgebucht waren. Man kann tatsächlich in den USA über 1200 Meilen in weniger als 15 Stunden durchs Autofahren schaffen. Allerdings blieb bei diesen Fahrten das Tempolimit häufig eher eine Empfehlung.

I love road trips.

Für solche Gewalttouren holte ich mir dann immer einen Mietwagen. Das war preiswerter und irgendwie einfacher. Ich musste mir keine Gedanken machen irgendwo liegen zu bleiben, da ich dann einfach ein anderes Fahrzeug bekommen würde. Mit dem eigenen Fahrzeug müsste ich sonst an einer Werkstatt warten.

How bad do you want it?

Wichtig ist es einfach auch zu sehen wie sehr man ein gewisses Ziel erreichen will. Ich stehe auf dem Standpunkt, je mehr man irgendwo reinsteckt (Aufwand, Einsatz, Arbeit, Geld, Motivation) desto eher kann auch erwarten das das Auskommen entsprechend ist. Manche Sachen muss ich einfach auf Englisch beschreiben, weil es mir schwer fällt dies auf Deutsch zu formulieren:

If you always do what you've always done, you will always get what you've always got.

Soll in etwa so viel heißen, dass man halt nur durchschnittliche Ergebnisse erzielen kann, wenn auch nur durchschnittlichen Einsatz einbringt.

Für uns hat sich das Risiko völlig gelohnt und es hat sich auch zwischendurch nie die Frage gestellt, ob es den Einsatz wert ist.

Auswandern

„Ich wandere aus." – Diesen Spruch hört man doch relativ häufig, wenn Leute unzufrieden sind und aus der gewohnten Umgebung und dem Alltag herauswollen. Die wenigsten jedoch gehen einen Schritt weiter und erkundigen sich nach Möglichkeiten. Noch weniger Menschen nehmen dann die Mühe und das Risiko auf sich und wandern auch tatsächlich aus.

Manch einer will auch nicht auswandern, sondern eigentlich nur mal ein paar Jahre im Ausland leben und seinen Horizont erweitern. Dies sind im eigentlichen Sinne keine Auswanderer, sondern nur Gastarbeiter in einem anderen Land. Das meine ich natürlich nicht im schlechten Sinne, denn es kann beruflich durchaus Sinn machen ein paar Jahre im Ausland zu arbeiten.

Was macht denn nun einen Auswanderer wirklich aus?

Sind es besonders harte Menschen, die vor nichts Angst haben, oder sind es Leute mit scharfem Verstand, die die mit dem Auswandern verbundenen Risiken einfach besser abschätzen können, oder sind es Tagträumer, die ohne Plan und nur mit wenig Wissen in das Abenteuer Auswanderung aufbrechen, ohne zu ahnen, was da auf sie zukommt?

Wir haben über die Jahre hinweg viele verschiedene Auswanderer kennen gelernt, aber auch Leute die nur Vorgaben Auswanderer zu sein, um dann schnell wieder nach Deutschland zurück zu kehren (Heimweh, fehlende Familie, kein Erfolg in den USA, etc.).

Die Gründe zur Auswanderung sind oft vielseitig. Wirtschaftliche Gründe sind häufig genannte Dinge, die wir zu hören bekommen. Die Enge in Deutschland und der Drang nach Freiheit sind auch häufig genannte Gründe. Persönliche Unzufriedenheit mit der derzeitigen Umgebung (privater Natur) in Deutschland wird auch häufig genannt. Das Streben nach beruflicher Veränderung ist ebenfalls ein genannter Auswanderungsgrund.

Das Wetter ist ebenfalls ein ausschlaggebender Grund, der alten Heimat den Rücken zu kehren. Liebe zu einem/einer Amerikaner/in ist nicht direkt ein Auswanderungsgrund – häufig endet dieser Schritt aber in einer erfolgreichen Auswanderung und Integration in den USA.

Manchmal hört man aber auch, dass der „American way of life" der Auswanderungsgrund ist. Uns hat es damals auch gerade wegen des American way of life in die USA gezogen. Das Leben ist lockerer und flexibler

hier, die Leute im Großen und Ganzen gelassener –
alles wird (meistens) eine Spur relaxter genommen. Es
gibt keinen vorgeschriebenen Weg seinen
amerikanischen Traum zu realisieren. Es liegt an jedem
selber diesen Traum Wirklichkeit werden zu lassen.

Menschen, die wegen des American Way of Life
auswandern, scheinen allerdings irgendwie von einem
anderen Schlag zu sein. Wir persönlich sehen da mehr
Zielstrebigkeit und auch den Willen sich durch größere
Hindernisse nicht aufhalten zu lassen. Man ist willens
größere Risiken einzugehen. Dieses Verhalten ist nicht
unbedingt so ausgeprägt bei Menschen die hier nur auf
bestimmte Zeit in den USA sind.

Wer aus eben benannten Gründen auswandert, hat ein
gewisses Ziel, einen Traum, den es zu verwirklichen gilt,
und mit entsprechendem Ehrgeiz werden die Ziele
dann in Angriff genommen. Man lebt dann irgendwie
entspannter mehr relaxt. Das Hauptziel ist nicht
materieller Art oder eine bestimmte Checkbox auf dem
Lebenslauf (Auslandserfahrung) abzuhaken, sondern
Lifestyle/Lebensart.

Häufig sieht man dann aber auch, dass es gerade diese
Menschen dennoch weiterbringen und mehr erreichen
als andere. Häufig werden dann sogar Nachteile
fehlender Ausbildung durch den Mehreinsatz

wettgemacht und größerer wirtschaftlicher Erfolg erzielt.

Ich finde es sehr motivierend, wenn andere Menschen hier nicht nur Glück und Zufriedenheit finden, sondern dann auch noch den nötigen Erfolg haben. Wer hart für etwas arbeitet, hat auch den Erfolg verdient.

Befremdlich finde ich es manchmal, wenn manche Leute, die erkennbar nur auf kurze Zeit in den USA sind und sich hier aufführen, als hätte Amerika nur auf sie gewartet und kein Amerikaner könnte sie ersetzen – warum sonst sollte ein Arbeitgeber noch ein Visum sponsern? Offenbar scheint es solchen Leuten zu Kopf zu steigen das ein Arbeitgeber für sie durch den Visa-Prozess geht und schon vorab viel Geld für sie ausgibt.

Ich habe einige dieser „Exemplare" getroffen und es ist in der Regel ein anderer, unsympathischer Menschenschlag und ich habe zum Glück nur sehr wenig gemeinsam. Ich habe aber auch eine Weile gebraucht meine Gefühle diesbezüglich komplett abzuschütteln und ignoriere diese Menschen. Es gibt wichtigeres und mehr positives im Leben, das es wert ist meine Aufmerksamkeit zu bekommen.

Die deutsche Arbeitskraft und -qualität war hier früher sehr hoch angesehen und ist es teilweise auch heute noch – aber sicher nicht mehr auf der gleichen Stufe wie früher. Allerdings liegt es an jedem einzelnen dieses „Vorurteil" zu bestätigen. Man kann sich als Auswanderer nicht auf dem guten Ruf anderer ausruhen und erwarten das einem die Arbeitgeber zu Füssen liegen.

Ich sehe es als Privileg an, hier in den USA leben zu dürfen. Die USA müssen keine Green Cards verlosen oder tausende H1-B Visa für Arbeitskräfte aus dem Ausland ausgeben. Ja, die Visavergabe hat auch einen wirtschaftlichen Hintergrund, aber es geht auch um den Erhalt der Vielfältigkeit der USA.

Ein Land, das sich aus so vielen unterschiedlichen Kulturen zusammensetzt, hat erhebliche Vorteile gegenüber anderen Ländern, und das wird hier in den USA relativ erfolgreich praktiziert. Natürlich gibt es auch hier in den USA viele Rassen-Probleme und es ist noch ein langer Weg bis Rassismus besiegt ist. Persönlich habe ich da wenig negatives erlebt und meines Erachtens nach, konzentriert sich da eine Menge auf die Süd-Staaten der USA bzw. ärmere Gegenden in den USA.

Der Patriotismus der Amerikaner wird häufig missverstanden und schlechtgeredet, aber wenn man ihn hautnah erlebt und sieht, wie stolz die Bürger aller Rassen auf die USA sind, dann versteht man ein wenig besser, was Amerika ist. Leider ist der Patriotismus unter Trump stark unter die Räder gekommen und wird missinterpretiert.

Es ist etwas, was man nicht unbedingt in Worten ausdrücken kann oder in Stücke zerlegen und dann analysieren kann. Vielleicht ist das der Grund, dass man diesem Patriotismus in Deutschland so verständnislos gegenübersteht – man kann es nicht unbedingt erklären und daher kann es nicht richtig sein, dass die Amerikaner ihren Patriotismus leben, wie sie es tun.

Ich bin Amerikaner und bin stolz darauf. Ich habe es mir ausgesucht, Amerikaner zu sein – ich hatte die Wahl und niemand hat es mir aufgezwungen. Ich bin den USA dankbar, dass ich heute hier leben darf und dass ich Teil dieser Gesellschaft sein darf, und zwar mit allen Vorteilen und Verpflichtungen, die dieser Schritt mit sich bringt.

Das bringt mich auch zu dem unausweichlichem Thema Donald Trump. Im Großen und Ganzen halte ich mich aus dem Thema Politik raus, aber in Anbetracht der derzeitigen Situation ist das sehr schwierig. Ich habe seit vielen Jahren die amerikanische Staatsbürgerschaft und wähle auch entsprechend bei den Wahlen.

Für mich verkörpert dieser Mann nicht den amerikanischen Traum, sondern er ist jemand der sich das amerikanische System zu Nutze gemacht hat und entblößt Lücken im amerikanischen System. Ich glaube nicht das Trump mit Patriotismus gleichgesetzt werden darf – der Mann hat klare wirtschaftliche und rassistisch-veranlagte Interessen, die er verfolgt. Man kommt sich teilweise so vor als wäre man im Kindergarten, wenn man sein Verhalten sieht. Aber dann wacht man auf und hofft das diese 4 Jahre Trump bald vorbei sein werden.

Aber er repräsentiert nicht das echte Amerika – egal wie häufig er versucht das Gegenteil zu erzählen. Nur weil einer lauter schreit als die anderen, heißt das nicht das er Recht hat.

Erschreckend ist auch wieviel Menschen hier Verstand und Respekt über Bord geworfen haben, um diesem Mann zu folgen. Wenig überraschend ist es leider, dass so viele Mitglieder der Republikaner hier in den USA so machtgeil sind, dass sie Donald Trump folgen – selbst, wenn er sie vorher aufs übelste beschimpft und erniedrigt hat. Manche Menschen sind leider so machtverliebt, dass sie ihre „Ansichten" dem Wind anpassen würden, wenn es ihnen selbst mehr Macht und Geld einbringen würde. In der heutigen Zeit sehen auch andere Länder leider ähnliche „populistische" Tendenzen und es sind gefährliche Zeiten in denen es wichtig ist nicht nur schweigend zu zusehen.

2020 wird ein sehr interessantes Jahr werden. Leider werden wir wohl weitere menschliche Tiefpunkte erleben in denen Anstand und Respekt den Lügen gewisser Individuen weichen müssen. Das Ganze nennt sich dann Wahlkampf und dient als Entschuldigung den Anstand über Bord zu werfen.

Persönlich hoffe ich auf einen besseren, neuen Präsidenten (oder Präsidentin) und friedlichere Zeiten.

Amerika - Land der unbegrenzten Möglichkeiten

Amerika ist immer noch das Land der unbegrenzten Möglichkeiten. Die Wirtschaftskrise von 2008 aber hat dramatische Spuren hinterlassen die auch heute (2019) noch sichtbar sind. Für viele Menschen ist auch heute noch die Welt nicht mehr in Ordnung, denn viele Arbeitsplätze gingen auf immer verloren. Aber das heißt nicht, dass Amerika nicht mehr das Land der unbegrenzten Möglichkeiten ist.

Es ist heutzutage immer wichtiger das man flexibel ist und sich neuen Trends anpassen kann und nicht in der Vergangenheit lebt. Es ist meiner Meinung nach jetzt völlig normal, dass man unter Umständen 2-3 verschiedene Berufe im Leben erlernen muss und das man auch häufiger den Arbeitgeber wechseln muss. Ich bin mittlerweile bei meinem 9. Arbeitgeber in den USA.

Für viele Menschen ist aber diese Einstellung nicht selbstverständlich und es wird größere Spaltungen in der Amerikanischen Gesellschaft hervorrufen. Umso wichtiger halte ich es, dass man sich dem Neuen anpasst und sich diesen neuen Herausforderungen stellt, wenn man sich seinen eigenen amerikanischen Traum verwirklichen will.

Und hier eines dieser Paradoxe in Amerika. Einerseits gibt es hier sehr viele Leute die nur auf die Regierung schimpfen. Sie wollen keine Obama-Care Krankenversicherung oder finden das es zu viel Sozialversicherung gibt. Sie wollen keine Steuern zahlen und beklatschen jede Art von De-Regulierung.

Gleichzeitig sind das häufig diejenigen Menschen, die am ehesten von bezahlbarer Krankenversicherung profitieren könnten oder die nicht genug Geld verdienen bzw. sparen und dann im Alter nicht in den Ruhestand gehen können, da die öffentliche Rente zu niedrig ist und sie selber nichts dafür angespart haben. Das sind dieselben Menschen die durch De-Regulierung zum Beispiel im Finanzbereich durch Wucherzinsen in den Ruin getrieben werden. Die Liste ist lang, aber ich will Euch nicht langweilen.

Worum es mir geht, ist aufzuzeigen das man hier selbst für sich sorgen muss und auch kann. Viele machen es eben nicht und das sind dann die Negativ-Beispiele, über die man immer liest oder in den Nachrichten hört. Nimmt man aber sein Schicksal hier selbst in die Hand, dann kann man hier a) gut leben und b) es wirklich weit bringen.

So ist uns z. B. aufgefallen, dass auch in schlechten wirtschaftlichen Zeiten gewisse Leute immer noch relativ schnell wieder einen guten Job finden, auch wenn sie arbeitslos sind oder einfach nur den Job wechseln müssen um wieder glücklich zu sein. Zu dieser Gruppe Menschen gehören nicht nur Leute mit sehr guter Ausbildung, die in der Vergangenheit gezeigt haben, dass sie zu außergewöhnlichen Dingen fähig sind, sondern auch Menschen, die hart und smart arbeiten.

Durchschnitt sein kann jeder und man muss auch nicht ein Genie sein – aber zwischen Durchschnitt und Genie ist ausreichend Platz für Leute mit dem gewissen Etwas. Eine gute Ausbildung hilft natürlich auch, aber es hilft auch wenn man sich zukünftigen Trends frühzeitig anpasst und bereit ist unter Umständen den Wohnort zu wechseln oder auch einen Wechsel in eine andere Karriere zu machen. Harte Arbeit und eine gesunde Einstellung zu harter Arbeit schaden natürlich auch nicht.

Manchmal zahlt es sich auch finanziell aus erstmal weniger Geld im neuen beruflichen Bereich zu verdienen. Man lernt erstmal das Neue und die gute Bezahlung folgt dann erst etwas später. So habe ich es zum Beispiel mit meinem Wechsel ins IT Management gemacht.

Ein anderes Beispiel ist unser Freund Rob. Vor ein paar Jahren hat er die Firma, für die er zu dem Zeitpunkt gearbeitet hat, mit seinem Bruder und einem Freund gekauft. Einige Jahre lang musste er jeden Monat eine nicht unbedeutende Stange Geld an die Verkäufer bezahlen, um den Kaufpreis abzustottern - zudem waren die Verkäufer noch als Consultants monatlich weiterhin zu bezahlen. Im September 2002 war endlich die letzte Zahlung fällig und er war Mehrheitseigner eines guten gehenden Geschäftes. Die Firma hat mehrere Verladehöfe für Holz und arbeitet eng mit mehreren Eisenbahngesellschaften zusammen.

Knapp Zwei Jahre später erhielt er völlig aus heiterem Himmel ein Kaufangebot für seine Firma – inklusive eines gut dotierten Arbeitsvertrags für 5 Jahre und einem Platz im Aufsichtsrat des Käufers – einer großen Kanadischen Firma. Nachdem alle Details ausgearbeitet waren, konnte er sich zurücklehnen. Er war zu dem Zeitpunkt noch keine 45 Jahre alt und hätte direkt in den Ruhestand gehen können.

Was ihn aber von vielen anderen unterscheidet, ist seine Einstellung zu gewissen Dingen. Über die letzten Jahre hinweg hat er mit wenig Geld auskommen müssen, denn die Belastungen für den Kaufpreis der Firma schränkten sein Budget doch arg ein. Zum

Zeitpunkt des Firmenverkaufs fuhr er einen 15 Jahre alten Toyota Pickup Truck.

Auch nachdem er dann die Schuldenverpflichtung los war, ging er nicht hin und gab das Geld mit vollen Händen aus. Er kauft nicht das Teuerste ein, wenn er Geld ausgibt, und er lebt zwar nicht sparsam und gönnt sich durchaus was – aber in Maßen. Auch ist er kein Ausbeuter – seine Angestellten sind ihm sehr wichtig und er kümmert sich darum, dass sie etwas vom Geldregen abbekommen – schließlich haben sie zum Erfolg des Unternehmens beigetragen. Na ja, und er hat die vergangenen Jahre nicht nur 35 oder 40 Stunden die Woche für diesen Erfolg gearbeitet.

Heute lebt er auf einer kanadischen Insel und genießt seinen Ruhestand. Er verbringt einen Teil seiner Zeit damit für wohltätige Zwecke zu arbeiten oder um mit einem schön-restauriertem MG Roadster durch die Gegend zu fahren.

Wir empfehlen allen Lesern mal die Lektüre des Buches "The Millionaire next door". Es handelt zwar nicht über unseren Freund, aber es beschreibt ihn doch ein wenig ...

Reinvent yourself

Ich habe mich ja hier in den USA selbst zum IT Spezialisten ausgebildet. Aber das war wirklich nur der allererste Schritt zu einer Karriere in der ich mich mehrfach selbst neu-erfinden musste. „Future-proof" nennt man das hier in den USA.

Ich habe mal mehr, mal weniger früh Trends erkannt und mich dann entsprechend positioniert. Es gab nur wenige Momente – gerade am Anfang unserer Zeit in den USA – wo ich nicht unbedingt Kontrolle über meine Zukunft hatte. Heute rufen mich Headhunter regelmäßig an, um zu frage ob ich Interesse hätte für einen ihrer Kunden zu arbeiten.

Auch ergeben sich plötzlich andere Möglichkeiten im Leben, die man sonst vielleicht so nicht unbedingt erwarten kann. Deutschland hat sich sicherlich ein wenig verändert seitdem wir ausgewandert sind, aber ich denke doch das man hier in den USA wesentlich leichter das Heft ergreifen kann und Kontrolle über sein eigenes Schicksal nehmen kann.

DT Advanced Incorporated

Im Dezember 2010 setzten sich ein paar Freunde und ich zusammen, um eine Firma zu gründen. Wir wollten im lokalen IT Bereich als Service Anbieter für kleinere und mittelgroße Firmen arbeiten.

Wir gründeten eine Aktien Gesellschaft (Corporation) und los gings'. Wir nannten die Firma „DT Advanced Inc..

Wir waren motiviert und frohen Mutes und eine Zeitlang sah es auch so aus als ob wir gut im Rennen liegen würden.

Wir arbeiteten alle bei der gleichen Firma im Hauptberuf und waren so in der Lage uns gegenseitig Deckung zu verschaffen, wenn man mal tagsüber während der Geschäftszeiten einen Kunden Termin hatte. ABER – dies war nur in Bezug auf Flexibilität zu betrachten. Wir arbeiteten 8 Stunden oder mehr pro Tag für unseren richtigen Arbeitgeber, nutzten aber die Flexibilität, um zwischendurch für uns selber zu arbeiten. Unsere Arbeitsverträge verboten nicht das wir eine Nebentätigkeit hatten.

Nach einer Weile stellte sich aber heraus das ich der einzige war, der wirklich an der eigenen Firma arbeitete.

Ich berief mehrere Meetings ein, um die anderen 4 wieder auf die richtige Linie zu bringen, aber nach weiteren 2 Monaten machte es einfach keinen Sinn. Ich arbeitete 4-5 Stunden pro Tag für DT Advanced während die anderen zuhause saßen und TV guckten. Wenn ich schon so viel arbeiten sollte, dann brauche ich nicht 4 andere Leute die mir dabei zu gucken.

Ich berief ein letztes Meeting ein und schlug vor die Firma zu schließen. Ohne Gegenwehr wurde dies einstimmig beschlossen.

Es war ein wenig frustrierend so viel Arbeit und Energie in ein weiteres Projekt gesteckt zu haben, um dann so abschließen zu müssen. Ich hatte zu viel Vertrauen in meine Freunde gesetzt, aber nicht jeder ist geeignet eine Firma zu führen. Jeder hatte einen tollen Titel, aber das trotzdem harte Arbeit notwendig war, fiel einigen wohl nicht auf.

Bei nächsten Mal weiß ich, dass ich mindestens 51% einer neuen Firma besitzen muss und das ich entsprechend auch das Sagen habe.

Aber, auch wenn die Ereignisse frustrierend waren, es war doch wichtig es zumindest versucht zu haben. Viele Menschen geben einfach viel zu früh auf bzw. versuchen er gar nicht. Man kann nur mit Sicherheit sagen das etwas Bestimmtes nicht klappt, wenn man es versucht hat. Wenn man es nicht versucht, weiß man nie ob es geklappt hätte oder nicht.

Anmerkung: Das zusätzliche Wissen, das ich während der kurzen Zeit durch DT Advanced aufgebaut habe, kam mir in meinem jetzigen Job etwas hilfreich zu Gute und so war es im Nachhinein ein wichtige Erfahrung in meinem Leben.

Wir sind auf Youtube

Im Jahr 2017 starteten wir einen eigenen Kanal auf YouTube. Mittlerweile haben wir dort fast 100 Videos online (Stand Juli 2019).

Themen sind natürlich die Auswanderung nach Amerika und das Leben in den USA. Auch findet Ihr dort viele aktuelle Auswanderungs-verwandte Tipps und Tricks zum Leben in den USA.

Auch wenn es sich derzeit noch um einen recht kleinen Kanal handelt, finden sich dort doch schon relativ viele Leute an, um einfach mal „Hallo" zu sagen und Fragen zu stellen oder einfach mal einen Kommentar zu hinterlassen. Das ist für uns sehr wichtig, weil es uns Anregungen zu neuen Themen gibt und natürlich auch motiviert weitere Videos zu erstellen.

Wir würden uns sehr freuen, wenn Ihr dort auch mal vorbeischaut und natürlich bei Gefallen den Kanal abonniert. Neue Videos werden zurzeit wöchentlich veröffentlicht. Und wir freuen uns natürlich auch, wenn Ihr den Kanal anderen Leuten weiterempfehlt.

Wir veröffentlichen mehrere Videos pro Monat und entsprechend empfehlen wir Euch auch einfach mal durch die älteren Videos zu browsen – massig

Informationen zum Leben in den USA. Und natürlich gibt YouTube Euch auch die Möglichkeit die Benachrichtigungen für neue Videos zu aktivieren

YouTube Name:

auswanderungUSA

URL: https://www.youtube.com/channel/UCSh3-mx9xPN1FLJOdZJv7vw

Was würden wir anders machen ...

Rückblickend ist es immer leichter das man Dinge anders gemacht hätte oder Fehler vermieden hätte. Hier sind ein paar Dinge, die wir anders machen würden, wenn wir nochmal zurückgehen könnten.

Das sind jetzt keine Sachen, die uns Kopf zerbrechen machen, sondern eher freundliche Tipps für Euch. Auswandern ist nicht leicht und es gab damals einfach nicht so viele Information wie es sie heute gibt. Dazu kommt, dass man im Leben eigentlich viel zu wenig gute Ratschläge anderer annimmt. Ich hoffe das unsere Ratschläge Euch ein wenig helfen.

Hauskauf

Wir haben damals eigentlich viel zu lange gewartet ein Haus zu kaufen. Unsere Information bezüglich der Credit History stimmtem im Endeffekt nicht und wir hätten schon viel früher ein Haus kaufen können.

Selbständigkeit

Wir starteten unsere eigene Firma im Jahr 2002, hatten aber nie den Gedanken oder den Mut dieses damalige Nebeneinkommen in unser Haupteinkommen umzuwandeln. Es war als Nebentätigkeit geplant und positioniert, aber im Nachhinein war es ein Fehler nicht den nächsten, größeren Schritt gemacht zu haben – obwohl wir wahrscheinlich mehrfach nahe dran waren als das eigene Geschäft sich gut entwickelte. Keine Schuldzuweisung, aber im Nachhinein denke ich das es die Art ist, wie man in Deutschland aufwächst und erzogen wird (vermeidet Risiko, Vollkasko-Mentalität). Unternehmertum ist in Deutschland nichts was einem richtig beigebracht wird oder zu dem man ermutigt wird. Man wird durch die Schul-Ausbildung in Deutschland auf Lehre oder Universität und dann Beruf getrimmt und Risiko wird minimiert – egal in welchem Bereich des Lebens. Das ist im Gegenzug etwas was ich meinem Sohn hier beibringen will, damit er zumindest die Möglichkeit hat besser zu entscheiden.

Es ist wesentlich leichter sich hier in den USA selbständig zu machen und in unserem Fall wäre es damals relativ leicht gewesen den Schritt zu wagen, denn damals war man noch nicht an ein hohes Einkommen gewöhnt. Heute ist der Schritt einfach schwieriger – nicht unmöglich, aber die Situation ist einfach komplizierter.

Planung für die Rente

Wir haben eigentlich immer gut für die Rente hier in den USA gespart. Was uns aber über die ganzen Jahre nicht bewusst gewesen ist, ist die Tatsache das der Ruhestand in den USA einige Risiken birgt und für diese Risiken sollte man besser vorbereitet sein. Soll heißen, man benötigt wesentlich mehr Geld für den Ruhestand – nicht um den Lebensstandard zu erhöhen, sondern um für potentiell riesige extra Kosten vorbereitet zu sein.

Die Kosten für Krankenversicherung im Ruhestand sind enorm und was einem niemand sagt, ist die Tatsache das Medicare – die staatliche Krankenversicherung für Rentner in den USA – nur etwa 62% der medizinischen Kosten übernimmt. Mittlerweile sagen Statistiken das man als Rentner etwa $200,000 an medizinischen Kosten selber zu tragen hat. Soweit mir gesagt wurde, ist dieser Betrag jener Betrag den man aus der eigenen Tasche bezahlen muss. Das erklärt dann auch, warum so viele Rentner hinterher von den Sozialkassen abhängig sind. Ist das eigene Geld erstmal aufgebraucht, …

Das sind einfach Beträge, an die man nicht unbedingt denkt, wenn man freiwillig in den 401K Ruhestand Plan einzahlt. Wenn mir das früher bewusst gewesen wäre, hätte ich ganz anders finanziell agiert. Wir haben das jetzt noch gerade so herausgefunden so dass wir in der Lage sind entsprechend zu planen und zu sparen, aber das macht es nicht leichter. Zum Glück hilft mein hohes

Einkommen entsprechend, so dass wir hoffentlich im hohen Alter nicht plötzlich finanziell ruiniert dastehen.

Wir haben in der Vergangenheit immer gut 10-12 Prozent unseres Einkommens für den Ruhestand pro Jahr gespart. Über die Jahre war es erstmal dann das Ziel die Freibeträge zu erreichen bzw. auszunutzen. Zum Beispiel kann ich heute bis maximal $19,000 steuerfrei ansparen + dazu noch weite $6,000 als sogenannte „Catch-up" Zahlungen machen (pro Jahr). Im Nachhinein würde ich wesentlich früher mehr sparen – 10-12 Prozent waren nicht immer gleichzusetzen mit den Höchstbeträgen und es wäre leicht gewesen da noch was drauf zu packen. Mein Ratschlag für Euch – maximiert eure freiwilligen Zahlungen in den 401K und IRA so früh wie möglich und spart dann noch durch Geldanlagen in normalen Bereichen.

In unserem Fall stehen wir zwar jetzt nicht schlecht da, aber da ich durch mein jetziges Einkommen die Freigrenzen pro Jahr jetzt relativ schnell ausgeschöpft habe, geht viel nach Steuern in andere (versteuerbare) Anlageformen. Das heißt dann das die erwirtschafteten Gewinne versteuert werden müssen. Hätte ich in früheren Jahren Geld in die steuer-begünstigten Anlagen abgeführt, wäre dieser Schritt heute nicht notwendig.

Ich kann mir im besten Willen nicht vorstellen, wie das Leute mit geringeren Einkommen schaffen sollen, wären sie in derselben Situation wie wir. Gerade als wir hier in die USA gekommen sind, gab es niemanden der uns frühzeitig darüber erzählt hätte. Es gab den generellen Ratschlag 5 Prozent in den 401K einzuzahlen.

Auto-Kauf ohne Kredit

Wir haben unsere ersten (neuen) Autos in den USA auf Kredit gekauft. Man lässt sich relativ leicht beeinflussen und kauft mehr Auto als man sich eigentlich leisten kann. Wir haben den Fehler ein paar Mal gemacht, hatten aber dann irgendwann die Schnautze voll und fuhren unsere Autos immer länger und konnten so dann mehr Geld ansparen und seitdem haben wir jedes neue Auto in bar bezahlt. Im Schnitt halten wir jetzt jedes Auto zwischen 8-12 Jahren. Wir sind jetzt auch auf dem Standpunkt das wir wahrscheinlich nie wieder einen Neuwagen kaufen werden, sondern nur noch gute gebrauchte. Ausnahme wird wahrscheinlich das Fahrzeug sein, das wir für unseren Ruhestand benutzen wollen. Wir wollen quer durch die USA, Kanada, und eventuell bis nach Mittel-Amerika runterreisen. Dafür werden wir wahrscheinlich ein neues, kleineres Wohnmobil kaufen da wir auch planen 2-3 Jahre in dem Wohnmobil zu leben. Unser Haus werden wir entweder verkaufen oder in der Zeit vermieten. Es ist auch nicht ausgeschlossen das wir dann noch mal in einen anderen Staat innerhalb der USA umziehen werden. Kalifornien ist ziemlich teuer für Rentner.

Also vermeidet es euch zu oft neue Autos zu kaufen. Wir haben dies gerade in den ersten 7 Jahren hier in den USA zu häufig gemacht.

Be Brave (seid mutig)

Das Jahr 2003 war ein Schlüsseljahr in meiner persönlichen Entwicklung. Die negative Erfahrung mit meinem Manager veränderte mich und ich war motivierter bezüglich Jobs und verbesserter Möglichkeiten Karriere zu machen. Bis dahin war ich sehr zurückhalten und passiv – noch viel zu sehr vom Deutschen Arbeitssystem geprägt. Ich wechselte ein paar Mal die Arbeitgeber und mit jedem Wechsel wurde es leichter. Mit fast jedem Wechsel war ich in der Lage mein Einkommen erheblich zu steigern. Ich ging mehr strategisch mit meinem Beruf um und spezialisierte mich mehrfach und war so in der Lage immer größere Schritte nach Vorne zu machen. Im Nachhinein hätte ich das schon viel früher und noch viel stärker machen sollen.

Interessante Story die ich von meinem scheidenden „President of North America" (oberster Boss) beim jetzigen Arbeitgeber mit auf den Weg bekam. Er war vor 25 Jahren in einer ähnlichen Situation gewesen und setzte sich dann einen detaillierten Plan und entsprechende Ziele. Dann fing er an daran zu arbeiten und innerhalb von 7 Jahren hatte er seine ehrgeizigen Ziele mehr als erreicht. Ich bin jetzt 51 Jahre alt, aber denke Mal das ich durchaus einiges mehr erreichen kann. Ich bin ausreichend motiviert und in den USA kann man auch in diesem Alter noch wesentlich mehr erreichen. Auch wenn ich mich über die Jahre hier in den USA immer schon selber fortgebildet habe, werde ich das jetzt in den nächsten Jahren noch stärker voran treiben und mir ehrgeizige Ziele setzen und daran arbeiten diese zu erreichen. The Sky is the limit.

Nicht Alles in Deutschland ist schlecht

Guilty as charged! In den ersten Jahren hier in den USA war ich nicht gut auf Deutschland zu sprechen. Ich redete viele Dinge schlecht – vielleicht auch um die Auswanderung zu rechtfertigen. Vielleicht war es auch notwendig, um als Motivation zu dienen. Alleine in ein fremdes Land zu gehen, ist schwer.

Dabei war das ständige Vergleichen mit Deutschland gar nicht nötig, denn auch heute nach über 21 Jahren gebe ich immer noch die gleiche Antwort warum wir ausgewandert sind:.

„Because of the American Dream and the opportunities it still offer here today"

Man wird weiser mit dem Alter und ich bin über die Jahre in der Hinsicht auch erwachsener geworden.

Mein Ratschlag entsprechend ist: Konzentriert Euch auf euer neues Leben und genießt es in vollen Zügen. Es gibt genug Negatives im Leben, da muss man sich nicht noch zusätzlich mit Dingen der Vergangenheit belasten.

Fallt auf die Schnauze, macht Fehler – schnell, heftig und oft

Dieser Ratschlag mag merkwürdig klingen, aber ich spreche aus Erfahrung und kann es nur empfehlen. Ich habe viel zu lange gewartet, diesem Ratschlag zu folgen.

Ich habe den Begriff „Vollkasko Mentalität" vor vielen Jahren entdeckt – vielleicht sogar mit ins Leben gerufen? Das war Ende der 1990er und als guter Deutscher folgt man dieser Mentalität. Man versichert sich gegen alles und jeden im Leben, man geht jedem Risiko das sich nicht versichern lässt aus dem Weg. Man lebt am Ende ein Leben ohne jedes Risiko und dann soll sich noch jemand wundern, warum „man aus der Routine ausbrechen will". Was die meisten

Menschen in Deutschland als Risiko empfinden, ist es in Wirklichkeit nicht. Not even close!

Das heißt jetzt nicht, dass man sich kopfüber in riskante Situation stürzen soll. Aber überlegt einfach mal was denn überhaupt am Ende einer Situation passieren kann?!

Auswandern in die USA ohne Job, ohne Freunde, ohne irgendwas – nur mit 4 Koffern und dem festen Willen es zu schaffen? Es war vielleicht das größte Risiko in unserem Leben, aber man findet erst heraus was man alles bewältigen kann, wenn man es versucht.

Berufswechsel vom Bankkaufmann zum IT Spezialisten ohne offizielle Ausbildung? In Deutschland fühlte ich mich in meinem Job und beim damaligen Arbeitgeber gefangen und eingeengt. In den USA habe ich mir ein Buch für $39.95 gekauft und auf dem Investment eine Karriere aufgebaut die mir seit vielen Jahren ein 6-stelliges Gehalt einbringt. In den USA gibt es viele Möglichkeiten, um Geld zu verdienen. Es liegt an jedem Einzelnen was man aus den Möglichkeiten macht. Ich brauchte sicherlich über 100 Bewerbungen, um dann meinen ersten Job im IT (Information Technology) Bereich zu landen. Und das zu einer Zeit als Bewerbungen noch per Post oder (in den USA) per Fax verschickt wurden.

Job-Wechsel? Natürlich kann ein Job-Wechsel in die Hose gehen. Ich habe zweimal in die Scheiße gegriffen und schlechte Arbeitgeber erwischt und schon nach wenigen Monaten angefangen nach einem neuen Job zu suchen – nur um dann tatsächlich nicht nur einen neuen Job zu finden, sondern einen Job der mein Leben zum Positiven veränderte.

Jobsuche für einen Job in Kalifornien während ich in Colorado wohnte und arbeitete? Jobsuche in einem anderen Staat ist schwierig, aber nicht unmöglich. Ich habe sicherlich über 200 Bewerbungen gebraucht, um meinen derzeitigen Job zu bekommen. Ich bin mehrfach auf eigene Kosten nach Kalifornien geflogen – ohne zu wissen ob sich die Kosten dafür jemals rentieren werden. Und es hat sich dann mehr als bezahlt gemacht.

Hauskauf auf dem Höhepunkt der Finanzkrise im Jahr 2009? Mitten in der schwersten Rezession der letzten 40 Jahre wagten wir den Schritt. Wir kauften ein neues Haus und hatten unser altes Haus noch nicht verkauft. Wir packten eine Menge Dollar an Schulden auf unsere Schultern ($425,000), ohne dass wir vorhersagen konnten, wie das alles ausgehen würde. Wir hatten einen guten Backup Plan, den wir dann aber nicht aktivieren brauchten. Wir hätten das alte Haus dann einfach vermietet und zudem verdienten wir ausreichend Geld, um beide Hypotheken zu bedienen.

Das sind jetzt nur mal ein paar Beispiele aus meinem eigenen Leben. Es gibt wesentlich mehr beeindruckende Geschichten von Menschen, die es wesentlich schwieriger im Leben getroffen haben und daraus bewundernswerte Erfolgsgeschichten gemacht haben. So etwas sind Geschichten die mich motivieren und immer weiter nach vorne treiben.

„Don't surround yourself with yourself"

Ein wichtiger, wenn nicht sogar der wichtigste Ratschlag den ich Euch ans Herz legen will. Für mich selber hätte ich das schon viel früher machen sollen. Viel zu lange habe ich mich mit Leuten vom gleichen Schlag und gleichem sozialen Stand umgeben. Weil das teilweise gute Freunde geworden sind, es wäre wichtiger gewesen das Ganze ein wenig zu mixen. Wenn man im Leben weiterkommen will, dann lernt man am Besten von Menschen, die bereits mehrere Schritte weiter sind. Man kann nur wachsen, wenn man sich selbst herausfordert. Und wenn man sich nur mit Leuten gleichen Standes vergleicht, dann sieht man gar nicht was wirklich möglich ist und wie man dahin kommt. Umgibt man sich aber mit Menschen, die das schon geschafft haben und lernt von deren

Erfahrungen und benutzt sie als Motivation – dann kommt man im Leben weiter. Es ist meiner Meinung nach extrem wichtig, daran zu denken und auch mal in Situationen zu gehen wo man eigentlich das Gefühl hat, dass man nicht ebenbürtig ist und da nicht hingehört.

„Step out of your comfort zone."

Die meisten erfolgreichen Menschen sind in der Hinsicht sehr offen und auch hilfsbereit und am Ende merkt man erst das diese Menschen gar nicht so viel anders sind.

Warum soll man schnell und häufig Fehler machen? Je schneller man Fehler macht, desto schneller findet man heraus ob etwas funktioniert. Desto schneller kann man von Fehlschlägen lernen und es beim nächsten Versuch besser machen. Und je schneller man das neue Wissen umsetzt, umso schneller kannst Du erfolgreich sein.

Und am Ende muss man sagen – was kann schon passieren? Man fällt hin und steht dann wieder auf. Muss man über Fehlschläge beschämt sein? Nope (nein). Man denkt auch viel zu oft darüber nach was andere dann über einen denken. A) Muss man wissen, dass die meisten Leute nur kurz über Deine „Fehler" nachdenken und das sie ihr eigenes Leben danach schnell weiterbeschäftigt. B) Die meisten Menschen sind so mit sich selbst beschäftigt, dass sie wahrscheinlich noch nicht einmal wahrnehmen das Du gerade auf die Schnauze gefallen bist. C) Andere Menschen sind nur froh das Du es bist dem etwas misslungen ist und nicht sie selber. Sie sehen aber auch nicht die Möglichkeit von Fehlern anderer zu lernen oder es als Motivation zu benutzen.

Ich habe wohl auch viel zu lange darüber nachgedacht was andere über mich denken mögen. Als ich dann irgendwann dahinterkam, hat sich mein Leben zum Positiven verändert.

Mein wiederholter Ratschlag an Dich: Öffne Dich und geh Risiken ein. Mach Dich verwundbar, zeige Mut. Fehlschläge sind keine Schwäche. Mut verlangt nach Risiko, Ungewissheit und das man sich emotional engagiert. Begib Dich in Situationen die unbequem sind, verlasse Deine Komfortzone – nur dann kannst Du wachsen, weiterkommen und erfolgreich sein. Ich schließe dieses Kapitel mit einem Statement von Albert Einstein:

If you always do what you always did, you will always get what you always got. –Albert Einstein

Now go and get your ass kicked, but do not forget to go and kick ass, too.

Good-Bye Auswanderer Forum

Im Sommer 2001 starteten wir unser eigenes Web Forum unter dem damaligen Domain Namen "Auswanderer-Forum.com". Dieses Forum entwickelte eine unerwartete Eigen-Dynamic und wuchs viel schneller als erwartet. Im Deutsch-sprachigen Raum wurde es der zentrale Online Treffpunkt für USA Auswanderer und solche die es noch werden wollten.

Nach einer Weile mussten wir es von einem einfachen Web Hosting Anbieter auf einen eigenen Server umziehen lassen, denn 5000 – 10000 Besucher pro Tag erforderten einfach mehr Power, um der Belastung standzuhalten.

Das Forum wuchs und wuchs, aber es hatte auch Schattenseiten. Wo viele individuelle Charaktere aufeinandertreffen, kommt es irgendwann auch zu Streitigkeiten. Und gerade im Internet ist es ja oft so dass sich die Menschen hinter einem Alias oder einer anonymen Email Adresse verstecken, nur um dann öffentlich die Sau rauszulassen.

Verschiedene Splittergruppen entwickelten sich und irgendwann sprangen einige dieser Leute ab und starteten ihre eigenen Foren – mehr zugeschnitten auf ihre persönlichen Einstellungen und vor allem mehr zugeschnitten auf andere politische Windrichtungen. Man könnte fast sagen, dass das ursprüngliche Auswander Forum „die Mutter" aller deutschsprachigen USA Auswanderer Foren geworden ist.

Über die Jahre hinweg begann ich (Christoph) mich aus politischen Diskussionen herauszuhalten. Man kann gewisse Dinge "tot-diskutieren" ohne irgendwas zu erreichen und häufig bleiben dann persönliche Beziehungen auf der Strecke und Freundschaften zerbrechen darüber. Das war es mir nicht wert.

Aber ich merkte auch das neue Generationen von Auswanderungs-Interessierten im Forum ankamen. Sie hatten andere persönliche Vorstellungen wie alles zu sein hatte. Sie hatten andere Vorstellungen davon was sie wollten und ihre Auswanderungs-Gründe waren häufig völlig anders verglichen zu meinen eigenen oder anderen Forums-Mitgliedern.

Das Forum veränderte sich und so konzentrierte ich mich auf die reine Administration und übertrug einige Verantwortungen auf Moderatoren. Zudem kam das seit der Geburt meines Sohnes meine Zeit knapper wurde und auch beruflich war ich mehr eingebunden und meine Aufenthalte im Forum wurden kürzer und spärlicher.

Anfang 2009 wurde ich von einer Firma aus Deutschland angesprochen ob ich Interesse hätte das Forum zu verkaufen. Ich hatte ähnliche Angebote schon früher erhalten, aber sie immer abgelehnt. Dieses Mal jedoch war ich bereit darüber zu sprechen und wir wurden uns dann relativ schnell einig.

Auswanderung war für mich immer noch ein wichtiges Thema, aber nach über 10 Jahren in den USA sollten andere übernehmen. Meine eigenen Erfahrungen mit dem Greencard Prozess und den verwandten Geschehnissen waren einfach zu lange her und es hatte sich vor allem auf der legalen Seite (Visa, etc.) zu viel verändert und meine Interessen hatten sich verschoben.

Leider ging der Verkauf nicht so über die Bühne wie ich es erwartet hatte. Der Käufer hatte etwas völlig anderes im Sinn mit dem Forum, behielt aber diese Ideen für sich selber. Anstatt das Forum weiterlaufen zu lassen, wurde es praktisch demontiert und in ein Reise/USA Forum integriert. Das kam nicht gut bei den Forums-Mitgliedern an und ein großer Exodus begann. Böse Worte flogen und Enttäuschung machte sich breit – auch bei mir. Aber es gab kein Zurück mehr. Es fiel mir nicht leicht mich von meinem Forum zu trennen, aber ich war zu dem Zeitpunkt nicht mehr die richtige

Person das Forum weiterzuführen. Ein Online Lebensabschnitt kam zu einem Ende.

Der Verkauf und wie alles abgelaufen war, war nicht perfekt und ich lernte in jedem Fall davon und wusste das ich in ähnlichen Situationen besser agieren musste. Ich habe sicherlich auch einige Freunde enttäuscht, aber ich erhielt auch zustimmende Worte von Leuten und Unterstützung.

Wie schon erwähnt, das Forum wurde umbenannt und in Reise-Forum integriert. USA Reise-Freunde und Auswanderer sind kein guter Mix wenn es zu Foren kommt und die "alte Crew" verließ das Forum und startete ein neues Forum.

Planung für den Ruhestand in den USA

In diesem Kapitel gehe ich mal in Details bezüglich was als nächstes für uns auf dem Plan steht. Hier will ich mal ein wenig über das Thema Rente und Ruhestand in den USA sprechen.

Vereinzelt taucht dieses Thema ja bereits hier im Buch auf, aber ich halte es für so wichtig, dass ich dem Thema ein komplettes Kapitel widmen möchte.

Wie schon mal erwähnt, die Altersversorgung in den USA verlangt sehr viel Eigeninitiative. Ansonsten drohen einem Altersarmut und alles was damit zusammenhängt. Das staatliche System ist veraltet und einfach nicht mehr zeitgemäß.

Ich bin Mitglied in einem Online Investment Forum und dort kam neulich die Frage an derzeitige Rentner auf, wie sich ihre Finanzen und ihr Budget im Ruhestand verändert haben. Die sich daraus ergebende Diskussion war erschreckend und ein wichtiger Hinweis wie wichtig es ist genügend Geld für den Ruhestand zu haben. Hier sind mal ein paar Beispiele von dem was verschiedene Leute gepostet haben.

I've been early-retired for close to 20 years and I would have to say that, adjusted for inflation, my expenses are the same. However, I have always assumed an eventual massive bump-up in medical expenses because that's what happened to my parents. Depending on the disease, one can live for many years, running up bills of 80 - 100K annually for custodial care. Or, require medications in the same price range (a friend with MS is paying 70K just for prescriptions).

Das Gesundheitssystem in den USA ist unverschämt teuer und dann muss man sich mal überlegen wie lange man den $70000-$100000 pro Jahr extra aufbringen kann?!

At about age 80, expenses started ratcheting up as he needed more help. ... The last two years of his life were the most expensive of his life, by a factor or two or three (or ten, in the last couple of months). High medical bills and need for fairly extreme amounts of care.

Diese Frau beschreibt die letzten Jahre ihres Vaters. Dort haben sich die medizinischen Kosten teilweise verzehnfacht.

Mother in-Law, age 95, dementia, 24 hour home and nursing care. Unable to do well in a care home setting.

Expenses = enormous.

Hier ist die Schwiegermutter 95 Jahre alt und leidet an Dementia. Da steht zwar kein Dollar Betrag, aber die Kosten scheinen enorm zu sein.

Wie setzt sich das Einkommen im Ruhestand in den USA zusammen?

Ähnlich wie in Deutschland gibt es auch hier in den USA ein Rentensystem (Social Security). Allerdings ist das hiesige System nicht besonders gut ausgebaut und die nun offizielle Empfehlung ist, Social Security nur als kleinen Teil des Einkommens im Ruhestand anzusehen.

Früher gab es genügend Arbeitgeber, die ihren Angestellten eine Pension anboten, aber seit den frühen 80er Jahren hat sich die Zahl solcher Angebote stark verringert. Stattdessen haben die Arbeitgeber die Kosten für die Altersvorsorge auf die Angestellten und Arbeiter umgewälzt. Dafür gibt es dann Sparanlagen wie den 401K Rentensparplan. Viele Arbeitgeber zahlen einen kleinen Zuschuss auf Einzahlungen die Arbeitnehmer in den 401K machen. Ich bekomme zum Beispiel 3 Prozent Zuschuss zu meinen Einzahlungen in den 401K Plan meines Arbeitgebers. Ich kann bis zu $19000 Dollar pro Jahr einzahlen und da ich über 50 Jahre alt bin, kann ich noch zusätzlich $6000 Dollar einzahlen. Das sind $25000 die ich rein rechnerisch pro Jahr ansparen kann (+ die genannten 3 Prozent

Zuschuss). Das Geld wird in der Regel in Investment Fonds angelegt und vermehrt sich idealerweise über viele Jahre bis ich in den Ruhestand gehe.

Hört sich klasse an, aber wenn man dann mal überlegt das das durchschnittliche Einkommen eines Amerikaners bei unter $60000 Dollar pro Jahr liegt. Zieht man davon – sagen wir mal - $19000 ab, dann bleiben dem Durchschnitts-Amerikaner etwa $40000 im Jahr zum Leben übrig. Davon muss man Steuern und Krankenversicherung bezahlen und dann natürlich auch Miete oder Hypothekenzahlungen. Da bleibt nicht viel übrig und entsprechend wird weniger für den Ruhestand angespart. Gerade die Menschen in den unteren Einkommensgruppen halten es für schwierig überhaupt in diese Renten Spar Pläne einzahlen zu können. Selbst Arbeitnehmer die im 6-stelligen Bereich verdienen, nutzen die die genannten Beträge nicht aus und zahlen im Endeffekt nur Kleinigkeiten in ihren 401K Renten Plan ein.

Das alles sind dann Leute die u.U. bis in die 70er arbeiten müssen, um halbwegs über die Runden zu kommen.

Wir sind in den frühen Jahren in den USA da nicht ausreichend informiert gewesen und sind den wagen Hinweisen unserer Arbeitskollegen gefolgt. Mit höherem Einkommen stieg automatisch der Betrag, den wir ansparen konnten, aber insgesamt war es für viele Jahre viel zu wenig.

Jetzt sind wir glücklicherweise in der Lage wesentlich mehr Geld anzusparen. Zudem haben wir nie über unsere Verhältnisse gelebt, was das sparen und investieren jetzt erleichtert. Außer der Hypothek haben wir keinerlei Schulden. Wir haben einige Jahre verschenkt, aber wie gesagt – wir sind jetzt finanziell sehr gut gestellt so dass wir das noch relativ schnell aufholen können.

Das größte Problem ist wirklich, dass einem nicht die Wahrheit über die Kosten im Ruhestand erzählt wird.

Es ist mir unverständlich warum so viele Amerikaner gegen staatlich vorgeschriebene Krankenversicherung sind. Meiner Meinung nach sind das Leute die der Propaganda von Politikern und Interessengruppen aufsitzen und keine Ahnung haben von dem was sie da schwafeln. Die Medien sind da auch keine Hilfe und am Ende stellt sich fast die Frage, ob es nicht mit Absicht geschieht das die Wahrheit nicht ans Tageslicht kommt.

Es ist leicht einfach in den Alltag hineinzuleben und solche wichtigen Themen zu ignorieren oder hinauszuschieben. Wir sind teilweise auch in diese Falle geraten und haben zulange gewartet. Dabei haben wir eigentlich immer sehr konservativ mit unserem Geld gewirtschaftet. Und ich spreche hier nicht über ein Budget und das man im Rahmen seines Einkommens leben soll. Was hier fehlt, ist die Aufklärung über den Zustand des Rentensystems und wie hoch die wirklichen Kosten sind, die da auf einen zukommen.

Und das ist meine Warnung an Dich, wenn Du auch in die USA auswandern willst. Denk schon von Anfang an über den Ruhestand nach und handel entsprechend.

Rente aus Deutschland: Simone wird später mal 200 Euro oder so aus der deutschen Rentenkasse erhalten. Bei mir wird es wohl noch ein bisserl weniger sein. Wie würde das bei Dir aussehen? Du kannst die Uhr nicht zurückdrehen und der einzige Weg das alles wett zu machen, ist durch höheres Einkommen in den USA und viel privater Vorsorge. Mach Dich über Themen wie 401K, IRA, Roth IRA, Low Cost Index Funds, Bogleheads und ähnliches schlau.

Gute Firmen, um Dein Geld anzulegen sind Vanguard und Fidelity. Und vergiss die Idee das Du besser sein kannst als der Aktienmarkt im Durchschnitt. Niemand kann den Aktienmarkt vorhersagen oder auf lange Sicht schlagen. Statistiken zeigen immer wieder, dass selbst erfolgreiche Fund Manager den Aktienmarkt auf lange Sicht nicht schlagen können. Klar gibt es Ausnahmen wie Warren Buffett oder Peter Lynch, aber das sind echte Ausnahmen.

Wir folgen mittlerweile der Boglehead Strategie und sind mit der Performance sehr zufrieden. Es braucht keine Aktienberater, um mit dieser Strategie Erfolge zu erzielen.

Auf unserem Amazon-Shop kannst Du ein paar empfehlenswerte Bücher finden.

http://puetz.us/amazonshop

Wie geht es weiter?

Wie wird es jetzt bei uns weitergehen? In diesem Jahr (2019) wird unser Sohn die lokale High-School besuchen und dann hoffentlich in 4 Jahren dort seinen Abschluss machen. Je nachdem was er dann machen will, gehen wir von 4 Jahren College aus.

Solange wollen wir noch arbeiten und hier wohnen bleiben. Sobald er aber ins College geht, werden wir unsere Situation neu bewerten und dann entscheiden wie es weitergeht. Das gibt uns 4-8 Jahre Zeit so viel Geld wie möglich für den Ruhestand anzusparen und sofern alles halbwegs vernünftig zusammenkommt, werden wir dann aufhören zu arbeiten und das nächste Kapitel in unserem Leben öffnen. Wir wollen viel Reisen und möglichst viele Abenteuer erleben.

Gleichzeitig müssen wir finanziell noch einiges leisten, um den Ruhestand wirklich sorgenfrei angehen zu können. Wir sind bereits in den Vorbereitungen eine weitere eigene Firma zu gründen, um so zusätzlich vorzusorgen und weiteres Einkommen langfristig aufzubauen.

Simone arbeitet zurzeit nicht und will aber nachdem unser Sohn zur High-School geht wieder Ausschau nach neuer Arbeit halten.

Beruflich habe ich mir noch sehr viel vorgenommen. Einerseits macht es mir zurzeit in meiner jetzigen Rolle sehr viel Spaß, andererseits sehe ich es auch als notwendiges Übel arbeiten gehen zu müssen.

Zu häufig hört man über Leute die sich ab 45/50 selber auf das Abstellgleis geschoben haben und sich nicht mehr fortgebildet haben. Wenn da dann mal was passiert, dann sind diese Menschen ganz schön aufgeschmissen und im Arbeitsmarkt chancenlos. Ich wäre schön blöd, jetzt auf die letzten 8 Jahre mir noch die Butter vom Brot nehmen zu lassen. Außerdem denke ich mir ist nach oben noch viel Luft für Verbesserung. Ich habe also weiterhin einen gewissen Ehrgeiz zu befriedigen.

Das Thema Gesundheit ist natürlich auch extrem wichtig. Ich habe zwar nie sehr ungesund gelebt, aber auch nicht immer super-gesund. Vor etwa 12-13 Jahren habe ich wieder regelmäßig mit Sport angefangen und dann vor etwa 6 Jahren auch mehr Aufmerksamkeit auf meine Ernährung gerichtet.

Ich habe zum Beispiel alles zuckrige komplett von meiner Nahrungsaufnahme entfernt und bin immer mehr dabei alles an verarbeiteten Lebensmitteln zu vermeiden. Dazu habe ich mich mehrfach über den Ketogenen Lebenstil informiert und denke eigentlich das dieser Lebenstil langfristig die beste Alternative für mich ist.

Auch hier muss man natürlich aufpassen, dass man qualitativ-hochwertige Nahrungsmittel benutzt. Vom Menschen produzierte Kohlenhydrate sind nachweislich für viele gesundheitliche Probleme verantwortlich. Aber das ist ein Thema, das ein eigenes Buch füllen könnte.

Du kannst aber sehen das ich ein sehr strategisch denkender Mensch bin. Ich denke das das sehr viel zu unserem Erfolg hier in Amerika beigetragen hat.

Auswanderer Coaching

Ich habe lange überlegt ob ich diesen Service anbieten will und bisher habe ich mich aus verschiedenen Gründen immer diesbezüglich sehr zurück gehalten, aber ich glaube jetzt ist eine gute Zeit für dieses Angebot.

Persönlich bin ich ein großer Fan von Coaching und Mentoring. Ich glaube das es für jeden Menschen sehr wichtig ist, Coaching und Mentoring in Anspruch zu nehmen. Beruflich und auch privat hat mir das sehr geholfen neue Türen zu öffnen und neue Wege zu gehen. Man lernt eine andere Perspektive kennen und es ist am Ende einfacher sich über Hindernisse hinweg zu setzen. Man wächst an den Herausforderungen die man in Angriff nimmt.

Daher möchte ich Dir hier ebenfalls die Möglichkeit anbieten mich als Auswanderer Coach bzw. Mentor anzuheuern.

Auswandern in die USA ist nicht gerade ein kleiner Schritt im Leben. Aber Du brauchst den Schritt nicht allein zu machen und ich stehe Dir gerne als persönlicher Coach oder Mentor zur Verfügung.

Wie sieht das Coaching aus?

Du willst in die USA auswandern. Aber sind Deine Vorstellungen bezüglich Arbeit, Beruf und Ortswahl überhaupt realistisch? Welche Ideen hast Du und würde es Dir helfen diese einfach mal von jemandem bewertet zu bekommen? Willst Du teure Fehler vermeiden? Hast Du einen Plan ausgearbeitet und willst das jemand mit passender Erfahrung mal mit Dir darüber spricht und Zweifel ausräumt bzw. Risiken andeutet? Familie und Freunde können da sehr voreingenommen sein (was nicht unbedingt hilfreich ist) und eine ehrliche externe Meinung bietet Vorteile.

Es gibt Dinge bei der Auswanderung, die man einfach so von Deutschland nicht unbedingt abschätzen kann oder wo es hilft einfach mal eine ehrliche Meinung direkt aus dem Land der unbegrenzten Möglichkeiten zu bekommen.

Ich stehe Dir entsprechend als Coach und Mentor persönlich zur Verfügung. Mein Coaching und Mentoring beinhalten Skype oder Google Video Calls und natürlich Beratung per Email. Ich lebe seit über 21 Jahren in den USA (Stand 2019). Ich habe 9 mal aktiv (geplant) den Arbeitgeber gewechselt. Ich habe meinen Beruf gewechselt und meine neue Karriere in der Information Technology so positioniert, dass ich vielen

Markttrends immer voraus gewesen bin und mich so für Arbeitgeber attraktiv und wertvoll mache. Ich bin nicht nur von Colorado nach Kalifornien umgezogen, sondern habe schon vorab den neuen Job an Land gezogen. Ich habe 2002 eine eigene Firma gegründet und auch als Unternehmer entsprechend viel an Erfahrung gewonnen.

Oder es einfach mal so auf Englisch zu sagen:

I get shit done!

Warum möchte ich Dir das Coaching ans Herz legen?

Das Auswandern in die USA hat mein Leben verändert. Ich habe sehr viel Positives erlebt und viele Erfahrungen gemacht und dieser Schritt hat mich geformt. Auf gewisse Weise setze ich jetzt durch das Coaching und Mentoring das fort, was ich früher im Auswanderer Forum gemacht habe:

Anderen Auswanderern und Menschen die gerne auswandern würden mit guten Information zu helfen.

Nur das es jetzt „One on One coaching" bzw. „Mentoring" ist. Duhast direkten Zugriff auf mein Wissen und Du bekommst meine ehrliche Meinung und Antworten auf Deine Fragen. Zusammen entwickeln wir ein klar definiertes Ziel, einen zeitlichen Rahmen für

Deine Auswanderung und stellen sicher das Du die Kontrolle über Deine Auswanderung behältst.

Interessiert? Hier findest Du mehr Informationen über das Coaching Programm und von dort kannst Du mich natürlich auch direkt kontaktieren.

http://puetz.us/mentor.php

Alle Anfragen werden selbstverständlich vertraulich behandelt.

PS: Das Coaching ist keine Visa Beratung oder Rechtsberatung, sondern zielt wirklich darauf ab Deine eigentliche Auswanderung (nach Visa Erhalt) durch Coaching und Mentoring zum Erfolg zu machen.

The End ...

Über 21 Jahre leben wir nun in den USA. Viele gute Dinge sind uns widerfahren (und ein paar Schlechte natürlich auch) und wir haben viele Dinge gelernt.

Ein wichtiges, wenn nicht das Wichtigste, was wir gelernt haben, ist, dass man selbst etwas tun muss, wenn man im Leben gewisse Ziele erreichen will. Nur meckern und jammern bringt einen nicht weiter, und nur die Klappe halten und alles einfach runter zu schlucken, bringt einen nirgendwo hin.

Auch Erfolg hat gewisse Schattenseiten – er ruft Neider auf den Plan, die es selbst zu nichts bringen, aber auch nicht akzeptieren können, wenn andere Erfolg haben. Da muss man sich darüber hinwegsetzen und darf sich nicht von so etwas beeinflussen lassen.

Versuch nicht einfach, nur Durchschnitt zu sein. Durchschnitt kann jeder sein. Es ist nichts Falsches daran, Durchschnitt zu sein, aber es ist ein gutes Gefühl, den Schritt zu machen und neues und ungewohntes Territorium zu betreten. Danach öffnen sich Tür und Tor für Möglichkeiten, die man vorher nicht im Traum in Betracht gezogen hätte.

Einer meiner Manager von einer vorherigen Arbeitsstelle verlangte häufig Dinge von mir, die weit über das notwendige Maß hinausgingen. Erst habe ich das nicht so verstanden und mich geärgert, aber nach einiger Zeit habe ich den Sinn dahinter gesehen. Er hat mich aus meiner Komfortzone geschubst.

Viele Situationen im Beruf sind ein Konkurrenzkampf mit anderen. Das können Kollegen sein, die auf dieselbe Beförderung aus sind wie man selbst oder andere Gruppen innerhalb eines Betriebs, die um die Gunst der Oberen buhlen. Gewinnen tut derjenige, der sich nicht nur mit geforderten Ergebnissen abgibt, sondern es gewinnt derjenige, der die Extrameile geht und 110% gibt.

Das Leben ist nun mal nicht Friede, Freude, Eierkuchen, wenn man sich einen gewissen Lebensstandard erarbeiten will.

Vieles des hier Gesagten mag sich für den einen oder anderen als billige Phrasen anhören, aber nehmt es als Wort von einem, der diesen Weg gegangen ist.

Mitte der 1990er hätte ich jeden ausgelacht, der gesagt hätte, ich würde nach Amerika auswandern. Ich hätte jeden ausgelacht, der mir gesagt hätte, ich würde eines Tages im Computerbereich arbeiten und für ein komplettes Firmennetzwerk verantwortlich sein. Ich hätte jeden ausgelacht, der gesagt hätte, dass ich ein Buch schreiben würde, um es dann noch erfolgreich vermarkten und dann danach sogar noch ein zweites und drittes Buch veröffentlichen würde.

Wir sind nicht nur erfolgreich von Deutschland aus in die USA ausgewandert, wir haben auch erfolgreich Jobs in einem anderen US Staat bekommen und sind ohne fremde Hilfe von Colorado nach Kalifornien umgezogen. Das entspricht etwa der Distanz von Krefeld nach Madrid in Spanien.

Das Leben ist eben keine Reise aus dem Katalog ...

Life is a journey, not a guided tour.

Christoph & Simone Pütz

Mai 2019 – Vista, California

United States of America

Beschwerden über dieses Buch an den Autor bitte per E-Mail an: cpuetz@gmail.com richten. Fanpost und einfach nur freundliche Nachrichten sind natürlich auch willkommen. ;-)

Danke.

Hiermit möchten wir uns gerne bei allen bedanken, die dieses Buch ermöglicht haben. Allen begeisterten Lesern des ersten Buches, die unser Erstlingswerk trotz ein paar kleiner Schwächen als das erkannt haben, was es sein sollte und die das Buch, die Mühe und die Arbeit gesehen haben, die da drin stecken und die sich an unserer Geschichte erfreut haben. Danke.

Weiterhin möchte ich bei Simone danken, dass sie trotz der unzähligen Stunden, die dieses Buch verschlungen hat, so geduldig mit mir gewesen ist.

Des Weiteren gilt mein Dank auch denjenigen, die zum Bestehen dieses Buches durch Probelesen, Korrigieren und Feedback beigetragen haben.

Impressum

Disclaimer / Haftungsausschluss

ISBN: 9781079821079

Printed in Great Britain
by Amazon

35497590R00229